主　　编　曹士兵　中国应用法学研究所所长
副 主 编　关　毅　国家法官学院科研部主任
　　　　　刘　畅　国家法官学院科研部副主任
主编助理　边疆戈　国家法官学院科研部编辑
　　　　　苏　烽　国家法官学院科研部编辑

《中国法院年度案例》编辑人员（按姓氏笔画）
边疆戈　朱建伟　刘　畅　关　毅　苏　烽
杨小利　罗胜华　赵丽敏　袁登明　唐世银
曹士兵　曹海荣　梁　欣　程　瑛　谭　红

本书编审人员　罗胜华

中国法院

2019年度案例

国家法官学院案例开发研究中心◎编

知识产权纠纷

中国法制出版社
CHINA LEGAL PUBLISHING HOUSE

《中国法院年度案例》通讯编辑名单

序

法律的生命在于实施，而法律实施的核心在于法律的统一适用。《中国法院年度案例》丛书出版的价值追求，即公开精品案例，研究案例所体现的裁判方法和理念，提炼裁判规则，为司法统一贡献力量。

《中国法院年度案例》丛书，是国家法官学院于2012年开始编辑出版的一套大型案例丛书，之后每年年初定期出版，由国家法官学院案例开发研究中心具体承担编辑工作。此前，该中心坚持20余年连续不辍编辑出版了《中国审判案例要览》丛书近90卷，分中文版和英文版在海内外发行，颇有口碑，享有赞誉。现在编辑出版的《中国法院年度案例》丛书，旨在探索编辑案例的新方法、新模式，以弥补当前各种案例书的不足。该丛书2012～2018年已连续出版7套，一直受到读者的广泛好评，并迅速售罄。为更加全面地反映我国司法审判的发展进程，顺应审判实践发展的需要，响应读者需求，2014年度新增3个分册：金融纠纷、行政纠纷、刑事案例，2015年度将刑事案例调整为刑法总则案例、刑法分则案例2册，2016年度新增知识产权纠纷分册，2017年度新增执行案例分册，2018年将刑事案例扩充为4个分册。现国家法官学院案例开发研究中心及时编撰推出《中国法院2019年度案例》系列丛书，共23册。

总的说来，当前市面上的案例丛书百花齐放，既有判决书网，可以查询各地、各类的裁判文书，又有各种专门领域的案例汇编书籍，以及各种案例指导、案例参考等读物，十分活跃，也各具特色。而《中国法院年度案例》丛书则试图把案例书籍变得“好读有用”，故在编辑中坚持以下方法：一是高度提炼案例内容，控制案例篇幅，每个案例基本在3000字以内；二是突出争议焦点，剔除无效信息，尽可能在有限的篇幅内为读者提供有效、有益的信息；三是注重对案件裁判文书的再加工，大多数案例由案件的主审法官撰写“法官后语”，高度提炼、总结案例的指导价值。

同时，《中国法院年度案例》丛书还有以下特色：一是信息量大。国家法官学院案例开发研究中心每年从全国各地法院收集到的上一年度审结的典型案例超过10000件，使该丛书有广泛的选编基础，可提供给读者新近发生的全国各地的代表性案例。二是方便检索。为节约读者选取案例的时间，丛书分卷细化，每卷下还将案例主要根据案由分类编排，每个案例用一句话概括裁判规则、裁判思路或焦点问题作为主标题，让读者一目了然，迅速找到需求目标。

中国法制出版社始终全力支持《中国法院年度案例》的出版，给了作者和编辑们巨大的鼓励。2018年新推出数据库增值服务，2019年继续提供数据库增值服务并充实完善数据内容。购买本书，扫描前勒口二维码，即可在本年度免费查阅使用上一年度案例数据库。我们在此谨表谢忱，并希望通过共同努力，逐步完善，做得更好，真正探索出一条编辑案例书籍、挖掘案例价值的新路，更好地服务于学习、研究法律的读者，服务于社会，服务于国家的法治建设。

本丛书既可作为法官、检察官、律师等司法实务工作人员的办案参考和司法人员培训推荐教程，也是社会大众学法用法的极佳指导，亦是教学科研机构案例研究的精品素材。当然，案例作者和编辑在编写过程中也不能一步到位实现最初的编写愿望，可能会存在各种不足，甚至错误，欢迎读者批评指正，我们愿听取建议，并不断改进。

曹士兵

目　录

Contents

一、专利纠纷

1. 等同原则适用的限制规则 …… 1
——林某吉诉安徽宝迪肉类食品有限公司、北京合兴意商贸有限公司侵害发明专利权案

2. 专利创造性判断中的技术启示的认定 …… 5
——某汽车有限公司诉专利复审委员会专利驳回复审案

3. 评价专利创造性，有必要对权利要求进行解释以明确其保护范围 …… 8
——惠普发展公司有限责任合伙企业诉国家知识产权局专利复审委员会发明专利权无效宣告请求行政案

4. 突破专利侵权法定赔偿的考虑因素 …… 12
——北京速帮网络技术有限公司诉同方股份有限公司、天津零时空信息技术有限公司侵害发明专利权案

5. 区别技术特征解决的技术问题和显而易见的认定应以整体技术方案为基础 …… 16
——张某义诉国家知识产权局专利复审委员会发明专利申请驳回复审行政案

6. 解释权利要求应符合发明目的及其所要解决的技术问题 …… 20
——辽宁金立电力电器有限公司诉江苏道盛科技股份有限公司侵害发明专利权案

7. 瑞士型权利要求创造性判断标准的分析 …… 24
——诺华股份有限公司诉国家知识产权局专利复审委员会发明专利权无效行政案

8. 能够证明真实销售行为的公证书可以认定使用公开构成现有技术的优势证据 …… 27
——上海和鹰机电科技股份有限公司诉国家知识产权局专利复审委员会发明专利权无效案

9. 当事人申请管辖异议不当然视为对仲裁协议条款的放弃 …… 31
——某公司等诉西安某某无线网络通信股份有限公司发明专利实施许可合同案

二、商标纠纷

10. 不规范使用注册商标时的权利冲突 …… 37
——南通白蒲黄酒有限公司诉南通水绘园酒业有限公司、南通寿皋酒业有限公司侵害商标权案

11. 驰名商标跨类保护力度的确定 …… 41
——捷豹路虎有限公司诉广州市奋力食品有限公司侵害商标权案

12. 驰名商标认定及其跨类保护的范围 …… 44
——清华大学诉佛山聚阳新能源有限公司、骆某荣侵害商标权案

13. 恶意注册并行使商标权的行为构成商标权滥用 …… 49
——汕头市德生食品厂诉广州康赢食品有限公司、济南槐荫金福广调味干果商行侵害商标专用权案

14. 不得恶意抢注他人字号作为商标 …… 52
——盐城梦语家居有限公司诉常熟市虞杭家具有限公司侵害商标权案

15. 涉电视节目名称的商标侵权判定 …… 54
——金某欢诉江苏省广播电视总台、深圳市珍爱网信息技术有限公司侵害商标权案

16. 商标、企业名称及域名权利冲突的解决规则 …… 58
——北京四季沐歌太阳能技术集团有限公司诉苏州四季沐歌管业科技有限公司侵害商标权、不正当竞争案

17. 楼盘名称侵害商标权的认定 …… 61
——中粮集团有限公司诉宜春市恒利实业有限公司、北京搜房科技发展有限公司侵害商标权案

18. 奥运会有关的特殊标志是否可以作为商标予以申请注册 …… 65
——宋某浩诉国家工商行政管理总局商标评审委员会商标驳回复审行政案

19. 以非使用为目的注册商标提起侵权诉讼的认定 …… 68
——广州市东佳满益发展有限公司诉广州市秀天楼酒店有限公司侵害商标权案

20. 涉外定牌加工中的侵权问题 …… 71
——勃贝雷有限公司诉宁波中轻进出口有限公司侵害商标权案

21. 攀附行为应当认定为侵害商标权 …… 75
——江苏扬子晚报有限公司诉常州市今视广告有限公司、溧阳扬子广告有限公司侵害商标权案

22. 商业标识的在先使用与他人注册商标权冲突的认定 …… 78
——福州市鼓楼区盾牌电子商务有限公司诉福州行家商贸有限公司等商标权权属、侵权案

23. 老字号前身对商标的使用不能直接推定构成在后主体的在先使用 …… 81
——山东宏济堂制药集团股份有限公司诉山东宏济堂医药连锁有限公司侵害商标专用权案

24. 商标侵权行为认定的混淆标准 …… 85
——利惠公司诉广东文时特制衣实业有限公司侵害商标权案

25. 第三方交易平台的信息披露义务及采取必要技术措施的条件 …… 88
——济南佐康商贸有限公司诉浙江淘宝网络有限公司侵害商标专用权案

26. 商标网络侵权的管辖认定 …… 92
——广州市越秀区创想者文具用品商行、北京创想者科技有限公司诉福州市古墨书香贸易有限公司侵害商标权案

27. 商标标识的具体使用方式存在混淆可能性 …… 95
——福建网龙计算机网络信息技术有限公司诉厦门极致互动网络技术股份有限公司侵害商标权、不正当竞争案

28. 单纯的售前混淆仅构成不正当竞争 …… 98
——劲霸男装（上海）有限公司诉北京春蕾之韵商贸有限公司侵害商标权案

29. 商标侵权案件中“合法来源抗辩”的正确认定 …… 102
——宁波市福达刀片有限公司诉淄川松龄良德五金工具经营部侵害商标权案

三、著作权纠纷

30. 符合一定要件的辩护词受著作权法保护 …… 106
——张某江诉钱某中著作权侵权案

31. 抄录古籍未进行独创性的选择和编排不构成汇编作品 …… 109
——董某一诉中华书局有限公司著作权权属、侵权案

32. 对作品“转码”后的存储与提供构成著作权侵权 …… 113
——北京易查无限信息技术有限公司等侵犯著作权案

33. 作品独创性的认定应当排除公共领域元素 …… 116
——无锡龙之器商贸有限公司诉福建省德化县唐丰陶瓷有限公司侵害著作权案

34. 电影中动画形象及电影名称的保护 …… 119
——迪士尼企业公司、皮某斯诉厦门蓝火焰影视动漫有限公司等著作权侵权、不正当竞争案

35. 卡通美术作品的实质性相似比对规则 …… 123
——北京小明文化发展有限责任公司诉统一企业（中国）投资有限公司等侵害著作权及不正当竞争案

36. 美术作品个别画面元素著作权侵权判定 …… 126
——陈某诉江某等侵害著作权案

37. 所有权人将作品拍照上传至微信朋友圈的行为属于合理使用 …… 131
——张某晛诉韩某侵害著作权案

38. 美术作品的认定标准 …… 134
——汕头市科来福电子有限公司诉广州忠诚卫士电子有限公司侵害著作权案

39. 室外公共场所艺术作品合理使用的认定 …… 138
——何某诉重庆邮政广告公司著作权侵权案

40. “深度链接”构成著作权侵权 …… 141
——乐视网（天津）信息技术有限公司诉广东省广播电视网络股份有限公司江门分公司侵害作品信息网络传播权案

四、侵害信息网络传播权纠纷

41. 精准再现美术作品的照片不应认定为摄影作品 …… 146
——汉华易美（天津）图像技术有限公司诉广州快塑电子商务有限公司、深圳市腾讯计算机系统有限公司侵害作品信息网络传播权案

42. 影视作品截图可否作为摄影作品单独保护 …… 150
——新丽电视文化投资有限公司诉扬州胜基商贸有限公司、浙江天猫网络有限公司侵害作品信息网络传播权案

43. 侵犯作品信息网络传播权法律责任认定 …… 152
——北京爱奇艺科技有限公司诉暴风集团股份有限公司等侵害作品信息网络传播权案

44. 版式设计权的权利范围仅限于复制权 …… 156
——中国建筑工业出版社诉北京怡生乐居信息服务有限公司侵害作品信息网络传播权案

45. 侵害作品信息网络传播权纠纷的审理思路 …… 160
——北京晋江原创网络科技有限公司诉广州市动景计算机科技有限公司侵害作品信息网络传播权案

46. 时间戳证据能否作为认定事实的依据 …… 164
——华盖创意（北京）图像技术有限公司诉厦门灿坤实业股份有限公司侵害作品信息网络传播权案

47. 裁量性赔偿作为确定损害赔偿数额的方法 …… 167
——深圳市腾讯计算机系统有限公司诉暴风集团股份有限公司侵害作品信息网络传播权案

五、不正当竞争纠纷

48. 串通投标不正当竞争行为构成要件浅析 …… 171
——北京盛世民安科技发展有限公司诉北京维尔森科技发展有限公司等串通投标不正当竞争案

49. 购物助手破坏购物网站用户粘性的行为构成不正当竞争 …… 175
——浙江淘宝网络有限公司诉上海载和网络科技有限公司、载信软件（上海）有限公司不正当竞争案

50. 广告语构成不正当竞争行为的法律认定 …… 178
——广州王老吉大健康产业有限公司、广州医药集团有限公司诉广东加多宝饮料食品有限公司、广东乐润百货有限公司不正当竞争案

51. 将他人商标作为关键词购买竞价排名的不正当竞争认定 …… 182
——新会江裕信息产业有限公司诉爱普生（中国）有限公司、北京百度网讯科技有限公司不正当竞争案

52. 员工离职后创办企业使用与原任职的有一定知名度的企业相同的字号是否构成不正当竞争 …… 187
——歌斐资产管理有限公司、天津歌斐资产管理有限公司诉厦门小歌斐投资管理咨询有限公司、庄某容不正当竞争案

53. 企业字号和知名商品特有名称、包装装潢的保护 …… 190
——南京普天天纪楼宇智能有限公司诉南京雷蒙电子科技有限公司等不正当竞争案

54. 个体工商户的字号获得反不正当竞争法保护的路径辨析 …… 194
——渝中区晓宇老火锅诉张某艳不正当竞争案

55. 仅体现功能性设计的界面不受专有权保护 …… 198
——北京一笑科技发展有限公司诉乐鱼互动（北京）文化传播有限公司不正当竞争案

56. 名人姓名权中的财产性权利可以被继承 …… 202
——蒋某华诉宜兴市丁蜀镇美珍陶艺店、蒋某珍虚假宣传案

57. 商业秘密构成要件的认定 …………………………………………………… 205

——广东高航知识产权运营有限公司诉广州哲众知识产权运营有限公司等不正当竞争案

58. 企业字号依法核准注册不能成为不正当竞争行为的抗辩理由 ……………… 209

——北京联众互动网络股份有限公司诉北京京掌科技有限公司、广州职友集网络技术有限公司不正当竞争案

59. 商业诋毁案件的认定标准及举证责任分配 ………………………………… 213

——中品质协（北京）质量信用评估中心有限公司诉绿盾征信（北京）有限公司商业诋毁案

一、专利纠纷

1

等同原则适用的限制规则

——林某吉诉安徽宝迪肉类食品有限公司、北京合兴意商贸有限公司侵害发明专利权案

【案件基本信息】

1. 裁判书字号

北京知识产权法院（2015）京知民初字第1674号民事判决书

2. 案由：侵害发明专利权纠纷

3. 当事人

原告：林某吉（LINROOJEE）

被告：安徽宝迪肉类食品有限公司（以下简称宝迪公司）、北京合兴意商贸有限公司（以下简称合兴意公司）

【基本案情】

本案原告系名称为“一种避免或减少冻肉解冻时血水流失的方法”的发明专利的专利权人，其认为由宝迪公司生产、合兴意公司销售的原味鸡肉丝产品所使用的技术方案落入了涉案专利权的保护范围，故请求法院判令宝迪公司、合兴意公司停止侵权并赔偿其经济损失和相应的合理开支。宝迪公司辩称其生产被控侵权产品使用的技术方案为现有技术，且其生产被控侵权产品并未实际使用涉案专利方法。

【案件焦点】

宝迪公司生产被控侵权产品是否实际使用了涉案专利方法。

【法院裁判要旨】

北京知识产权法院经审理认为：涉案专利权利要求1具体包括以下方法步骤：1. 将离子强度范围为0.342～6.1的水溶液经由喷淋、滚揉或浸渍的方法涂抹在肉的表面；2. 将处理后的肉静止一段时间；3. 包装；4. 冷冻。

首先，涉案专利的主题名称对其保护范围的限定作用。涉案专利权利要求1所限定的技术方案应适用于除冷冻肉外的其他状态的肉。虽宝迪公司主张其针对的是冷冻肉进行加工，然而根据其庭后提交的加工鸡胸脯肉过程的视频可知，其加工的对象明显处于非冷冻状态，已落入权利要求1的保护范围。

其次，宝迪公司生产被控侵权产品是否包含权利要求1限定的包装、冷冻步骤。涉案专利为解决冻肉解冻过程中血水流失的技术问题所采用的技术方案为在肉的表面通过喷淋、滚揉或浸渍的方法涂抹特定离子强度的溶液，随后对其进行包装、冷冻。可见，"包装"及"冷冻"的先后顺序对于涉案专利发明目的的实现并无实质性影响。故涉案专利权利要求1中"包装"及"冷冻"步骤对于权利要求1保护范围的确定并无限定作用。在此基础上，由国家肉类食品质量监督检验中心出具的编号为CMRCSYSb22015QW601的检验报告可知，宝迪公司生产被控侵权产品已包含了上述"包装""冷冻"步骤。

再次，宝迪公司生产被控侵权产品是否存在权利要求1限定的"静止一段时间"技术特征。原告主张涉案权利要求1限定的"静止一段时间"中"静止"的时间可短可长，当"静止"的时间短到"零"时，即不再需要"静止一段时间"，而直接"冷冻、包装"。故无论宝迪公司是静止一段时间后再冷冻、包装，还是无须静止一段时间而立刻冷冻、包装，均会落入涉案专利权利要求1的保护范围。但是，若将涉案专利权利要求1中"静止"的时间短到"零"，客观上导致的结果为可以不再"静止一段时间"，从而实质上忽略"静止一段时间"的技术特征，显然与《最高人民法院关于审理侵犯专利权纠纷案件应用法律若干问题的解释（二）》的规定及最高人民法院（2005）民三提字第1号民事判决书中所确定的规则相违背。因此，"静止一段时间"为确定涉案专利权利要求1保护范围所必不可少的特征。同时，考虑到本领域技术人员在阅读涉案专利说明书后，可以直接且毫无疑义地确定“静止一段时间后再冷冻、包装”与“立刻冷冻、包装”已经构成两种并列的、具体的技术方案，但涉案专利权利要求1中仅记载了“静止一段时间”的技术方案，而未记载“立刻冷冻、包装”的技术方案，故此，“立刻冷冻、包装”的技术方案不应纳入涉案专利权利要求1的保护范围。然而，理论上宝迪公司存在无须静止一段时间而立刻包装、冷冻的可能，故在原告未提交证据证明宝迪公司在生产被控侵权产品的过程中需要将相应产品“静止一段时间”后再“冷冻、包装”的基础上，在案证据尚不足以证明宝迪公司生产被控侵权产品的行为涵盖了涉案专利权利要求1限定的“静止一段时间”的技术特征。

最后，宝迪公司生产被控侵权产品是否存在权利要求1限定的“把此溶液经由喷淋、滚揉或浸渍的方法涂抹在肉的表面”技术特征。一方面，考虑到原告在涉案专利授权过程中答复国家知识产权局《第一次审查意见通知书》时曾明确表示涉案专利与对比文件1在作用机理上存在明显不同，可见，原告已通过对作用机理的解释实质上将可能导致细胞壁破裂的注射、滚揉等机械力量的涂抹方式排除在涉案专利的保护范围之外，即其已构成通过答复的方式放弃由注射、滚揉等机械力量的涂抹方式所构成的技术方案，上述技术方案不应纳入涉案专利权利要求1的保护范围。从宝迪公司提交的加工鸡胸脯肉的视频可知，其注射、滚揉等方式显然施加了一定的机械力量，与涉案专利权利要求1限定的通过“滚揉”将特定离子强度的水溶液涂抹于肉的表面不应认定构成相同的技术特征。另一方面，涉案专利说明书中明确将“其他肉品经常使用的方法”“其他被肉制品行业广泛使用的方法”与“喷淋、滚揉或浸渍”方法并列记载。本领域普通技术人员在阅读上述技术内容的基础上，显然可以确定“其他肉品经常使用的方法”或“其他被肉制品行业广泛使用的方法”为可替代“喷淋、滚揉或浸渍”方法的并列技术方案。而如原告所述，“喷淋”即涉案专利申请日之前的“其他肉品经常使用的方法”或“其他被肉制品行业广泛使用的方法”。故宝迪公司使用的“注射”方法与涉案专利权利要求1限定的“喷淋、滚揉或浸渍”方法未构成等同的技术特征。

综上，在案证据不能证明宝迪公司生产被控侵权产品的行为涵盖了涉案专利权利要求1限定的全部技术特征。即宝迪公司生产被控侵权产品的行为没有落入涉案专利权利要求1的保护范围。

北京知识产权法院判决：

驳回原告林某吉（LINROOJEE）的诉讼请求。

【法官后语】

源于技术的发展、语言表达的局限性等原因，在侵犯专利权纠纷案件中，适用等同原则判断被控侵权行为是否落入涉案专利的保护范围，是保障专利权人利益的应有之义。但专利权人基于专利权所获得的利益应当与其作出的贡献相适应。因此，司法实践中逐渐形成了诸多对于等同原则适用的限制规则。

首先，主题名称是对权利要求包含的全部技术特征，其所构成的技术方案的抽象概括，是对专利技术方案的简单命名，其更为重要的作用在于表征涉案发明所属技术领域，以便于检索。主题名称对权利要求保护范围的实际限定作用取决于其对权利要求所要保护的主题本身产生何种影响。若主题名称中所包含的应用领域、用途或者结构等技术内容对权利要求所要保护的技术方案产生影响，则该技术内容对专利权的保护范围具有限定作用。

其次，就方法权利要求而言，若方法专利的步骤顺序的互换并未导致技术功能或技术效果的互换，则上述方法步骤顺序对于专利保护范围的确定并无限定作用。最高人民法院在（2013）民提字第225号案件中亦曾明确指出，方法专利的步骤顺序是否对专利权的保护范围起到限定作用，从而导致在步骤互换时限制等同原则的适用，关键要看这些步骤是否必须以特定的顺序实施以及这种互换是否会带来技术功能或者技术效果上的实质性差异。

再次，判断被控侵权行为是否落入涉案专利的保护范围时，不得将专利申请人、专利权人在专利授权或者无效宣告程序中，通过对权利要求、说明书的修改或者意见陈述而放弃的技术方案，基于等同原则的适用而再次将其纳入涉案专利权保护范围。

最后，捐献原则的确立重在强调权利要求的公示性原则，使专利权的保护范围相对确定，以提高社会公众的活动预期，保证社会公众自由的利用公知技术；同时，捐献原则的严格适用，亦有利于提高专利文件撰写的质量。适用捐献原则应当满足如下条件：第一，被捐献给社会公众的技术方案应当为“仅在说明书或者附图中描述而在权利要求中未记载”的技术方案。其中，“仅在说明书或者附图中描述”应当理解为该被捐献的技术方案在说明书中作为一种替代方案已为特定化的描述。第二，被控侵权行为所采用的技术方案应为与“仅在说明书或者附图中描述而在权利要求中未记载”的技术方案相同的技术方案，而不应扩展至与其等同的技术方案。

编写人：北京知识产权法院　王东勇　陈越

2

专利创造性判断中的技术启示的认定

——某汽车有限公司诉专利复审委员会专利驳回复审案

【案件基本信息】

1. 裁判书字号

北京知识产权法院（2015）京知行初字第1687号行政判决书

2. 案由：专利驳回复审纠纷

3. 当事人

原告：某汽车有限公司

被告：国家知识产权局专利复审委员会（以下简称专利复审委员会）

【基本案情】

某汽车有限公司于2010年9月3日提出第201010273963.0号“用于使得后桥与汽车车身耦联的轴导向轴承”的发明专利申请（以下简称本申请），优先权日为2009年9月4日，公开日为2011年4月13日。

专利复审委员会于2014年9月24日作出第73117号复审请求审查决定（以下简称被诉决定），认定本申请权利要求1相对于对比文件1和本领域公知常识的结合不具有创造性，并具体认定如下：权利要求1请求保护一种用于使得后桥与汽车的汽车车身耦联的轴导向轴承，对比文件1（US 5941511 A，公告日为1999年8月24日）公开了一种用于使得悬挂系统的控制杆与汽车车身耦联的衬套装置，权利要求1的技术方案与对比文件1相比存在两个区别技术特征，并基于区别技术特征认定权利要求1实际要解决的技术问题是：当车辆摇摆弹性运动时，减小橡胶与止动垫圈之间的磨损与噪声。其中，针对橡胶体与止动垫圈牢固地连接的区别技术特征，被诉决定认为：对比文件1公开了橡胶弹性体20与第一端部垫圈22之间压紧配合的技术方案，使得当车辆摇摆弹性运动时，橡胶在轴向方向不容易与第一端部垫圈22脱开而出现相对运动，即对比文件1给出了减少橡胶与第一垫圈之间相对运动的启示，而减少或取消相对运动的另一方法，是将橡胶与第一垫圈牢固连接，因此，在对比文件1的启示下，本领域技术人员可以想到将橡胶与第一端部垫圈22牢固连接以减小磨损和噪音，这是本领域技术人员的常规技术手段。另外，考虑到橡胶的受力特性，一般不会将橡胶与连接部件接触的每个面均进行硫化牢固连接，否则橡胶在弹性运动中，因变形应力过大，容易疲劳断裂，因此，本领域技术人员在选择橡胶与接触部件之间的固定方式时，一般会留有自由边，并针对性的选择在弹性运动中相对较易磨损的接触面进行固定，以有目的性的减小该运动方向上的磨损和噪音，相应延长橡胶寿命。因此，本领域技术人员为了减小车辆摆动弹性运动时橡胶的磨损和噪声，将橡胶与止动垫圈牢固连接，也是容易想到的，属于本领域技术人员的常规技术手段。在此基础上，专利复审委员会认定本申请独立权利要求1及其相应的从属权利要求均不具备创造性，因而驳回了该专利申请。

某汽车有限公司不服该决定，向北京知识产权法院提起诉讼。

【案件焦点】

对比文件1是否给出了“橡胶体与止动垫圈牢固地连接”的技术启示。

【法院裁判要旨】

北京知识产权法院经审理认为：在判断对比文件是否给出了某种技术启示时，即判断对比文件是否给出了将区别特征应用到最接近的现有技术以解决其存在的技术问题的启示时，对比文件所给出的启示通常应当是明确的，在效果上亦不应有显著差别，从而能够使本领域技术人员在面对所述问题时，有动机的运用该区别特征对最接近的现有技术进行改进并获得要求保护的技术方案。对比文件1公开了橡胶弹性体与第一端部垫圈之间压紧配合的技术方案，虽然能够使橡胶体在轴向方向与第一端部垫圈压紧而不易脱开，从而在一定程度上能够起到减少橡胶体与止动垫圈之间的相对运动达到降低噪声的效果，然而与本申请“橡胶体与止动垫圈牢固连接”的技术方案相比，这种效果仅仅是辅助性的，既不明确也不显著，难以认定对比文件1已经给出了减小橡胶体和止动垫圈之间的相对运动，从而降低磨损和噪声的技术启示。此外，本申请与对比文件1存在的区别技术特征“橡胶体与止动垫圈牢固连接”正是本申请相较于背景技术的主要发明改进点所在，将之认定为本领域的公知常识应当持更加谨慎的态度，相应地，被告亦应承担相对较高的举证证明责任。而本案中并无证据证明在本申请所涉及的轴导向轴承领域，上述区别特征构成本领域的常规技术手段。因而被诉决定的相关认定证据不足。

北京知识产权法院依照《中华人民共和国行政诉讼法》第七十条第（一）项之规定，判决撤销复审决定并责令重作。

该判决作出后，双方当事人均未上诉，一审判决已发生法律效力。

【法官后语】

在专利授权确权行政案件中，创造性判断的“三步法”要求：首先，确定最接近的现有技术；其次，与该最接近的现有技术相比确定发明创造具有哪些区别特征，并根据该区别特征所能达到的技术效果确定该发明实际解决的技术问题；最后，从最接近的现有技术和发明实际解决的技术问题出发，判断要求保护的发明对本领域技术人员来说是否显而易见。其中的最后一步常常涉及技术启示的判断，即现有技术中是否给出了将区别特征应用到最接近的现有技术以解决其存在的技术问题（即发明实际解决的技术问题）的启示。

由于技术启示的概念较为抽象，理解和把握不易，实践中亦缺乏可操作的判断标准，因而往往判断尺度不一、差别极大。因而技术启示的判断也成为创造性判断中的难点。从《审查指南》的相关规定来看，其所给出的技术启示的判断指引是从发明的动机着眼的，即是否能够使得本领域技术人员在面对所述技术问题时，有动机改进该最接近的现有技术并获得要求保护的发明创造。且针对不同的发明创造类型，如发明专利与实用新型专利，技术启示的判断也存在着不同。

本案中，对比文件1公开的橡胶弹性体与第一端部垫圈之间压紧配合的技术方案，与本申请中“橡胶体与止动垫圈牢固连接”的技术方案相比，技术手段并不相同，技术效果也存在显著差异。对比文件1公开的橡胶弹性体与第一端部垫圈之间压紧配合的技术方案，虽然也能够使橡胶体在轴向方向与第一端部垫圈压紧而不易脱开，从而在一定程度上起到了减少橡胶体与止动垫圈之间相对运动从而降低噪声的效果，然而与本申请“橡胶体与止动垫圈牢固连接”的技术方案相比，这种效果是辅助性的，既不明确也不显著，二者具有较大的差异，难以认定对比文件1已经给出了减小橡胶体和止动垫圈之间的相对运动从而降低磨损和噪声的技术启示。此外，根据本申请说明书背景技术和发明内容部分的记载，对比文件1公开的内容基本相当于本申请的背景技术，本申请与对比文件1存在的区别技术特征“橡胶体与止动垫圈牢固连接”正是本申请的主要发明改进点所在，在此情形下将之认定为本领域的公知常识应当持更加谨慎的态度，相应地，被告亦应承担相对较为明确的公知常识的举证证明责任。而本案中并无相应的公知常识证据能够证明在本申请所涉及的轴导向轴承领域，为了解决磨损和噪声问题从而将“橡胶体与止动垫圈牢固连接”构成本领域的常规技术手段，被告专利复审委员会也未作出充分的说理说明。综上，作出上述判决。该案对专利授权确权案件中技术启示的认定给出了一定的指引，对同类案件的司法审查具有一定的参考和示范意义。

编写人：北京知识产权法院　林鸿姣

3

评价专利创造性，有必要对权利要求进行解释以明确其保护范围

——惠普发展公司有限责任合伙企业诉国家知识产权局专利复审委员会发明专利权无效宣告请求行政案

【案件基本信息】

1. 裁判书字号

北京市高级人民法院（2017）京行终2673号行政判决书

2. 案由：发明专利权无效宣告请求行政纠纷

3. 当事人

原告（上诉人）：惠普发展公司有限责任合伙企业（以下简称惠普发展公司）

被告（上诉人）：国家知识产权局专利复审委员会（以下简称专利复审委员会）

【基本案情】

本案所涉专利系名称为“具有与晶体管作用区重叠的接地母线的喷墨打印头”的发明专利（以下简称涉案专利）。其权利要求 1 为：“1. 一种喷墨打印头，其包括：由衬底（111）和多个薄膜层（11）形成的打印头结构；墨滴发生器（40）的纵阵列（61），其被限定在所述打印头结构中；场效应晶体管电路（85）的纵阵列（81），其形成在所述打印头结构中且分别地连接到所述墨滴发生器上，所述场效应晶体管电路包括作用区，每一作用区包括漏极区（89）、源极区（99）和栅极（91）；包括接地母线（181）的电力迹线（86），该接地母线在结合片（74）与所述墨滴发生器和所述场效应晶体管电路之间电连接；以及所述接地母线（181）通常沿场效应晶体管电路的所述纵阵列的纵向范围延伸，并且与所述作用区部分地重叠。”

涉案《专利说明书》第 2 页第 11 行记载：“该作用区激励场效应晶体管驱动电路。”该页第 17 行记载：“每一作用区包括漏极区、源极区和栅极。”

针对涉案专利，鲍某伟于 2015 年 2 月 26 日向专利复审委员会提出无效宣告请求，其理由是涉案专利不符合《中华人民共和国专利法》（以下简称《专利法》）第三十三条、第二十六条第三款和第四款，《中华人民共和国专利法实施细则》（以下简称《专利法实施细则》）第二十条第一款的规定，涉案专利权利要求 1－8 不具备创造性，不符合《专利法》第二十二条第三款的规定，故请求宣告涉案专利权利要求全部无效。并提交了相应证据，其中：

证据 2－1 公开了一种喷墨打印头，其通过芯片 13 产生的热量将墨滴排出喷嘴。该打印头 7 的芯片 13 包括基板 34 和多个薄膜层。附接到芯片 13 的外部是喷嘴板 66，该喷嘴板 66 具有一个喷嘴，加热器上方限定腔室，引向喷嘴。芯片 13 的每个侧面上是触点 29，被来自芯片外的信号所驱动。芯片上的电路包括加热器 1、电源总线 21、地址线 23 和多个金属氧化物半导体场效应晶体管 25。在图 4 的放大图中显示喷嘴和邻近加热器的 MOSFET25 呈纵列排布，在打印头内对准。MOSFET25 包括漏极区 35、源极区 36 和栅极。结合附图 5，驱动加热器 1 的电流施加到导电层 46，同时导电层 46 实现了加热器 1 和晶体管 25 的连接，次触点 40 通过导电层 46 使晶体管 25 接地，即导电层 46 包含了导电线。并且从附图 5 中可以看出 MOSFET25 与加热器 1 电连接，接地母线电连接次触点 40 和 MOSFET25。

证据2－3公开了一种晶体管结构，晶体管12具有限定在半导体衬底的区域28中的多个间隔开的平行扩散区，以及接触该扩散区以形成交替的源元件S和漏极元件D的导线，源元件S并联地电连接到接地总线16，接地总线横截于晶体管延伸，多晶硅栅电极元件G穿过源元件S和漏极元件D之间，接地总线16与半导体衬底的区域28部分重叠。

专利复审委员会经审查后认为：涉案专利权利要求1的技术方案相对于证据2－1、2－3的结合不具有突出的实质性特点和显著的进步，因而不具备创造性，不符合《专利法》第二十二条第三款的规定。故据此作出第27391号无效宣告审查决定（以下简称被诉决定），宣告涉案专利全部无效。

惠普发展公司不服被诉决定，提起行政诉讼称：1. 被诉决定对涉案专利"作用区"的解释以及对证据2－3所公开的事实认定不正确；2. 涉案专利权利要求1－8相对于证据2－1、2－3以及公知常识的结合具备创造性，符合《专利法》第二十二条第三款的规定。综上，请求人民法院依法撤销被诉决定，并判令被告重新作出决定。被告专利复审委员会辩称：被诉决定认定事实清楚，适用法律法规正确，审查程序合法，审查结论正确，请求人民法院驳回原告诉讼请求。第三人鲍某伟请求人民法院驳回原告诉讼请求。

【案件焦点】

对于被诉决定归纳的涉案专利权利要求1与证据2－1的区别技术特征，现有技术是否给出了技术启示。

【法院裁判要旨】

北京知识产权法院经审理认为：本领域技术人员在了解场效应晶体管工作原理的前提下，结合涉案专利说明书的相关记载，可以确定涉案专利权利要求1中所称"作用区"，是指同时包含栅极和与其相邻设置的漏极区、源极区，能够通过适当的电压使其产生作用，实现载流子的导通，继而对与之相连的喷墨加热器电阻进行激励的区域。

在确定了涉案专利中"作用区"的明确含义的前提下，北京知识产权法院认定涉案专利权利要求1相对于证据2－1与证据2－3的结合具有突出的实质性特点和显著的进步，具备《专利法》第二十二条第三款规定的创造性。引用涉案专利权利要求1的从属权利要求2－8也均具备创造性。

北京知识产权法院判决撤销被诉决定，并判令专利复审委员会重新作出审查决定。

专利复审委员会、鲍某伟均不服一审判决，上诉至北京市高级人民法院。北京市高级人民法院经审理认为：一审判决对于涉案专利权利要求1中的“作用区”解释正确。一审判决关于证据2－3并没有给出相应的技术启示的认定正确。

北京市高级人民法院判决：驳回专利复审委员会和鲍某伟的上诉请求，维持原判。

【法官后语】

专利权所要求保护的是技术方案，而技术方案是无形物，只能通过语言文字进行描述，这决定了专利权的保护范围也只能通过语言文字进行限定。而语言文字并不是一种非常精确的表意工具，其本身的模糊性使得不同的人面对同一段语言文字，往往会对其表达的含义产生不同的理解。事实上，无论何种用途的语言文字，人们都需要对其进行理解、解读方可清楚地确定其含义。对于使用有限的语言描述技术方案的权利要求，无疑更需要理解，而这种理解，就是对权利要求的解释。因此，权利要求的解释对于确定专利权保护范围是必不可少的。特别要强调，在权利要求书中，专利权人为了简洁而清晰地描述技术方案，往往会自己创设一些术语，这些术语在所属领域中并没有约定俗成的解释。在这种情况下，更需要站在所属领域技术人员的角度上，对这些术语进行解释，才能真正理解专利权要求保护的技术方案，进而确定专利权的保护范围。

由于对权利要求的解释是理解技术方案、确定专利权保护范围的必要途径，因此，无论是在专利侵权案件中，还是在专利授权确权案件中，对权利要求的解释都是不可或缺的。

有关在专利行政案件中对涉案专利的权利要求进行解释的问题，最高人民法院在（2014）行提字第17号行政判决书中认定，专利授权确权程序中，权利要求解释的目的在于通过明确权利要求的含义及其保护范围，对权利要求是否符合专利授权条件或者其效力如何作出判断。通常情况下，在专利授权确权程序中，对权利要求的解释采取最大合理解释原则，即基于权利要求的文字记载，结合对说明书的理解，对权利要求作出最广义的合理解释。如果说明书未对权利要求用语的含义作出特别界定，原则上应采取本领域普通技术人员在阅读权利要求书、说明书和附图之后对该术语所能理解的通常含义，尽量避免利用说明书或者审查档案对该术语作不适当的限制，以便对权利要求是否符合授权条件和效力问题作出更清晰的结论，从而促使申请人修改和完善专利申请文件，提高专利授权确权质量。

由此可见，对权利要求及其中所涉术语的解释，并非仅限于专利民事侵权程序，也并非以权利要求不清楚或者没有明确的唯一含义为前提，在评价专利创造性时，也有必要对权利要求进行解释以明确其保护范围，并在此基础上判断现有技术是否已经给出相应的技术启示。此外，对权利要求的解释必须以本领域技术人员的认识水平和技术能力为标准，结合本专利权利要求书和说明书的相关记载明确权利要求的保护范围。

编写人：北京知识产权法院　卓锐　张忠涛

4

突破专利侵权法定赔偿的考虑因素

——北京速帮网络技术有限公司诉同方股份有限公司、天津零时空信息技术有限公司侵害发明专利权案

【案件基本信息】

1. 裁判书字号

北京市高级人民法院（2017）京民终206号民事判决书

2. 案由：侵害发明专利权纠纷

3. 当事人

原告（上诉人）：北京速帮网络技术有限公司（以下简称速帮公司）

被告（被上诉人）：同方股份有限公司（以下简称同方公司）、天津零时空信息技术有限公司（以下简称零时空公司）

【基本案情】

原告速邦公司指控被告同方公司、零时空公司生产销售的远程服务软件及其提供的服务侵害其“远程软件服务系统”的发明专利权，并索赔600万元。零时空网站对外宣称涉案软件线上销售记录为：分享版服务套装99元×31233套；无忧版149元×54326套。

求职者彭兴邦在智联招聘网站（zhaopin. com）发布的简历：彭兴邦曾经在同方公司远程事业部工作，同方公司主营产品零时空软件，电脑预装量超过200W，自2010年开始渠道销售，线下销售共计15万套。

二审期间，同方公司、零时空公司提交了零时空官方网站服务器中的销售记录日志及公证书，记录显示零时空网站上的涉案产品成交订单均为零。同方公司、零时空公司提交了零时空商品订货单，显示零时空远程服务专家无忧版包年服务套装、分享版四次服务套装的订货数量均为300个，用以证明涉案产品线下销售数量仅为几十套，零时空公司并未因此获利。

二审期间，经速邦公司申请，二审法院向苏宁云商集团股份有限公司调取了部分证据。2017年12月5日，苏宁云商集团股份有限公司向北京市高级人民法院出具《情况说明》：“由于时间久远，原始销售数据已经无法完全调取，且能调出的部分数据无法体现IT帮客的销售数额，故我司财务通过调取付款信息及凭证，将能够确认的因销售苏宁IT帮客支付给零时空公司的付款情况提供给贵院，以供审判参考。”《情况说明》附有统计表及付款凭证，统计表和付款凭证记载的付款总额为3101024元。

【案件焦点】

1. 被告宣称的销售记录能否采信；2. 突破法定赔偿的条件；3. 裁量性赔偿的考虑因素。

【法院裁判要旨】

北京市第一中级人民法院经审理认为：同方公司、零时空公司构成侵权。零时空网上的销售记录并非二被告的真实财务数据，不足以证明被告获利数额。一审判决二被告停止侵权并赔偿50万元。

北京市高级人民法院经审理认为：公证书记载的数据产生于零时空公司的网站

服务器之中，服务器受零时空公司控制，不能排除修改、删除的可能性。作为一款提供远程支持和救援服务的软件，线上下载、安装、销售均较为方便，线上销售为零的数据亦不合常理。因此，零时空网站对外宣称的销售记录可以成为法院酌定赔偿数额的一项参考因素。此外，被控侵权软件除在线上销售外，还通过国美电器、苏宁电器进行线下销售。其中，仅通过苏宁电器销售渠道销售所得即达3101024元。因此，现有证据足以认定同方公司、零时达公司侵权获利较大，明显超出100万元的法定赔偿上限。为有效保护专利权，实现公平正义，应当在法定赔偿限额之上确定赔偿数额。被控侵权产品是远程服务软件，同方公司、零时达公司除开发涉案软件外，还需要雇用工程师提供人工服务。因此，不宜将涉案软件的销售收入全部视为因侵权行为获得的利益。综合考虑涉案专利权的价值、涉案专利对被控侵权软件的贡献度、同方公司、零时达公司的侵权情节等因素，合理确定同方公司、零时达公司赔偿数额为300万元。

北京市高级人民法院改判同方公司、零时空公司赔偿300万元，维持一审判决的其他判项。

【法官后语】

本案是一起侵害发明专利权纠纷，在专利侵权赔偿数额的认定方面颇具典型性。一审法院适用法定赔偿，酌定赔偿数额为50万元。二审法院认为应当突破法定赔偿的上限，适用裁量性赔偿，改判赔偿数额为300万元。被告宣称的销售记录能否采信、突破法定赔偿的条件、裁量性赔偿的考虑因素等，既是二审判决论述的重点，也是类似案件的常见争点。

第一，如何审查被告宣称的销售记录？

专利侵权案件中，常有被告宣称其产品销量大、市场占有率高，专利权人取证后提交法院，被告往往不予认可。此类证据能否采信，通常考虑如下因素：

1. 是否由被告发布？如果是被告官方网站、官方微博、官方APP、经认证的微信公众号、上市公司公报中发布的信息，被告通常难以否认。但是，不明人士发布的论坛帖子、广告、媒体报道中提及的销量等，如果被告否认，法院通常难以直接采信。本案中，专利权人还提交了一个求职者在智联招聘网站发布的简历，其中记载：该求职者曾经在同方公司工作，同方公司主营产品零时空软件，电脑预装量超过200W，自2010年开始渠道销售，线下销售共计15万套。被告对此不予认可。北京市高级人民法院认为：该简历并非同方公司、零时达公司发布，真实性无法核实，不足以证明涉案软件的安装数量或者销售数量。

2. 有无相反证据？被告宣称的销售记录，从证据属性上分析，类似于诉讼外的自认。其效力虽然低于诉讼中的自认，但也可能在很大程度上反映了事实。参照诉讼陈述“禁反言”的原则，其证明力不能仅凭被告一句否认而轻易被抹煞，而应认真审查被告提交的相反证据。本案中，被告对零时空网站的服务器内容作了公证，服务器显示涉案软件的线上销售数量为零。鉴于服务器受零时空公司控制，不能排除修改、删除的可能性，该公证书的证明力明显不足。被告还提交了零时空商品订货单，证明涉案软件销量不大。但是，订货单是零时空公司单方制作的证据，且仅能反映一次订货的情况，不能证明涉案软件的订货总量。因此，被告提交的相反证据不足。

3. 有无合理解释？被告如欲否认自己此前宣称的内容，应当提供合理的解释。司法实践中，被告经常提出“夸大性宣传”“合理吹嘘”等理由，通常均不能被认定为合理解释。本案中，被告称其网站宣传的销售记录为“静态数据”，真实的线上销售数据为零，显然不合常理。

4. 宣称的内容是否明显不可信？被告宣称的内容是一项证据，其用途在于证明案件事实。如果被告宣称的内容明显不合常理，根据日常经验法则难以置信，则不能仅凭被告宣称的销售数量来认定侵权商品的销量，否则将导致案件结果明显脱离实际。

第二，突破法定赔偿的条件。

在实际损失和侵权获利都难以证明的情况下，“1万元以上、100万元以下”，是《专利法》规定的法定赔偿的边界。因此，如无充分证据，不宜突破法定赔偿。突破法定赔偿旨在实现公平，突破的核心条件是法定赔偿将导致显失公平的结果。即现有证据足以认定原告实际损失或者被告侵权获利明显超出100万元的法定赔偿上限。本案中，零时空网站显示的销售记录表明涉案软件线上销量较大，且涉案软件还通过国美电器、苏宁电器进行线下销售。其中，仅通过苏宁电器销售所得即达300万元以上。二审法院据此认定被告获利明显超出100万元，有必要突破法定赔偿。

第三，裁量性赔偿的考虑因素。

在法定赔偿之外确定赔偿数额，司法实践中通常称为裁量性赔偿。突破法定赔偿旨在实现公平，突破上限并不意味着全额支持原告的诉讼请求。裁量性赔偿通常要考虑专利的价值、侵权产品的销量、价格、利润率、专利贡献度等因素，以期最大限度地实现公平。本案中，涉案专利提供了一种利用软件、服务器、人工客服为用户远程提供电脑维修服务的技术方案，具有重要的商业价值。但在实际运营中，除涉案软件外，原告、被告都还需要雇用人工客服（工程师）为用户提供技术指导服务，都要为此支付大量的人工成本。此外，被告还要支出大量的营销成本、服务器成本等。因此，二审法院综合考虑上述因素，改判同方公司、零时空公司赔偿速邦公司300万元，并未全部支持速邦公司的诉讼请求。

编写人：北京市高级人民法院　蒋强

5

区别技术特征解决的技术问题和显而易见的认定应以整体技术方案为基础

——张某义诉国家知识产权局专利复审委员会发明专利申请驳回复审行政案

【案件基本信息】

1. 裁判书字号

北京知识产权法院（2014）京知行初字第160号行政判决书

2. 案由：发明专利申请驳回复审行政纠纷

3. 当事人

原告：张某义

被告：国家知识产权局专利复审委员会（以下简称专利复审委员会）

【基本案情】

针对张某义的第201110288822.0号“可以无障碍进出的汽车费用支付系统与方法”的发明专利申请所提复审请求，专利复审委员会认为该发明不具有创造性而决定维持驳回决定。

张某义不服该决定，认为：1. 对比文件1除了在入口处对车牌进行识别之外，还要将识别成功的车牌与数据库中的会员车牌进行匹配；本申请的技术方案是所有可识别车牌的汽车都被允许先进入停车场，可以解决停车场入口的拥堵问题。2. 在对比文件1中，在先注册的数据库信息是永久的、静态的、可多次使用的；本申请技术方案的“汽车车牌与用户注册账号的绑定”是在用户手机上进行并存储，服务器对车主“汽车车牌与用户注册账号的绑定”的使用是实时的、动态的、一次有效的。因此，被诉决定中认定的“先查找与账号绑定的汽车车牌是否存在于该数据库中”有误，对比文件1未给出相关教导，也非显而易见。3. 本申请的技术方案新增了区别技术特征“手机程序”及“车主开启手机程序后”。对比文件1的车牌号与手机号绑定存储在服务器上，服务器根据采集到的车牌号以及存储的信息发出停车扣费明细通知。而本申请技术方案车牌号和用户账号绑定存储在用户手机上，发出通知需“手机程序”以及车主主动启动手机程序向服务器查询汽车信息，以明确用户是否授权服务器进行本次停车扣费。除此以外，对比文件1中，车牌号与用户手机号绑定，因涉及隐私而存在适用的“广泛性”问题；本申请车牌号与用户账号绑定，可以解决该问题。故被诉决定中有关对比文件1已经公开了“通知”的技术方案的认定错误。4. 对比文件1中，注册数据库信息需要车主提前将手机号和车牌绑定注册，车辆进入时系统会根据所识别的车牌向对应的手机号发送短信提示。但是当驾驶员并非为车主时，只能采取现场缴费的方式，无法解决不同驾驶员驾驶同一注册汽车时自动缴费的问题。本申请中，车牌号绑定是动态的，通过“授权机制”允许同一车牌与多个手机绑定，解决了不同驾驶员驾驶同一注册汽车的自动缴费问题。

【案件焦点】

发明专利是否具有创造性。

【法院裁判要旨】

北京知识产权法院经审理认为：被诉决定仅指出本申请所具有的特征，却未提及对比文件1中相对应的特征，但无论是对于技术问题的分析，还是非显而易见性的判断，均需要在对比二者相应技术特征的基础上作出判断。本申请与对比文件1的区别：本申请仅在一种情况下进行人工收费，即车牌识别失败。但对比文件1，其在两种情况下需要进行人工收费：车牌识别失败或车牌识别成功，但与数据库信息匹配失败。

在确定区别技术特征的情况下，进一步确定区别技术特征所实际解决的技术问题，这需要以整体技术方案为基础，并与对比文件的相关技术特征进行对比分析。如果各区别技术特征之间具有协同作用，则尤其注意不能割裂各技术特征的协同作用。本案中，被诉决定中对于区别技术特征实际解决技术问题的认定未考虑到相应区别技术特征之间的协同作用，亦未将其与对比文件进行对照分析，故被诉决定中对实际解决技术问题的认定还不够准确。本案中，在整体收费过程中，区别技术特征（3）、（5）~（7）相互协同，实际解决的技术问题是在缓解停车场入口拥堵问题的同时兼顾后续缴费程序的顺利进行，且使车主具有是否缴费的选择权。

基于上述技术问题，进一步判断本申请权利要求1的技术方案对本领域技术人员而言是否显而易见，同样应以整体技术方案为基础。申请权利要求1与对比文件1存在上述区别技术特征的原因在于二者采用了不同的技术构思，判断本申请权利要求1是否显而易见，不能回避两种技术构思之间的替换是否显而易见这一问题。本案中，因现有证据无法证明两种技术构思的替换对于本领域技术人员显而易见，本申请权利要求1具备创造性，其从属权利要求2亦必然具备创造性。

【法官后语】

认定区别技术特征实际解决技术问题，需要以整体技术方案为基础，并与对比文件的相关技术特征进行对比分析。如果各区别技术特征之间具有协同作用，则尤其注意不能割裂各技术特征的协同作用。

本案中，因在整体收费过程中，区别技术特征（3）、（5）~（7）相互协同，故对实际解决技术问题的确定需要综合考虑上述技术特征。具体而言，区别技术特征（3）的存在使得本申请相对于对比文件1缺少了一个与数据库信息的匹配过程，因此，其在相当程度上解决了在停车场入口处的拥堵问题，同时兼顾后续的缴费程序。为同时解决上述问题，则需要区别技术特征（5）～（7）的配合，即车主需要开启手机程序完成缴费问题。当然，这一缴费过程亦存在绑定环节，只是这一绑定环节可以是在进入停车场后，而非如对比文件1所限定的必须在进入停车场之前完成绑定过程，从而使得在入口处本申请仅需识别车牌即可，这一限定就使得区别特征（3）的采用成为可能。不仅如此，这一手机程序的使用，同时使得车主具有了缴费的选择权。综上可知，上述区别技术特征实际解决的技术问题是：在缓解停车场入口拥堵问题的同时兼顾后续缴费程序的顺利进行，且使车主具有是否缴费的选择权。

判断显而易见性仍应以整体技术方案为基础。将本申请权利要求1与对比文件1相比可以看出，二者之间之所以存在上述区别技术特征（3）、（5）～（7），原因在于二者采用了不同的技术构思。在本申请中，第三方手机程序的应用是技术方案的核心，且强调车主的主动选择性，即本申请无须在车库入口处即匹配车牌与账号，而是可以在进入车库后再进行相应操作完成缴费过程，从而使得本专利在入口处仅需识别车牌即可，此为本专利相对于对比文件的区别技术特征（3）。但在对比文件1的整个收费过程中，并不涉及第三方手机程序的使用，其虽有短信平台的事先绑定，但车主在主动绑定之后的整个后续缴费程序中完全处于被动状态，并无选择权。换言之，如果仅识别车牌，依据对比文件1的技术方案将无法实施后续的缴费程序。此外，本申请中车主可以在绑定车牌的情况下，通过对该程序的操作选择是否同意通过该程序付费，在其同意付费的情况下，通过后台服务器与控制电脑之间的信息交换，实现在后台服务器端进行扣费。如不同意付费，则可进行现场付费。但对比文件1中，只要在进入车库时车牌匹配成功，必然会在服务器端进行自动扣费，车主并无选择权。此即为区别技术特征（5）～（7）正是上述技术构思的差别决定了区别技术特征（3）、（5）～（7）的存在，且现有证据无法证明两种技术构思可以互相替换，因此，本申请权利要求1不具有显而易见性。

编写人：北京知识产权法院　芮松艳　段重合

6

解释权利要求应符合发明目的及其所要解决的技术问题

——辽宁金立电力电器有限公司诉江苏道盛科技股份有限公司侵害发明专利权案

【案件基本信息】

1. 裁判书字号

江苏省高级人民法院（2015）苏知民终字第00237号民事判决书

2. 案由：侵害发明专利权纠纷

3. 当事人

原告（上诉人）：辽宁金立电力电器有限公司（以下简称金立公司）

被告（被上诉人）：江苏道盛科技股份有限公司（以下简称道盛公司）

【基本案情】

金立公司于2009年9月11日向国家知识产权局申请了名为“有载调节20KV及以下电网中调容变压器的开关”的发明专利，并于2012年9月15日获得授权，专利号为ZL200910187320.1（以下简称涉案专利）。2014年10月28日，其通过公证购买方式从道盛公司处购买到被控侵权产品，故认为道盛公司制造、销售的被控侵权产品落入了涉案专利权利要求的保护范围，构成侵权。

双方关于侵权比对的主要争议集中于：被控侵权产品双断口结构是否与涉案专利权利要求“串联多断口”相同或等同。金立公司认为：被控侵权产品双断口结构与涉案专利权利要求“串联多断口”特征相同或等同。道盛公司认为：被控侵权产品主触头、过渡触头的串联双断口结构，必须结合中部抽头降低断口电压，其技术手段与涉案专利不同，降压的技术效果优于专利方案，且减少断口，触头耗材减少，降低了成本。

【案件焦点】

涉案专利权利要求中的“串联多断口”这一技术特征中的“多”是否包含“双”。

【法院裁判要旨】

江苏省扬州市中级人民法院经审理认为：被控侵权产品不构成侵权，理由如下：

首先，被控侵权产品双断口的技术特征与涉案专利“多断口”的技术特征并不相同。根据涉案专利的说明书，有载开关的单个触头断点的切换能力不能高于2KV，因此，涉案专利中的“串联多断口”的数量并非大于1的任意数，而是需要根据变压器的电压容量进行匹配，20KV电压对应的断口数不得少于6个，10KV电压对应的断口数不得少于3个，6KV对应的断口数不得少于2个。在与被控侵权产品相同的电压条件（10KV）下，技术特征3中主触头、过渡触头的断口数都不得少于3个。而被控侵权产品断口数只有2个，其通过在绕组中部增加一个抽头与双断口结构降低每个断口电压。因此，在10KV条件下被控侵权产品双断口的技术特征与涉案专利“多断口”（断口数不少于3个）的技术特征并不相同。

其次，被控侵权产品双断口的技术特征与涉案专利“多断口”的技术特征亦不等同。从涉案专利权利要求相应技术特征的技术手段看，是单纯通过增加断口数量分担来切换电压的；被控侵权产品技术方案降低电压的技术手段是设置绕组中部抽头和双断口结构，即在绕组中部增加一个抽头与开关的静触头相连，可使切换时过渡电阻承受的电压值由原来的5773V降为3330V左右，再通过双断口结构，使得开关切换时的断口电压降为1670V左右，降压效果明显区别于涉案专利的多断口技术。因此，两者技术手段、技术效果明显不同，且不属于本领域技术人员常用的技术手段，故被控侵权产品的双断口技术特征与涉案专利的“多断口”技术特征亦不构成等同。

江苏省扬州市中级人民法院依照《中华人民共和国民事诉讼法》第六十四条第一款之规定，判决：

驳回金立公司的全部诉讼请求。

金立公司不服一审判决，提起上诉。江苏省高级人民法院经审理认为：在进行专利权利要求解释时，对于权利要求中使用的词语，不能脱离具体的技术背景作抽象理解，应当结合发明目的、发明所要解决的技术问题来准确界定其含义。本案双方争议点主要集中在涉案专利权利要求中的“串联多断口”中的“多”是否包含“双”。在本案中所涉的有载调容开关的技术领域中，根据涉案专利的发明目的，并结合现有证据，涉案专利权利要求中“串联多断口”中的“多”不应包含“双”，因此，被控侵权产品使用的“串联双断口”及其与其他技术特征一起形成的技术方案，不应落入涉案专利权利要求的保护范围。具体理由如下：

首先，根据涉案专利说明书所记载的内容，涉案专利在高压侧设置“串联多断口触头”这一技术特征是为了解决“高压侧触头在星角切换过程中可靠熄弧”这一技术问题。其次，为解决该技术问题，涉案发明是通过增加串联断口的数量来降低单个触头上的切换电压，从而实现“高压侧触头在星角切换过程中可靠熄弧”。再次，根据涉案专利的说明书以及相关技术资料的内容，一般情况下，有载开关的单个触头断点的切换能力不能高于 2KV，只有经过特别的设计，才能使得单个触头断点的切换能力高于 2KV。而涉案专利权利要求中并未对串联多断口的主触头、过渡触头的结构作出特别限定，仅仅限定了触头与绕组的连接方式。因此，在进行权利要求解释的时候，应当将涉案专利权利要求中的串联多断口理解为一般情况下的串联多断口结构，其单个触头断点的切换能力不能超过 2KV。最后，被控侵权产品应用于 10KV 的电压环境中，根据涉案专利说明书中所记载的计算方式，只有当有载调容开关的串联断口的数量 N 大于 3 时，才能保证单个触头断点的切换电压低于 2KV；而当 N 等于 2 时，单个触头断点的切断电压是 2886. 5V，大于 2KV，无法实现“高压侧触头在星角切换过程中可靠熄弧”这一发明目的。因此，当在本案被控侵权产品应用的 10KV 电压环境中，涉案专利权利要求中的“串联多断口”不能解释为包含“双”，只能解释为 3 个及其以上，被控侵权产品采用的“串联双断口”不能纳入涉案专利的“串联多断口”的范围，两者属于不同的技术特征。二审法院意见同意一审法院意见，两者亦不构成等同。江苏省高级人民法院依据《中华人民共和国民事诉讼法》第一百七十条第一款第一项之规定，判决：

驳回上诉，维持原判。

【法官后语】

本案中两审法院结合涉案专利说明书中记载的发明目的，将权利要求中的技术特征“串联多端口”进行了限缩性解释。在我国现有《专利法》及其司法解释中，并未将“符合发明目的”作为一种权利要求解释的原则或方法在法条中予以明确。值得注意的是，发明目的对专利保护范围的确定具有重要意义，应结合发明目的以及拟解决的技术问题，对专利权利要求进行合理的解释，本案提供了一个重要的分析样本。

第一，发明目的在专利权利要求解释中的作用

正确解释专利权利要求，合理界定专利权保护范围，旨在实现专利法上的利益平衡主旨，在专利权人与社会公众间保持合理的平衡，合理限制专利权人的垄断权，保证社会公众对于技术成果的合理使用。我国《专利法》及司法解释均已明确专利说明书在权利要求解释中的适用。专利说明书包括发明或者实用新型所要解决的技术问题以及解决其技术问题采用的技术方案，并对照现有技术写明发明或者实用新型的有益效果。由此可知，专利法上的发明目的直接体现为发明所要解决的技术问题及对比现有技术的有益效果，发明目的对专利而言，体现了其价值所在，也是整个技术方案围绕的核心，而专利权利要求则体现为对具体技术方案的保护，对其解释离不开，发明目的的指引。

第二，“符合发明目的原则”的司法应用

权利要求用语存在含义冲突时，结合具体技术方案中的发明目的（有益效果）进行解释。本案中，抽象地解释汉语中的“多”是否能够包含“双”，从已有的汉语词典、工具书籍以及一般人的认知来看，难以形成多数一致意见。但在本案所涉的有载调容开关的技术领域中，根据涉案专利的发明目的即实现“高压侧触头在星角切换过程中可靠熄弧”，在10KV电容条件下涉案专利权利要求中“串联多断口”中的“多”不应包含“双”。从涉案专利的发明目的去解释权利要求，既是合理界定专利权保护范围的内在需要，又能避免在裁判中对汉语中具有丰富含义词汇作出武断定义。

需要说明的是，在我国目前大量的国内授权专利中，专利权人在说明书中的发明目的部分或者发明所要解决的技术问题部分总是习惯进行夸大或罗列堆积多个发明目的，而事实上其中部分发明目的是无法实现的，即发明所提供的技术方案仅仅解决了部分发明目的。在此情况下，法院完全依赖发明目的来解释权利要求应当是十分谨慎的，否则容易出现解释偏差。本案中，涉案专利说明书中仅有一个发明目的，以此解释权利要求并无不妥。

编写人：江苏省扬州市中级人民法院　杨林

7

瑞士型权利要求创造性判断标准的分析

——诺华股份有限公司诉国家知识产权局专利复审委员会发明专利权无效行政案

【案件基本信息】

1. 裁判书字号

北京市高级人民法院（2017）京行终2871号行政判决书

2. 案由：发明专利权无效行政纠纷

3. 当事人

原告（上诉人）：诺华股份有限公司（以下简称诺华公司）

被告（被上诉人）：国家知识产权局专利复审委员会（以下简称专利复审委员会）

【基本案情】

本案涉及“胃肠基质肿瘤的治疗”发明专利，诺华公司是共有专利权人之一，该专利的创新点在于发现了甲磺酸伊马替尼可被用于治疗胃肠基质肿瘤疾病的新用途。该专利权利要求采用“瑞士型权利要求”的撰写方式，“瑞士型权利要求”是我国《专利法》对疾病的治疗方法不授予专利权这一基本原则下的特别规定，旨在通过给医药用途发明创造提供必要的保护空间和制度激励，平衡社会公众与权利人的利益。

针对第三人豪森公司提出的无效宣告请求，专利复审委员会作出被诉决定，认定本专利权利不具备创造性，故宣告涉案专利权全部无效。诺华公司不服被诉决定诉至北京知识产权法院，要求撤销被诉决定，请求判令专利复审委员会重新作出审查决定。

法院在庭前和庭后进行了数次评议，对本案涉及的技术背景知识进行了充分的了解，检索了数篇在先生效案例，对双方争议的程序问题和实体问题进行了深入的讨论，认为：对于第二医药用途发明专利（即瑞士型权利要求），其不仅应对疾病的体外细胞、动物模型实验有效，还应当达到能够有效治疗人体患者的程度，但这并不意味着在临床试验时能够达到绝对的成功，只需使得本领域技术人员对以该药物治疗人体患者的成功性有合理的预期即可。此外，鉴于肿瘤药物研发的复杂性，本领域技术人员往往会对一些积极的信息产生极高的关注度，并据此进行有益的尝试，因此，即便现有技术未明确公开具体的实验类型和实验数据，但结合其本领域技术人员的技术水平和现有技术的描述，如果其可以根据现有技术所披露的信息，产生将特定化合物用于治疗该类疾病患者的动机，并对治疗结果的成功性具有合理的预期时，则可以认定现有技术已经公开了本发明中的技术方案。

据此，一审法院合议庭最终认定专利复审委员会的无效审查程序合法，关于本专利权利要求 1 不具有创造性的判定结论正确，故作出了驳回原告诉讼请求的判决。同时，判决中还对无效审查证据认定标准、制药用途专利创造性判断原则等问题进行了细致的分析，对类似案件的裁判规则提供了可参考的意见。

【案件焦点】

1. 被诉决定关于证据 1 公开日的认定是否正确；2. 被诉决定关于本专利权利要求 1 创造性的认定是否正确。

【法院裁判要旨】

对于第二医药用途专利，其不仅应对疾病的体外细胞、动物模型实验有效，还应当达到能够有效治疗人体患者的程度，但这并不意味着在临床试验时能够达到绝对的成功，只需使得本领域技术人员对以该药物治疗人体患者的成功性有合理的预期即可。鉴于肿瘤药物研发的复杂性，即便现有技术未明确公开具体的实验类型和实验数据，但结合其本领域技术人员的技术水平和现有技术的描述，如果其可以根据现有技术所披露的信息，产生将特定化合物用于治疗该类疾病患者的动机，并对治疗结果的成功性具有合理的预期时，则可以认定现有技术已经公开了本发明中的技术方案。

【法官后语】

根据《专利法》及相关规定，创造性是指与现有技术相比，具有突出的实质性特点和显著的进步，即在正确认定本专利与最接近现有技术的区别特征的基础上，根据本专利实际解决的技术问题，判定本专利技术方案对本领域技术人员而言是否是显而易见的。而在审查化学领域发明的创造性时，在遵循创造性判断的一般原则的基础上，还需考虑该类发明自身的特殊性。

本案中，法院对瑞士型权利要求的解释规则及第二医药用途专利创造性评价标准进行了明确：1. 该类权利要求的解释规则进行了释明，即其不能仅是对疾病的体外细胞、动物模型实验有效，必须还要达到能够有效治疗人体患者的程度，这并不意味着在临床药用时能够达到绝对的成果，只需使得本领域技术人员对以该药物治疗人体患者的成功性有相对合理的预期即可。2. 鉴于肿瘤药物研发的复杂性，本领域技术人员往往会对一些积极的信息产生极大的关注度，并据此进行有益的尝试，因此，即便现有技术未明确公开具体的实验类型和实验数据，但结合其本领域技术人员的技术水平和现有技术的描述，如果其可以根据现有技术所披露的信息，产生将特定化合物用于治疗该类疾病患者的动机，并对治疗结果的成功性具有合理的预期时，则可以认定现有技术已经公开了本发明中的技术方案。该类疾病患者的动机，并对治疗结果的成功性具有合理的预期时，则可以认定现有技术已经公开了本发明中的技术方案。

就本专利权利要求1而言，其不仅应对胃肠基质肿瘤疾病的体外细胞实验有效，或对该疾病的动物模型试验有效，还应当达到“能够有效治疗胃肠基质肿瘤患者”的程度，专利复审委员会对权利要求1的解释正确，但“能够有效治疗胃肠基质肿瘤患者”并不意味着在临床试验阶段获得绝对的成功，只需使得本领域技术人员对以该药物治疗胃肠基质肿瘤患者的成功性有合理的预期即可。

证据1是与软组织肉瘤治疗有关的一篇综述性的文献，其描述了对于软组织肉瘤治疗的临床最新情况，在评价权利要求1的创造性时应结合证据1全文公开的内容进行判断。诺华公司认为：在世界范围内，肿瘤药物的研发成功率极低，但现实中的治疗需求极大。在此情况下，即使在没有或成功预期极低的情况下，本领域技术人员仍可能会考虑尝试研发。但这种泛泛的、非基于技术启示的动机，不是“专利法意义下的动机”，在没有任何科学、实证依据（如试验数据）的情况下，无法使本领域技术人员产生合理的成功预期。对此，法院认为，正是鉴于肿瘤药物研发的复杂性，本领域技术人员往往会对一些积极的信息产生极高的关注度，并据此进行有益的尝试，因此，虽然证据1中未明确公开具体的实验类型和实验数据，但是结合其本领域技术人员的认知能力和证据1全文的描述，应认定其可以根据证据1所披露的信息，在不付出创造性劳动的基础上联想到本专利的技术方案。

本案涉及“胃肠基质肿瘤的治疗”发明专利，诺华公司是共有专利权人之一，该专利的创新点在于发现了甲磺酸伊马替尼可被用于治疗胃肠基质肿瘤疾病的新用途。该专利权利要求撰写方式十分特殊，亦称为“瑞士型权利要求”，是我国专利法对疾病的治疗方法不授予专利权这一基本原则下的特别规定，旨在通过给医药用途发明创造提供必要的保护空间和制度激励，平衡社会公众与权利人的利益。由于本案关系到用于治疗胃肠基质肿瘤疾病药物的生产和销售，且涉及对比文件公开日的确定、医药用途专利创造性的判断等热点问题，故引起了较高的社会关注，涉案被诉决定亦曾入选专利复审委员会2015年度十大无效案例。本案进行了公开开庭审理，来自贵州省高级人民法院、专利复审委员会、专利审查协作北京中心的共计30余名法官和审查员旁听了庭审。法院最终对瑞士型权利要求的解释规则及第二医药用途专利创造性评价标准进行了明确，最终判决驳回原告的诉讼请求。

编写人：北京知识产权法院　张晓津　马云鹏

8

能够证明真实销售行为的公证书可以认定使用公开构成现有技术的优势证据

——上海和鹰机电科技股份有限公司诉国家知识产权局专利复审委员会发明专利权无效案

【案件基本信息】

1. 裁判书字号

北京知识产权法院（2015）京知行初字第71号行政判决书

2. 案由：发明专利权无效纠纷

3. 当事人

原告：上海和鹰机电科技股份有限公司（以下简称和鹰公司）

被告：国家知识产权局专利复审委员会（以下简称专利复审委员会）

【基本案情】

2007年12月29日，和鹰公司向国家知识产权局申请名为“用于自动裁剪机的压盘锁定装置”的发明专利（以下简称涉案专利），并于2012年3月7日获得授权。

2013年9月17日，欧西玛公司针对涉案专利向专利复审委员会提出无效宣告请求，并提供证据，其中，证据1（2013）沪徐证经字第7235号《公证书》（以下简称第7235号《公证书》）对广州市来兴汽车配件有限公司（以下简称来兴公司）裁剪车间内的一台自动裁剪设备的整体和外观、其内部的装置，以及来兴公司出具的其向上海高鸟机电科技有限公司（以下简称高鸟公司，2009年被和鹰公司吸收合并）购买上述自动裁剪设备的合同复印件、发票原件、付款凭证原件、交付时的技术文件进行了公证。

2014年9月23日，专利复审委员会作出第23934号无效宣告请求审查决定（以下简称被诉决定），宣告本专利权全部无效。后和鹰公司不服被诉决定，遂向北京知识产权法院起诉，称第7235号《公证书》存在疑点，真实性无法确认，所公证的自动裁剪机的状态非购买时的状态，被诉决定将其用作现有技术，存在事实认定错误。该《公证书》所显示图片及视频仅能体现设备结构的外形，本领域技术人员无法得出图片中具体部件是否属于同一装置，也无法知道所示结构的功能，故无法看出本专利权利要求存在被诉决定所认定的区别特征。综上，被诉决定认定有误。专利复审委员会和第三人欧西玛公司认为，被诉决定认定事实清楚、适用法律正确、审理程序合法，请求法院驳回和鹰公司的诉讼请求。

诉讼庭审中，和鹰公司提交了（2015）沪徐证经字第2086号《公证书》（以下简称第2086号《公证书》）。该《公证书》显示，对上海圣菲达服饰有限公司的生产车间内一台型号显示为“TAC－177N”、日期显示为“2006 06”的自动裁剪机的外观及其铭牌进行了拍照。同时，对该公司的《营业执照》《组织机构代码证》以及《上海高鸟机电科技有限公司自动裁剪机销售合同》等原件进行了复印。

针对专利复审委员会在被诉决定中认定证据1的照片和视频未明确公开本专利

权利要求1的技术特征“调节装置包括连接块，所述卡块通过连接块与所述气缸连接”，和鹰公司不持异议。在本专利权利要求1不具备创造性的情况下，和鹰公司认可从属权利要求2-6也不具备创造性。

【案件焦点】

1. 第7235号《公证书》所记载内容是否具有真实性，是否可以作为本专利的现有技术使用；2. 本专利是否符合2001年《中华人民共和国专利法》第二十二条第三款的规定。

【法院裁判要旨】

北京知识产权法院经审理认为：欧西玛公司作为本案无效请求人，其与第7235号《公证书》的公证事项显然有利害关系，而其提起公证时间早于提出专利无效时间亦符合常理。至于来兴公司是否负有合同保密义务，至多说明其可能存在违约行为，与公证过程的合法性并无关联。即便该公证书的作出确有违反《公证法》之处，亦需由和鹰公司依据相关程序申请撤销该《公证书》。因该《公证书》的证明目的在于如实还原涉案产品的真实原貌，而该机器是由谁拆解鉴定核实，对该事实的认定均无影响。第7235号《公证书》与第2086号《公证书》相比，还记载了付款凭证、发票以及记载有该机器内部结构的视频与图片，因此，第7235号《公证书》更具证明力，所记载内容可以作为本专利的现有技术。由第7235号《公证书》中所附视频及图片可以看出，本专利权利要求1相对于该现有技术而言，其区别技术特征在于该现有技术未公开“调节装置包括连接块，所述卡块通过连接块与所述气缸连接”，和鹰公司对此不持异议。为实现卡块在气缸的驱动下移动，采取卡块直接与气缸连接，或者通过一连接块与气缸连接的方式，均是本领域常用的技术手段。因此，在证据1公开内容的基础上结合本领域的常规选择得到本专利权利要求1所限定的技术方案，无须付出创造性劳动。据此，本专利权利要求1相对于在证据1与公知常识的结合不具备创造性。在本专利权利要求1不具备创造性的情况下，和鹰公司认可从属权利要求2-6不具备创造性，故不再予以评述。

北京知识产权法院判决：

驳回和鹰公司的诉讼请求。

宣判后，原、被告双方均未上诉，一审判决已发生法律效力。

【法官后语】

本案的难点在于判断第7235号《公证书》能否证明在先销售行为的真实性，进而构成使用公开，作为认定现有技术的证据。合议庭认为，该公证书能否作为现有技术的证据，需要厘清以下几层关系：

第一，公证申请人提起公证事项的时间节点及与公证事项利害关系判断。在实践中，无效请求人为提高无效成功率，往往会提前谋划，充分准备，故其提起公证时间早于提出专利无效时间符合常理，欧西玛公司作为无效请求人，其与该公证书的公证事项显然有利害关系。

第二，对于来兴公司所负保密义务与该公证书所记载内容真实性的关系。来兴公司是否负有合同保密义务，与公证过程的合法性并无关联。即便该公证书的作出确有违反《公证法》之处，在程序上，亦需由和鹰公司依据相关程序申请撤销该公证书。如果来兴公司向第三方提供涉案机器的行为确违反保密义务，该情形至多说明其可能存在违约行为，与涉案机器购买行为的真实性无关，亦不能仅仅据此认定其与欧西玛公司具有利害关系，不能据此否认公证书所记载内容的真实性。

第三，公证书作出程序与公证内容真实性关系问题。公证书的证明目的在于如实还原涉案产品的真实原貌，而该机器是由第三方拆解，还是由欧西玛公司代理人拆解，以及其是否由独立的技术鉴定人员对各装置的功能进行鉴定核实，对该事实的认定均无影响。

第四，该公证书中铭牌、发票等内容的瑕疵与证明力关系。首先，就铭牌问题，实践中，生产厂家可以自行选择使用何种机器铭牌，故不能仅因涉案机器所采用铭牌具有易被替换的可能性，便当然确认其已被更换。况且就欧西玛公司与和鹰公司所提的公证书进行对比，和鹰公司的第2086号《公证书》中仅记载了第三方企业的销售合同以及该产品的外观，但欧西玛公司的第7235号《公证书》中除此之外还记载了付款凭证、发票以及记载有该机器内部结构的视频与图片，相比而言，显然欧西玛公司的公证书更具证明力。其次，虽然发票、付款凭证与合同中的相应金额有一定出入，导致证明力存在瑕疵，但因在实际的商业活动中，上述票据之间金额存在一定出入亦时常出现，故除非和鹰公司提交更具证明力的反证，否则仅依据上述瑕疵并不足以否认上述证据的真实性。再次，该公证书所欲证明的是涉案型号“机器”的在先销售事实，而非该机器“备件”的在先销售事实，而来兴公司即便未购买备件，亦不意味着其未购买涉案机器。最后，虽然公证时间晚于本专利申请日，理论上存在修改涉案机器内部结构的可能性，但涉案机器属于相对大型的机械设备，各部件之间具有相对严格的配合关系，如对其中某一部件进行修改，则意味着对于与其有直接或间接配合关系的一系列部件均需进行修改，这一难度使得无论是欧西玛公司，还是该机器的实际使用者均较难对其进行修改。

本案在判断公证书真实性问题上，参考了民事诉讼中的优势证据规则，这也是解决本案难点的主要法律适用创新。仔细分析各方距离证据远近可知，来兴公司系从高鸟公司购买的涉案机器，在案证据表明上海高鸟机电科技有限公司系和鹰公司的关联公司，即便该公司确系被和鹰公司的关联公司吸收合并，和鹰公司如欲否认欧西玛公司所持公证书中所涉机器的真实性，其依然具有优于欧西玛公司的举证优势。然而，其在本案诉讼中提交了一份仅记载销售合同及所售机器外观的公证书，显然不足以推翻欧西玛公司的公证书。基于此，合议庭当然有合理理由认为，欧西玛公司的公证书中所记载内容为涉案机器的客观样态，且该销售行为发生于本专利申请日之前，该行为构成使用在先，足以认定为现有技术。在此基础上，合议庭结合本领域常用技术手段，得出本专利不具有创造性，驳回和鹰公司的诉讼请求。

编写人：北京知识产权法院　邱明东

9

当事人申请管辖异议不当然视为对仲裁协议条款的放弃

——某公司等诉西安某某无线网络通信股份有限公司发明专利实施许可合同案

【案件基本信息】

1. 裁判书字号

北京市高级人民法院（2017）京民辖终 134 号民事裁定书

2. 案由：发明专利实施许可合同纠纷

3. 当事人

原告（被上诉人）：某公司、某电脑贸易（上海）有限公司（以下简称某上海公司）、某电子产品商贸（北京）有限公司（以下简称某北京公司）

被告（上诉人）：西安某某无线网络通信股份有限公司（以下简称西安某某公司）

【基本案情】

外资公司某公司及其负责在华营销的子公司某上海公司和负责在华网络营销的子公司某北京公司（以下简称某三公司）向西安某某公司提起发明专利实施许可合同诉讼，要求法院为其确定2014年后的标准必要专利使用费的费率。经审理查明，某标准必要专利持有人西安某某公司曾与某公司签订《2010年专利许可协议》，许可某公司使用涉案专利，许可期限为2010年至2028年12月8日，约定了2010~2014年许可费的具体数额，并约定2014年后的许可年费应当由双方协商一致，同时约定了仲裁条款。现双方就2014年后的许可年费无法协商一致，且西安某某公司在陕西省高级人民法院对某公司及其子公司某上海公司提起诉讼，要求其承担侵权责任，支付涉案专利许可费用并赔偿损失。某三公司遂向北京知识产权法院提起诉讼，要求确认许可年费。西安某某公司在答辩期内提出管辖异议申请，认为本案案情复杂且属新类型案件，应由北京市高级人民法院管辖。北京知识产权人民法院裁定驳回其管辖异议申请后，西安某某公司向北京市高级人民法院提起上诉，认为本案应由合同履行地或被告住所地西安法院审理。

【案件焦点】

1.《2010年专利许可协议》中的协议仲裁条款是否有效；2. 西安某某公司提起的管辖异议申请是否能视为其对协议中仲裁条款的放弃。

【法院裁判要旨】

北京知识产权法院经审理认为：依据《中华人民共和国民事诉讼法》第十八条的规定，该院作为审理知识产权案件的中级人民法院，有权审理本辖区有重大影响的案件和重大涉外案件。因此，西安某某公司关于将本案移送相应的高级人民法院审理的主张缺乏法律依据，不予支持。

北京知识产权法院依照《中华人民共和国民事诉讼法》第一百五十四条第一款第（二）项之规定，裁定：

驳回西安某某公司对本案管辖权提出的异议。

西安某某公司上诉后，北京市高级人民法院经审理认为：本案中某公司提起诉讼的依据系将FRAND义务具体化的《2010年专利许可协议》，而非FRAND义务本身。对于《2010年专利许可协议》，双方当事人虽均认可该合同真实有效，且对仲裁条款均明确表示“无意见”，但对合同的有效期限问题持有不同意见：西安某某公司主张，该合同只约定了2010~2014年的许可费，合同有效期只到2014年；某三公司认为，该合同的有效期限虽然到2028年，但本案诉请要求确定的费率不基于该合同。

作为起诉依据，某公司与西安某某公司在《2010年专利许可协议》中约定了仲裁条款，该条款符合《中华人民共和国仲裁法》第十六条规定的仲裁协议内容要求，且不具有该法第十七条规定的仲裁协议无效情形，属有效的仲裁协议条款。关于西安某某公司主张合同有效期限只到2014年即已终止一节，北京市高级人民法院认为，根据《中华人民共和国合同法》第八条、第五十七条之规定，即使合同业已终止，合同中关于解决争议方法的条款即仲裁条款依然有效。某公司与西安某某公司达成的《2010年专利许可协议》及其修订协议约定，涉案专利许可期限为2010年至2028年12月8日，虽然该协议中仅约定了2010~2014年许可费的具体数额，但同时约定了“2014年后，X的许可年费应当由双方协商一致”。就涉案专利许可费问题的协商，属于履行合同的内容，亦应受合同中仲裁条款的约束。

此外，关于西安某某公司在答辩期届满前提出的管辖权异议能否“视为放弃仲裁协议”的问题，北京市高级人民法院认为：该条规定的“视为放弃仲裁协议”应当同时具备“在人民法院首次开庭前”这一期限条件和被告“以有书面仲裁协议为由对受理民事案件提出异议”的“异议”条件。本案尚处于庭前阶段，庭审过程中，该院就仲裁条款问题询问西安某某公司的意见时，其明确表示对该条款无意见，且未明确表示在本案中放弃仲裁条款的约束，加之，西安某某公司虽未就本案主管问题提出异议，但其提出管辖权异议本身就意味着其不接受受诉法院对本案进行审理。故法院根据西安某某公司的答辩意见无法推定本案具有在法院进行诉讼的正当性基础，本案不具备“视为放弃仲裁协议”的“异议”条件。综上，某公司与西安某某公司之间的仲裁条款有效，对于某公司的起诉，应当予以驳回。

本案第二原告某上海公司、第三原告某三公司并非《2010年专利许可协议》的合同相对人，其能否作为本案原告径行对西安某某公司提起诉讼，要求许可其实施标准必要专利并确定许可费，则成为法院驳回某公司起诉后确定一审法院是否应受理本案的焦点问题。北京市高级人民法院经审理认为：作为某公司负责国内产品销售、服务的在华子公司，某上海公司、某三公司的销售领域行为已处于被许可范围内，无须单独作为原告提起本案之诉。故，某上海公司、某三公司就本案不具有诉的利益，并非本案的适格原告，其诉亦应予驳回。

北京市高级人民法院依照《中华人民共和国民事诉讼法》第一百一十九条第（一）项、第（四）项，第一百七十条第一款第（二）项，第一百七十一条，第二百五十九条，第二百七十一条，《最高人民法院关于适用〈中华人民共和国民事诉讼法〉的解释》第三百三十条之规定，裁定如下：

一、撤销北京知识产权法院（2016）京73民初1034号民事裁定；

二、驳回某公司、某上海公司、某三公司的起诉。

【法官后语】

本案系发明专利实施许可合同管辖异议裁定案件中涉及的主管问题。

华为公司曾于2011年，因同为欧洲电信标准化协会（ETSI）成员的美国IDC公司无法与其达成标准必要专利使用费之合意且将华为公司诉诸美国法院，请求对华为公司启动涉嫌侵犯专利的调查并停止侵权行为，向广东省深圳市中级人民法院提起诉讼：要求确认美国IDC公司滥用标准必要专利许可市场支配地位构成垄断，停止垄断行为，并赔偿损失；同时，另案诉请法院依据FRAND原则确定美国IDC公司就其中国标准必要专利许可华为公司的许可费率。最终，华为公司得到胜诉判决，且法院创设了“标准必要专利使用费纠纷”的案由，给予确定许可费率。

2016年，最高人民法院以司法解释的形式，明确了FRAND原则的适用，并且明确了在当事人就标准必要专利使用费率无法协商一致的情形下，允许当事人请求人民法院予以确定的规则。

西安某某公司在就其掌握的WAPI标准必要专利技术许可费率与某公司协商多次无法达成一致的情况下，向陕西省高级人民法院提起侵权之诉，要求停止侵权并支付许可费用。于是，某三公司如法炮制，以前述法条为请求权基础提起两起诉讼：要求确认西安某某公司构成垄断，同时另案诉请人民法院判令西安某某公司基于FRAND原则允许其使用相关专利，并确认标准必要专利使用费率。本案即为后者之诉。

综观本案背景，原告某三公司显然想借鉴华为公司诉美国 IDC 公司的成功经验，以在北京知识产权法院提出的两起诉讼对抗西安某某公司在陕西省高级人民法院提起的侵权之诉。但鉴于某公司与西安某某公司曾达成《2010 年专利许可协议》及其修订协议，对 2010～2014 年的使用费用达成年费协议，这就与未能达成合约，只能依据 FRAND 原则要求确定涉案专利许可费率的华为公司诉美国 IDC 公司案构成本质区别。因此，本案中，法官的首要任务就是要考量 FRAND 原则的性质，以确定能否绕过其已签订的专利许可协议，而支持原告三公司以 FRAND 原则作为请求权基础提起的确定标准必要专利许可费率之诉。如果能，则应根据合同纠纷的管辖原则对能否支持被告的管辖异议申请进行判断。如果不能，专利许可协议则成为本案诉讼的基础，而该协议又约定了仲裁条款，本案虽因原告未作声明而被受理，且被告在答辩期届满前提出管辖异议申请中亦并未针对管辖问题提出异议，但由于管辖问题属于法院依职权审查的事项，人民法院不应局限于当事人的管辖异议理由，仍应当对于案件证据予以全面审查，就管辖问题作出裁判。

经审查，北京市高级人民法院认为 FRAND 义务是一种“先合同义务”，一旦双方达成合同，FRAND 义务即被该合同吸收。某公司提起诉讼的依据只能是将 FRAND 义务具体化的《2010 年专利许可协议》，而非 FRAND 义务本身。因此，本案必须就案件管辖问题进行审查并作出判断。

在本案合议过程中，关于仲裁条款的有效性问题几乎未发生分歧，双方当事人之间达成的仲裁协议作为合同独立性条款，在专利许可有效期限内仍应具备有效性。但关于当事人提交的管辖异议申请能否视为对仲裁条款的放弃，则发生了意见分歧：一种观点认为，当事人提出管辖异议，未就管辖问题提出异议 ，这就表示当事人认可人民法院对于案件的主管权，管辖异议只是对具体某一个人民法院的管辖权存在不同意见，因而可以理解为未对人民法院受理案件提出异议的“视为放弃仲裁条款”的情形。另一种观点则认为，管辖问题属于人民法院依职权审查的范畴，必须进行全面审查，仲裁条款具有一定的独立性，具有排除人民法院主管的效力。除非当事人在诉前就人民法院达成新的合意，否则对于达成仲裁条款的合同纠纷案件应不予受理或驳回起诉。当事人提出管辖异议，意即其在审前阶段表达了不同意受案法院审理本案，对于一方当事人向人民法院提起的诉讼不予认可，因而不能当然地视为放弃仲裁条款。遇有此种情形，必须询问当事人的意见，除非明确表示放弃，否则涉案仲裁条款应视为有效。否则，一旦当事人得不到满意的实体裁判结果，提起再审，则该瑕疵很有可能成为推翻案件实体裁判结果的重要理由。

合议庭采纳了第二种意见，并由此确定了在管辖异议案件中对人民法院管辖问题一并进行全面审查的审查思路。本案中，经询问，双方当事人均表示对其达成的《2010年专利许可协议》及其中的仲裁条款予以认可，且不明确表示放弃，管辖异议表示双方未能在诉前就管辖问题达成新的一致意见，因此，不能视为对仲裁条款的放弃。某公司作为本案的诉讼不属于人民法院管辖，应予驳回。而本案另两个原告作为某公司负责国内产品销售、服务的在华子公司，因《2010年专利许可协议》在2028年内的授权销售条款，无须作为原告径行依据FRAND义务向西安某某公司提起诉讼要求获得专利使用许可。故某上海公司、某三公司并非本案的适格原告，其诉亦应予驳回。

此外，本案中某三公司虽以标准必要专利许可费纠纷为案由提起诉讼，但其并不属于《最高人民法院民事案件案由的规定》的范畴，根据双方已达成专利许可协议的情况看，一审法院将案由确定为专利实施许可合同纠纷是正确的，应予支持。

编写人：北京市高级人民法院　张爽

二、商标纠纷

10

不规范使用注册商标时的权利冲突

——南通白蒲黄酒有限公司诉南通水绘园酒业有限公司、南通寿皋酒业有限公司侵害商标权案

【案件基本信息】

1. 裁判书字号

江苏省如皋市人民法院（2017）苏0682民初233号民事判决书

2. 案由：侵害商标权纠纷

3. 当事人

原告：南通白蒲黄酒有限公司（以下简称白蒲黄酒公司）

被告：南通水绘园酒业有限公司（以下简称水绘园公司）、南通寿皋酒业有限公司（以下简称寿皋公司）

【基本案情】

原告白蒲黄酒公司受让取得“”商标权利，并被许可独占使用“万珍”文字商标，两商标均核定使用于第33类含酒精饮料商品上，并均于2003年核准注册，均在有效期内。被告寿皋公司设立于2015年12月2日，由自然人徐国华独资成立，徐国华将2015年7月31日核准登记的“”商标（“白蒲万珍及图”商标，核定使用于第33类薄荷酒、黄酒等商品上）许可寿皋公司使用。2015年10月

26日，寿皋公司委托水绘园公司加工黄酒，两公司约定：外包装上的制造商为水绘园公司，商标使用寿皋公司的商标，标示能代表寿皋公司的商标名称和图案；委托加工商品的标识标注样式、产品名称由寿皋公司确定，依据设计的标签、包装为准，标签、包装由寿皋公司提供，如因产品名称、包装所引起的争议，由寿皋公司负责解决，与水绘园公司无关，水绘园公司不承担任何法律责任。

2016年3月15日，原告通过公证购买的方式在如皋市白蒲镇寿之源绿色长寿食品专卖店购买了标注有“白蒲万珍”字样的六年陈酿半甜型（清爽型黄酒，以下简称“六年陈”）、八年陈酿半甜型（清爽型黄酒，以下简称“八年陈”）黄酒各两箱，共计370元。如皋市公证处出具（2016）通皋证经内字第621号《公证书》。

其中，被控侵权的“六年陈”及“八年陈”外面的纸质包装箱正面左上角均有“”标识，“六年陈”纸箱正、背面、顶部及两侧中间醒目位置印制有红色黄边的“白蒲万珍®”文字，“八年陈”纸箱正、背面及顶部中间醒目位置有“”图案，两纸箱正、背面下方印有“南通寿皋酒业有限公司”字样，侧面均标注有制造商水绘园公司、总经销寿皋公司，并注明两公司的地址、电话及产地、标准号、生产许可证等。包装均系一箱内装六瓶黄酒。“六年陈”“八年陈”酒瓶正面瓶贴的内容均与各自外包装箱正面内容一致，两商品瓶颈处标贴上均印有“南通寿皋荣誉出品”字样平均分列在“”左右两侧，背面瓶贴也均一致，都是左上角有“”商标，上方正中为较大字体的“白蒲万珍”，下方标注了制造商、地址、产地、总经销等内容。

另查明：2016年10月26日，国家工商行政管理总局商标评审委员会裁定作出“”“白蒲万珍及图”的注册无效，同年12月21日，徐国华就此提起行政诉讼。

【案件焦点】

1. 被控侵权商品上使用的“白蒲万珍®”“”是否属于对第14579772号“”商标的规范使用情形，是否侵犯了“”“万珍”商标专用权；2. 如果构成侵权，两被告法律责任的确定。

【法院裁判要旨】

江苏省如皋市人民法院经审理认为：原告主张两被告在被控侵权商品上的“白蒲万珍”等文字的使用属于不规范使用其涉案第14579772号“”商标的行为，侵犯了原告“”“**万珍**”商标，因此，需要判别两被告在生产和销售的被控侵权商品上“白蒲万珍®”“”使用是否系不规范使用第14579772号“”商标的情形。第14579772号“”商标系文字与图形的组合商标，被控侵权商品外包装箱、瓶贴上虽然在纸箱上方及瓶颈处规范使用了第14579772号“”商标，但包装箱正中及瓶贴中间的醒目位置较大字体的“白蒲万珍®”“”，系将第14579772号“”商标中的文字与图形以拆分使用方式突出使用了“白蒲万珍”的文字部分，而“”还包括了文字的拆分、组合等方式，均属于不规范使用第14579772号“”注册商标的情形。因此，原告主张的侵权行为不属于两个注册商标之间的冲突，不适用行政机关处理的方式，对不规范使用注册商标的侵权行为，按一般商标侵权予以审查处理，故第14579772号“”注册商标是否最终被确认无效即其被裁定宣告无效以及行政诉讼的审理，均不构成该案审理的依据，不影响该案的审理进程与结果。

两被告将“白蒲万珍®”“”用于黄酒外包装及酒瓶的瓶贴上的醒目位置，并以明显区别于其他文字的较大字体标注使用，起到了区别商品来源的作用，系商标性使用，且与涉案“”“**万珍**”两注册商标在文字字形、读音及含义上均相似，构成近似商标。“”“**万珍**”两商标的知名度较高，其中，“**万珍**”商标的显著性很高，两被告在与原告注册商标核定使用的同种商品上突出使用与其注册商标相近似的“白蒲万珍®”“”标识，容易导致相关公众对商品来源产生混淆或误认，侵犯了原告商标专用权。

寿皋公司与水绘园公司系委托加工关系，寿皋公司提供被控侵权商品的包装箱、瓶贴，水绘园公司负责生产、灌装、包装等环节，被控侵权商品上标注制造商水绘园公司、经销商寿皋公司，且两被告与原告均在如皋市白蒲镇同一镇区，对“”“**万珍**”注册商标应当知晓，但两被告未经商标注册人许可，在生产的同一种商品上使用与原告注册商标相近似的商标，并予以销售，其行为共同侵犯了原告注册商标专用权，构成共同侵权，应承担相应的法律责任。

江苏省如皋市人民法院判决如下：

一、被告南通水绘园酒业有限公司立即停止生产侵犯原告南通白蒲黄酒有限公司第927655号“”、第3234374号“万珍”注册商标专用权的黄酒的行为；

二、被告南通寿皋酒业有限公司立即停止销售原告南通白蒲黄酒有限公司第927655号“”、第3234374号“万珍”注册商标专用权的黄酒的行为；

三、被告南通水绘园酒业有限公司、南通寿皋酒业有限公司赔偿原告南通白蒲黄酒有限公司经济损失及为制止侵权支出的合理费用共计6万元；

四、驳回原告南通白蒲黄酒有限公司的其他诉讼请求。

双方当事人均未提出上诉，一审判决已发生法律效力。

【法官后语】

在《最高人民法院关于审理注册商标、企业名称与在先权利冲突的民事纠纷案件若干问题的规定》中，规定了采用改变显著特征、拆分、组合等方式使用的注册商标，与权利人注册商标相同或者近似的，属于人民法院受理的商标侵权范围。这是因为，在不规范使用注册商标时，侵权者的商标侵权行为已跨越了其正当合法地规范使用注册商标而受商标法保护的边界，即等同于一般商标侵权行为，根据《商标法》具体规定来判定其侵权与否，此时，侵权者抗辩引用的注册商标已不能成为其受法律保护的屏障。就本案而言，“”系由图文与文字组成，文字系对商标的称呼，在商标中起了主要的识别作用，而“”中的文字还包含了原被告所在地的地名“白蒲”，其显著性有所弱化。被控侵权商品在包装箱、瓶贴中的中间醒目位置使用“白蒲万珍®”“”，明显改变使用了被告抗辩的“”商标，拆分了其中的图案与文字，仅单独使用了文字，对文字也有重新组合的情形，与原告的“”“万珍”相比，两者文字、称呼相同，构成近似，且结合原、被告同处一镇，商品种类相同以及原告使用具有较高知名度的“”“万珍”商标等因素，可以判定被告上述使用情形，足以造成与原告案涉商标的混淆，导致相关公众会对商品来源或被控侵权商品与原告之间具有特定的关联而形成误认，侵犯了原告涉案两注册商标专用权。

《商标法》规定了侵犯商标专用权的情形，但对委托加工合同中加工一方在涉及商标侵权活动未直接制作侵权标识时其是否具有审查义务以及审查的范围并未有明确的规定。商标侵权亦属于侵权行为的一种，从法律适用来看，也应当受一般侵权民事法律规范的调整，适用普通侵权行为的法律构成要件。在《商标法》中虽规定了相关商标侵权的情形，但对侵权的法律构成要件，特别是主观要素方面也未有明确的规定。就此，我们认为，委托加工合同的委托方与受托方，均应秉承商业之谨慎审查义务，受托方对生产加工的商品标注为制造商，则应承担生产者的责任，在与委托方共同实施了侵权行为、共同造成损害后果时，应承担共同侵权的法律责任。委托方与受托方之间关于受托方不承担法律责任的约定，系其内部事宜，受托方不能以此对抗权利人。本案中，两被告为委托方和加工方，与原告同属酒类经营者、地处同一镇区，原告的“白蒲”“**万珍**”具有较高的知名度，在此情况下，即使包装物、瓶贴等均由委托方提供，加工方对委托方的包装物、瓶贴未经小心谨慎审查即同意以其自身作为制造商印制在商品上对外公示，该行为表明其认可并配合侵权商品的生产流通到市场，主观上也应当具有过错，构成侵权，故作为制造商应对外承担责任。

编写人：江苏省如皋市人民法院　王卫华

11

驰名商标跨类保护力度的确定

——捷豹路虎有限公司诉广州市奋力食品有限公司侵害商标权案

【案件基本信息】

1. 裁判书字号

广东省高级人民法院（2017）粤民终633号民事判决书

2. 案由：侵害商标权纠纷

3. 当事人

原告（被上诉人）：捷豹路虎有限公司（以下简称路虎公司）

被告（上诉人）：广州市奋力食品有限公司（以下简称奋力公司）

【基本案情】

路虎公司的关联公司先后于1996年、2004年和2005年在中国境内申请注册了第808460号“ ”商标、第3514202号“路虎”商标、第4309460号“LAND ROVER”商标，以上商标均核定使用在第12类“陆地机动车辆”等商品上，具有较高知名度，后转让到路虎公司名下。奋力公司在网站上和实体店中宣传销售其“路虎维生素饮料”，相关产品、包装盒及网页宣传上使用的被诉标识包括“路虎”“LAND ROVER”“Land rover 路虎”及上下排列的“路虎 Land Rover”等。奋力公司曾于2010年在第30类“非医用营养液”和第32类“不含酒精的饮料”等商品上申请注册“路虎LANDROVER”商标，但均被商标行政部门不予核准注册或驳回复审。路虎公司遂提起本案诉讼，请求法院判令：1. 奋力公司立即停止其商标侵权行为，并向路虎公司赔偿侵权损失共计人民币200万元；2. 路虎公司为制止侵权行为而支付的合理费用人民币411494元由被告支持；3. 判令奋力公司在媒体上公开发布公告，消除影响等。

【案件焦点】

1. 被诉行为发生时，路虎公司涉案三个注册商标是否已经处于驰名状态；2. 被诉行为是否构成侵权；3. 一审判赔数额是否合理。

【法院裁判要旨】

广东省广州市中级人民法院经审理认为：路虎公司涉案三个商标均核准在第12类陆地机动车辆等商品上，使用被诉侵权标识的维生素饮料属第32类不含酒精饮料商品，二者不相同也不相类似，本案确有必要对涉案商标是否驰名作出认定。经审核，路虎公司提供了2004年至2013年中国各报纸、杂志、网站大量报道，相关销售记录和宣传广告规模等证据，可认定涉案商标在中国汽车行业中享有盛誉，具有较高知名度和广泛影响力，为相关公众所普遍知晓，已经达到驰名商标的程度。奋力公司在其产品上作为商标使用的被诉侵权标识与路虎公司驰名的涉案商标相同或者相近似，构成侵权。

一审法院依照《中华人民共和国民法通则》第一百三十四条第一款第（一）

项、第（七）项和第二款，《中华人民共和国商标法》（2001 年修正）第五十二条第（二）项、第（五）项，第五十六条，《最高人民法院关于审理商标民事纠纷案件适用法律若干问题的解释》第一条第（二）项，第十六条第一款、第二款，第十七条的规定，判决如下：

一、奋力公司自判决发生法律效力之日起立即停止在其生产、销售的商品上及在互联网上的广告宣传中使用侵犯路虎公司涉案三注册商标专用权的商标标识的行为，并销毁侵权商标标识、带有侵权商标标识的包装物及专用模具；

二、万某政自判决发生法律效力之日起立即停止销售侵犯路虎公司涉案三注册商标专用权的商品，并销毁侵权商标标识、带有侵权商标标识的包装物；

三、奋力公司自判决发生法律效力之日起十日内赔偿路虎公司人民币 120 万元；

四、驳回路虎公司的其他诉讼请求。

奋力公司不服一审判决，提起上诉。

广东省高级人民法院二审同意一审法院裁判意见。在确定赔偿额时，综合考虑了路虎公司所涉商标的知名度及被诉侵权行为的性质、规模、情节，奋力公司抢注囤积商标的主观故意，奋力公司经营行为对路虎公司的影响、路虎公司合理维权费用等六方面因素。

广东省高级人民法院依照《中华人民共和国民事诉讼法》第一百七十条第一款第（一）项之规定，判决：

驳回上诉，维持原判。

【法官后语】

本案系涉及驰名商标跨类保护的典型案例，亦系广东法院探索破解知识产权损害赔偿难工作的典型案例。除凸显一般驰名商标跨类保护审查中所注重的“因需认定”“个案认定”等审慎态度外，本案的特殊性在于，被告不仅对被诉标识进行了商标注册，还对大量其他名人名企的姓名或标识进行了商标抢注，其利用法律漏洞、不尊重知识产权的恶意明显。因此，该案在论述赔偿责任一节中，全面、详尽地论述了确定 120 万元赔偿数额的事实与法律依据，彰显了制止恶意囤积商标行为的司法态度。

本案中，路虎公司提供的大量证据已经能够证明其享有的涉案三商标已达到驰名程度。而奋力公司并非被诉标识的善意使用者，其利用我国商标注册制度囤积和不当使用商标的主观恶意明显。奋力公司不仅无法对其使用被诉标识的行为作出合理解释，反而以其使用的商标曾经获得授权、申请商标注册并不违法为由坚称不侵权，系利用合法形式来掩盖侵权实质的行为，严重有违诚实信用原则，应予制止。而无论奋力公司是否已就“路虎LANDROVER”商标在某一类商品上申请乃至获准商标注册，路虎公司均有权寻求禁止在后注册商标使用的民事救济，从而制止奋力公司在实际经营活动中摹仿其驰名商标在不相同和不相类似的商品上作为商标使用、误导公众。奋力公司实施的被诉行为构成侵权，法院在确定赔偿额时综合考虑了以下因素：涉案注册商标知名度高，享有良好的市场声誉，应受到与其知名度相匹配的司法保护力度；被诉标识攀附驰名商标声誉的主观恶意明显，情节恶劣；被诉标识在线上宣传、线下使用，被诉侵权行为持续的时间较长、传播范围较广；奋力公司并非被诉标识的善意使用者，其利用我国商标注册制度囤积和不当使用商标的主观恶意明显，严重有违诚实信用原则；奋力公司曾受到广东省工商行政管理局的通告查处，涉案驰名商标的知名度显然将因被诉侵权行为而受到淡化，美誉度因奋力公司的不当使用而受到贬损；路虎公司为制止本案侵权行为，提供了28万多元的前期调查取证费用凭据，并提供了其他合理开支的部分票据。为了打击利用商标注册制度恶意抢注名牌商标、加大驰名商标保护力度、引导社会公众尊重知识产权，法院最终确定奋力公司赔偿路虎公司120万元。

编写人：广东省高级人民法院　张胤岩

12

驰名商标认定及其跨类保护的范围

——清华大学诉佛山聚阳新能源有限公司、骆某荣侵害商标权案

【案件基本信息】

1. 裁判书字号

广东省高级人民法院（2016）粤民终1734号民事判决书

2. 案由：侵犯商标权纠纷

3. 当事人

原告（上诉人）：清华大学

被告（被上诉人）：佛山聚阳新能源有限公司（以下简称聚阳公司）、骆某荣

【基本案情】

1911 年，清华大学（原名清华学堂）设立，现是国内外公认的著名综合性大学。1998 年 11 月 21 日，清华大学向国家工商行政管理局商标局（以下简称商标局）申请注册了“清華”商标，商标注册证号为第 1225974 号，注册有效期经核准续展至 2018 年 11 月 20 日，核定使用服务项目第 41 类，包括学校（教育）、教育、函授课程、教育信息、培训、组织和安排学术讨论会、收费图书馆、书籍出版、录像带制作、组织文化教育展览。清华大学主张其第 1225974 号“清華”商标是驰名商标，向商标局提交了多份商标异议裁定书、商标不予注册决定、认定驰名商标名单、民事判决书等有关本案注册商标作为驰名商标受保护的证据材料。

清华大学系清华控股有限公司（国有独资企业）的股东，清华控股有限公司作为发起人之一，于 1997 年 6 月 25 日设立同方股份有限公司（上市公司）。同方股份有限公司分别于 1997 年 8 月 4 日、2000 年 7 月 13 日在第 11 类部分商品上申请注册第 1203421 号、第 1638030 号“”图形商标。

2010 年 4 月 14 日，聚阳公司向商标局申请注册了“”商标，注册有效期自 2010 年 4 月 14 日至 2020 年 4 月 13 日止，核定使用商品（第 11 类）包括电炊具、微波炉（厨房用具）、冷却设备和装置、水龙头、消毒设备、暖器、热水器、灯。

2013 年 6 月 19 日，清华大学公证购买聚阳公司生产、骆某荣销售的“清华王牌升级版 3D 空气能中央热水机”被诉侵权产品一件，并获取相应销售单和《热泵保修卡》等，该产品及外包装上均有“J.Y.QHWP清华王牌”的标识，《热泵保修卡》右侧显示“清华太阳能集团有限公司（监制）”及聚阳公司名称、地址及网址等信息，下方显示“清华太阳能集团有限公司”“清華企業”等字样或标识。被诉侵权产品主机包装箱上贴有带“清华企业”字样的包装带。聚阳公司网站相关页面左上角显著位置均有“J.Y.QHWP清华王牌”标识。清华大学认为聚阳公司、骆某荣擅自将“清华”名称、“清华”商标在标识的最显著部分使用，侵犯了清华大学的商标专用权，故

起诉至法院，请求判令聚阳公司、骆某荣立即停止侵权行为；在《人民日报》首页就其侵权行为刊登道歉声明不少于7个工作日；向清华大学赔偿经济损失70万元整以及清华大学为制止侵权行为所支付的合理费用78000元整。

【案件焦点】

1. 本案第1225974号“清華”商标是否为驰名商标；2. 聚阳公司、骆某荣是否构成商标侵权。

【法院裁判要旨】

广东省广州市中级人民法院经审理认为：清华大学主张本案“清華”商标为驰名商标，而聚阳公司、骆某荣对此提出异议。清华大学仅提供了该商标作为驰名商标受保护的记录，未提供证据证明其使用该商标的市场份额、销售领域、利税、宣传或者促销活动的方式、持续时间、程度、资金投入和地域范围、市场声誉等，故其主张本案“清華”商标为驰名商标依据不足，不予支持。聚阳公司使用被诉标识的产品与清华大学“清華”商标核定使用服务在产品性质、功能、所属行业、经济领域等方面存在较大差异，相关公众一般不会产生混淆误认，故聚阳公司的被诉行为没有侵害清华大学本案“清華”注册商标专用权。

广东省广州市中级人民法院依照《中华人民共和国民事诉讼法》第六十四条第一款，《最高人民法院关于民事诉讼证据的若干规定》第二条规定，作出如下判决：

驳回清华大学的全部诉讼请求。

清华大学不服一审判决，提出上诉。广东省高级人民法院经审理认为：清华大学系一所有着逾百年历史、国内外知名的综合性大学，“清華”商标在学校、教育服务领域构成中国境内为社会公众广为知晓的商标，本案中清华大学已提供其第1225974号“清華”商标驰名的基本证据，故对第1225974号“清華”商标驰名的事实予以认定。一审法院对“清華”商标驰名的事实不予认定不当，应予纠正。

聚阳公司将被诉标识使用在第11类空气能热水器，与本案“清華”注册商标核准服务项目第41类的学校（教育）、函授课程等属不相同、不相类似的商品或服务。将被诉标识与本案注册商标相比，被诉“J.Y.QHWP 清华王牌”标识在组成要素上包括聚阳公司的“”注册商标、“J. Y. QHWP”及“清华王牌”。对于习惯使用中文的中国相关公众来说，被诉标识中的“清华王牌”是被诉标识的核心部分，其中“清华”二字与本案注册商标的文字内容完全相同，仅在文字形态上存在简体与繁体的差别，而“王牌”含评价之义，相较于“清华”而言识别性不强。因此，被诉标识的核心识别部分基本完整包含了本案注册商标，被诉标识与本案注册商标已经构成近似。

驰名商标的跨类保护应以“误导公众，致使该驰名商标注册人的利益可能受到损害”为要件。“清華”作为清华大学的简称，在“学校（教育）、教育、培训”等服务领域为一般公众广为知晓且享有极高声誉。学校、教育、培训服务与被诉产品分属不同领域，两者在商品/服务性质、消费对象等方面虽然存在差异，但基于清华大学具有众所周知的知名度及其在理工科领域享有的极高声誉，并结合聚阳公司在经营过程中对“清华太阳能集团有限公司”“清華企業”等字样的使用情况等综合考虑，相关公众容易误认为标有被诉标识的商品来源于清华大学或其关联企业或聚阳公司在经营活动中使用“清华”二字得到了清华大学的许可，抑或聚阳公司与清华大学之间存在参股控股、关联企业等特定联系。概言之，聚阳公司使用被诉标识的行为容易使相关公众误以为其与清华大学具有相当程度的联系，从而不当利用了清华大学驰名商标的声誉，损害了清华大学的利益，构成商标侵权。

广东省高级人民法院依照《中华人民共和国侵权责任法》第十五条，《中华人民共和国商标法》（2001 年修正）第十三条第二款、第十四条、第五十六条，《最高人民法院关于审理涉及驰名商标保护的民事纠纷案件应用法律若干问题的解释》第四条、第八条、第九条第二款、第十条，《中华人民共和国民事诉讼法》第一百七十条第（二）项，《最高人民法院关于适用〈中华人民共和国民事诉讼法〉的解释》第九十三条的规定，判决：

一、撤销一审判决；

二、聚阳公司于判决发生法律效力之日起立即停止侵害清华大学第 1225974 号注册商标权的行为；

三、骆某荣于判决发生法律效力之日起立即停止侵害清华大学第 1225974 号注册商标权的销售行为；

四、聚阳公司于判决发生法律效力之日起十日内赔偿清华大学经济损失及制止侵权行为所支付的合理开支共计 50 万元；

五、驳回清华大学的其他诉讼请求。

【法官后语】

本案的审理体现了对高驰名度商标合法权益的强保护，通过遏制不正当利用他人驰名商标声誉损害其利益的行为，净化市场，避免造成公众的混淆误认。人民法院认定商标是否驰名，应以证明其驰名的事实为依据。对此我国《商标法》及相关司法解释对商标认驰需考虑的各项因素以及相关事实的证明责任进行了规定，但为了避免机械地适用司法规定，也赋予了人民法院一定的司法裁量权，在具体个案中可根据案件实际情况来确定决定驰名商标所需要考虑的因素。本案“清華”商标作为社会公众广为知晓的商标，清华大学已提供其商标驰名的基本证据，法院对本案商标驰名的事实应当予以认定。

关于驰名注册商标跨类保护的范围掌握问题，我国《商标法》（2001年修正）第十三条第二款对驰名注册商标的跨类保护以“误导公众，致使该驰名商标注册人的利益可能受到损害”为构成要件，《最高人民法院关于审理涉及驰名商标保护的民事纠纷案件应用法律若干问题的解释》第九条第二款对该要件进行了明确。在司法实践中，驰名注册商标之间的驰名程度客观上存在高低不同的差别，不能要求对驰名程度不同的注册商标给予同等范围的跨类保护。驰名商标跨类保护的范围应与其驰名程度相适应，总体而言，二者应当呈同向正比关系。本案“清華”商标在学校、教育等服务领域已达到社会公众广为知晓的驰名程度，结合被告使用被诉标识以及相关标识的具体情况，相关公众容易误认为被告与清华大学具有相当程度的联系，从而被告不当利用了清华大学驰名商标的声誉，损害了清华大学的利益，通过驰名商标跨类保护对此种行为予以禁止，符合知识产权司法保护基本政策中“严格保护”的内在要求。

编写人：广东省高级人民法院　李婵娟

13

恶意注册并行使商标权的行为构成商标权滥用

——汕头市德生食品厂诉广州康赢食品有限公司、济南槐荫金福广调味干果商行侵害商标专用权案

【案件基本信息】

1. 裁判书字号

山东省济南市中级人民法院（2016）鲁01民初1856号民事判决书

2. 案由：侵害商标专用权纠纷

3. 当事人

原告：汕头市德生食品厂（以下简称德生食品厂）

被告：广州康赢食品有限公司（以下简称康赢公司）、济南槐荫金福广调味干果商行（以下简称金福广商行）

【基本案情】

德生食品厂于2015年8月14日注册取得第15018196号图形商标的专用权，核定使用商品为第30类：食盐，醋，调味品等。该厂法定代表人还于2015年12月8日将与涉案商标标识相同的图形作为美术作品在国家版权局进行了登记，作品登记证书记载的创作完成时间为2014年7月15日，首次发表时间为2014年9月10日。金福广商行于2016年8月9日销售的由康赢公司生产的咖喱粉其瓶贴外观与涉案商标相同。德生食品厂认为，康赢公司与金福广商行侵犯了其商标专用权，起诉要求两被告停止侵权，康赢公司赔偿110万元。法院查明，康赢公司已于2012年6月即委托他人设计完成与涉案商标相同的标识，并取得该标识的著作权。康赢公司还于2014年4月就涉案标识向国家知识产权局申请外观设计专利。根据淘宝网上存储的交易快照信息，在涉案商标申请日之前，已有多家网店在销售康赢公司生产的带有涉案标识的咖喱产品，产品销售区域遍布全国。

【案件焦点】

康赢公司使用涉案标识的行为是否侵害了德生食品厂的商标专用权。

【法院裁判要旨】

山东省济南市中级人民法院经审理认为：被告康赢公司在先使用涉案标识并取得了广泛影响力及知名度。被告至少在2014年2月即存在网络销售商销售其生产的带有涉案标识的咖喱产品的网上交易行为，证明被告使用涉案标识的时间早于原告申请商标注册的时间，并且与众多经销商签订了供货合同，在淘宝、京东、阿里巴巴等互联网交易平台上进行广泛销售，足以证明被告使用涉案商标标识作为瓶贴的咖喱产品销售范围及影响力已遍及全国。

被告康赢公司就涉案标识享有在先的著作权。原告涉案商标的注册日为2015年8月14日，原告德生食品厂为证明其涉案商标标识的创作时间，提供了其法定代表人在国家版权局登记的作品登记证书，该证书记载的作品登记时间为2015年12月8日，创作完成时间为2014年7月15日，而被告康赢公司已于2014年4月4日向国家知识产权局就涉案标识申请外观设计专利，申请照片中商品标签标注的生产日期为2014年2月10日，均早于涉案商标注册时间，也早于原告提供的作品登记证书中记载的创作、发表时间。对涉案标识的创作过程，被告提供了平面设计合同，证明涉案标识系被告委托他人创作的事实，该合同中明确约定了委托作品的著作权归被告享有，其使用涉案标识有合法性的权利基础。

原告申请注册涉案商标违反了诚实信用原则。《中华人民共和国商标法》第三十二条规定："申请商标注册不得损害他人现有的在先权利，也不得以不正当手段抢先注册他人已经使用并有一定影响的商标。"原告德生食品厂与被告康赢公司的经营领域存在竞争关系，被告康赢公司使用涉案商标标识的时间长、影响范围广，原告不可能不知情，在此情况下仍然将被告康赢公司享有在先著作权、在先使用并有一定影响的标识抢先注册为商标，其行为有违诚实信用，不具有正当性基础，其提起侵权之诉系对注册商标权的滥用，不予保护。

山东省济南市中级人民法院依照《中华人民共和国商标法》第七条第一款、第三十二条、第五十九条第三款，《中华人民共和国民事诉讼法》第一百四十四条规定，判决：

驳回汕头市德生食品厂的全部诉讼请求。

双方当事人均未提出上诉，一审判决已发生法律效力。

【法官后语】

由于我国实行商标注册取得的制度，通过将他人享有在先权利或者在先使用并有一定影响的商业标识恶意抢注商标，然后向包括在先权利人和在先使用人在内的其他人提起商标侵权之诉，以达到获取非法利益之目的的行为已成为不可忽视的现象。2013 年修订的《商标法》将诚实信用确立为商标注册和使用的基本原则，能够对恶意抢注行为进行有效的遏制。

《商标法》第五十九条第三款规定："商标注册人申请商标注册前，他人已经在同一种商品或者类似商品上先于商标注册人使用与注册商标相同或者近似并有一定影响的商标的，注册商标专用权人无权禁止该使用人在原使用范围内继续使用该商标，但可以要求其附加适当区别标识。"使用人通过援引在先使用抗辩，可以一定程度上保护在先使用人的利益，但是这种保护是有限的，一是仅限于在先使用人的保护，不涉及对在先的著作权人等权利人的保护；二是这种保护也是有限度的，要求只能在原有使用范围内继续使用，并且商标权人可以要求其附加区别标识；三是这种保护是有条件的，要求在先使用必须产生了一定的影响。因此，《商标法》规定的在先使用抗辩制度仅能够在一定程度上对于恶意注册的商标滥用行为进行制约。

2013 年修订的《商标法》第七条增加了"申请注册和使用商标，应当遵循诚实信用原则"的规定，正式将诚实信用这一民法的基本原则确立为商标法的基本原则。对于以缺乏正当性而恶意注册商标并向他人提起商标侵权之诉的行为，虽然《商标法》没有作出明确规定，但是这种使用行为因其欠缺正当性基础，以这种违背诚实信用而注册取得的商标进行维权，构成权利滥用而不能受到法律保护，也是在商标法领域贯彻诚实信用原则的应有之义。以恶意注册行为构成商标权滥用为由对其不予保护，能够有效遏制、打击商标恶意注册行为。在审理此类案件时，首先，应当审查被诉侵权人有无合法的在先权利基础或者在先使用的事实，包括著作权、外观设计专利权和企业名称权等。其次，被诉侵权人的使用行为是否系基于该合法的权利基础。对此，可以从使用方式、使用者有无攀附注册商标商誉的主观意图等方面进行判断。最后，商标权人是否存在损害他人合法利益的恶意，是决定商标注册行为是否具有正当性的关键。明知他人对相关标识享有在先权利，仍然申请注册为商标的行为损害了他人的正当权益，即便他人没有通过无效宣告程序宣告该商标无效，这种行为主观上也存在损害他人合法权益的恶意，相关诉讼主张不应得到法律的保护和支持。

编写人：山东省济南市中级人民法院　颜峰

14

不得恶意抢注他人字号作为商标

——盐城梦语家居有限公司诉常熟市虞杭家具有限公司侵害商标权案

【案件基本信息】

1. 裁判书字号

江苏省常熟市人民法院（2016）苏0581民初8873号民事判决书

2. 案由：侵害商标权纠纷

3. 当事人

原告：盐城梦语家居有限公司（以下简称梦语公司）

被告：常熟市虞杭家具有限公司（以下简称虞杭公司）

【基本案情】

2014年1月28日起，梦语公司分别注册了第11419327号“虞杭家俱贵族馆”及第15178599号“虞杭”商标，均使用在第35类服务上，但本案中原告无证据证明其知名度。2016年4月20日，梦语公司将第11419327号注册商标授权其法定代表人的妻子韩向君在常熟市所开设的梦语家具商行使用，授权的范围仅为货物展出、广告宣传、组织商业或广告交易会。而被告虞杭公司则由企业改制而来，1994年起已经使用“虞杭”作为企业字号，自1996年起已经开始进行广告宣传，自2008年起已经分别使用“虞杭家具”以及“虞杭家私贵族馆”“虞杭家俬贵族馆”“虞杭贵族馆”“虞杭家具贵族馆”等文字在《常熟日报》、出租车LED屏、道路高炮、公交车身等上面进行宣传推广。另外，作为自然人独资企业的梦语公司法定代表人孟令勇在2008年10月29日曾与作为被告虞杭公司前身业主的陈建平签订房屋租赁合同，均从事家具经营业务，双方位于同一幢大楼，共用通道。因双方产生矛盾，孟令勇于2010年前搬离经营地。

【案件焦点】

虞杭公司的行为是否构成对梦语公司享有的商标造成侵害。

【法院裁判要旨】

江苏省常熟市人民法院经审理认为：商标的根本目的与基础作用在于识别与区分商品或者服务的来源。商标的上述功能，必须通过商标的使用方能得以实现，未在生产经营中使用的商标，即便其获得国家商标局的核准注册，亦不具有区分商品与服务来源的功能。企业名称、字号、广告宣传用语等，尤其是具有一定知名度、为相关公众所知悉的字号，亦具有一定的识别功能。

梦语公司在本案中主张权利的“虞杭家具贵族馆”商标及“虞杭”商标不具有知名度，不为相关公众所知悉。相反，虞杭公司的“虞杭”字号，在常熟市行政区域内拥有较高的知名度，为一般公众所知悉。虞杭公司对“虞杭家具”及表明字号的“虞杭”与表明商品或服务品质、行业的“贵族”“家私”等文字组合，享有在先权利。虞杭公司对“虞杭家俱”与“虞杭贵族家私”的使用行为，未超越原有的使用范围，并未造成公众混淆，属合法使用，并不构成商标侵权。

江苏省常熟市人民法院依照《最高人民法院关于适用〈中华人民共和国民事诉讼法〉的解释》第九十条之规定，判决：

驳回盐城梦语家居有限公司的诉讼请求。

双方当事人均未提出上诉，一审判决已发生法律效力。

【法官后语】

申请商标注册不得损害他人现有的在先权利。以不正当手段将他人长期使用并且具有一定知名度的字号、宣传用语等抢注为商标的，其本身具有不正当性，不得以商标侵权为由禁止在先权利人在原有的范围内对字号、宣传用语的正常使用，从而掠夺他人通过长期努力经营所取得的商誉与商业利益。另外，商标与字号均有区分商品与服务来源的功能。但该功能与商标、字号本身具有的知名度、美誉度以及使用的历史成正比，知名度越高、使用时间越长的商标与字号，获得的法律保护力度也就越强。相反，对于知名度不高、未在实际生产经营中进行商标法意义上使用的商标，即便获得国家商标局的核准注册，因其显著性弱，无法在现实中切实发挥区分商品与服务来源的功能，故保护力度相对较弱。

编写人：江苏省常熟市人民法院　李军

15

涉电视节目名称的商标侵权判定

——金某欢诉江苏省广播电视总台、深圳市珍爱网信息技术有限公司侵害商标权案

【案件基本信息】

1. 裁判书字号

广东省高级人民法院（2016）粤民再447号民事判决书

2. 案由：侵害商标权纠纷

3. 当事人

原告（上诉人、再审被申请人）：金某欢

被告（被上诉人、再审申请人）：江苏省广播电视总台（以下简称江苏电视台）、深圳市珍爱网信息技术有限公司（以下简称珍爱网）

【基本案情】

2009年2月16日，金某欢向商标局申请注册“非誠勿擾”商标，并于2010年9月7日获得第7199523号“非诚勿扰”商标注册证，核定服务项目为第45类，包括“交友服务、婚姻介绍所”等。江苏电视台旗下的江苏卫视于2010年开办了以婚恋交友为主题、名称为“非诚勿扰”的电视节目。珍爱网为“非诚勿扰”节目

推选相亲对象，提供广告推销服务，并曾在深圳市招募嘉宾，报名地点设在深圳市南山区。金某欢以江苏电视台和珍爱网侵害其注册商标专用权为由，向广东省深圳市南山区人民法院提起诉讼，请求法院判令：1. 江苏电视台所属的江苏卫视频道立即停止使用“非诚勿扰”栏目名称；2. 珍爱网立即停止使用“非诚勿扰”名称进行广告推销、报名筛选、后续服务等共同侵权行为；3. 两被告共同承担本案全部诉讼费用。

【案件焦点】

1. 江苏电视台对被诉标识的使用是否属于商标性使用；2. 江苏电视台是否侵害了金某欢涉案注册商标权；3. 珍爱网是否与江苏电视台构成共同侵权。

【法院裁判要旨】

广东省深圳市南山区人民法院经审理认为：江苏电视台使用“非诚勿扰”属商标性使用。金某欢的文字商标“非诚勿扰”与江苏台电视节目的名称“非诚勿扰”相同。从服务的目的、内容、方式、对象等方面综合考察，被诉“非诚勿扰”电视节目与婚恋交友服务不容易造成公众混淆，两者属于不同类别服务，不构成侵权。

深圳市南山区人民法院依照《中华人民共和国商标法》第五十六条、第五十七条之规定，判决：

驳回金某欢的诉讼请求。

原告金某欢不服，提出上诉。

广东省深圳市中级人民法院经审理认为：江苏电视台的《非诚勿扰》为相亲、交友节目，与金某欢涉案注册商标所核定的“交友、婚姻介绍”服务相同。本案金某欢涉案注册商标已投入商业使用，被诉行为影响了该商标正常使用，相关公众容易对权利人的注册商标使用与江苏电视台产生错误认识及联系，造成反向混淆。珍爱网参与了节目嘉宾招募、宣传，还与江苏电视台签订有《合作协议书》，构成共同侵权。

广东省深圳市中级人民法院依照《中华人民共和国商标法》第四条第二款、第五十七条第（一）项，《中华人民共和国民事诉讼法》第一百七十条第一款第（二）项、第（三）项，《最高人民法院关于民事诉讼证据的若干规定》第二条的规定，判决：

一、撤销广东省深圳市南山区人民法院（2013）深南法知民初字第208号民事判决；

二、江苏电视台立即停止侵害金某欢第7199523号“非诚勿扰”注册商标行为，即其所属的江苏卫视于判决生效后立即停止使用“非诚勿扰”栏目名称；

三、珍爱网公司立即停止侵害金某欢第7199523号“非诚勿扰”注册商标行为，即于判决生效后立即停止使用“非诚勿扰”名称进行广告推销、报名筛选、后续服务等行为。

广东省高级人民法院经审理认为：江苏电视台对被诉“非诚勿扰”标识的使用，从客观使用情况和主观意图来看，属于商标性使用。对于此类电视节目是否与某一服务类别相同或类似进行司法判断时，不能简单、孤立地将某种表现形式或某一题材内容从整体节目中割裂开来，应当综合考察节目的整体和主要特征，把握其行为本质，作出全面、合理和正确的审查认定，故《非诚勿扰》电视节目与金某欢涉案商标所核定的“交友、婚姻介绍”服务不构成类似服务。退一步而言，即使认定其为类似服务，也必须紧扣商标法宗旨，考虑涉案注册商标的显著性与知名度，在确定其保护范围与保护强度的基础上考虑相关公众混淆、误认的可能性，从而判断是否构成商标侵权。由于金某欢注册商标本身显著性较低，相关公众能够对《非诚勿扰》节目的服务来源作出清晰区分，不会产生两者误认和混淆，因此，被诉行为并未损害涉案注册商标的识别和区分功能，不构成侵权。

广东省高级人民法院依照《中华人民共和国商标法》第五十七条第（一）项、第（二）项，《最高人民法院关于审理商标民事纠纷案件适用法律若干问题的解释》第九条、第十条、第十一条、第十二条，《中华人民共和国民事诉讼法》第二百零七条第一款、第一百七十条第一款第（二）项之规定，判决：

一、撤销广东省深圳市中级人民法院（2015）深中法知民终字第927号民事判决；

二、维持广东省深圳市南山区人民法院（2013）深南法知民初字第208号民事判决。

【法官后语】

本案系典型的涉电视节目商标侵权纠纷。对于电视节目名称是否属于商标性使用，电视节目与内容题材之间的关系、如何判断此类节目的服务类别，司法实践中并无统一标准。本再审案对此逐一进行了分析。

第一，关于商标性使用问题。商标性使用是商标侵权判定中的前提。而本案的一个特殊情况是，被诉标识本身是节目名称，而节目名称的使用一般属于对其电视节目主题内容的概括描述，通常视为叙述性使用即属于合理使用的范畴；而且，节目名称的使用常态就是突出使用或单独出现，所以也不能仅以是否突出使用这一普通的商标性使用的表现形态来作为判断构成商标性使用的标准。但是，这并不意味着节目名称的使用一定不属于商标性使用，如果相关使用超出了合理使用的必要范畴，而起到识别和区分来源的功能和作用，即应当视为商标性使用。判断被诉“非诚勿扰”标识是否属于商标性使用，关键在于相关标识的使用是否为了指示相关商品/服务的来源，起到使相关公众区分不同商品/服务的提供者的作用。从本案实际情况来看，《非诚勿扰》节目客观上起到了指示商品/服务来源的作用，主观上亦存在将被诉标识作为识别来源的商标使用、作为品牌而进行维护的意愿，应属于商标性使用。江苏电视台仅以“非诚勿扰”属于节目名称，同时标注台标明晰来源为由，否认相关行为属于商标性使用，不能成立。

第二，关于服务类似的问题。本案与普通商标侵权纠纷不同之处在于，电视节目往往需要反映现实生活领域活动，因此，电视节目将不可避免地涉及现实生活的方方面面。故在判断是否构成相同或类似服务时，并不像传统的商标侵权纠纷那样简单清晰、一目了然。因此，对于此类节目是否与相关服务相同或类似，不能简单地仅以其题材或表现形式来判定，应当根据商标在商业流通中发挥识别作用的本质，结合相关服务的目的、内容、方式、对象等方面情况并综合相关公众的一般认识，进行综合考量。被诉《非诚勿扰》节目在服务目的、内容、方式、对象等方面均与“婚姻介绍、交友”服务不相同、不类似，相关公众能够清晰区分电视节目和现实生活中的交友服务，不构成混淆。

第三，关于商标相似及司法保护力度问题。应当正确把握商标权的法律属性，根据商标用于区别商品或服务来源的核心功能，合理确定商标权的保护范围。对于不损害商标识别功能的行为，《商标法》不予禁止，司法中也不会认定商标侵权。因此，商标近似与否的判断，以及商标权保护范围和保护强度，均与商标的显著性和知名度紧密相关。具体到本案，金某欢涉案商标的先天显著性低，其亦未经过金某欢长期、广泛的使用而获得后天的显著性。故本案对该注册商标的保护范围和保护强度，应与金某欢对该商标的显著性和知名度所作出的贡献相符。加之相关公众也能够对被诉《非诚勿扰》节目的服务来源作出清晰区分，不会产生两者的误认和混淆。既然相关被诉标识的使用不对注册商标的识别功能造成损害，那么不为《商标法》所禁止，则不构成商标侵权。

编写人：广东省高级人民法院　张胤岩

16

商标、企业名称及域名权利冲突的解决规则

——北京四季沐歌太阳能技术集团有限公司诉苏州四季沐歌管业科技有限公司侵害商标权、不正当竞争案

【案件基本信息】

1. 裁判书字号

江苏省苏州市吴江区人民法院（2017）苏0509民初5514号民事判决书

2. 案由：侵害商标权纠纷、不正当竞争纠纷

3. 当事人

原告：北京四季沐歌太阳能技术集团有限公司（以下简称北京四季沐歌公司）

被告：苏州四季沐歌管业科技有限公司（以下简称苏州四季沐歌管业公司）

【基本案情】

原告北京四季沐歌公司成立于2000年，经营范围包括太阳能热水器及配件等，分别于2001年、2003年、2005年经核准注册是第1674232号、第1922623号和第3641854号“四季沐歌”文字商标及图文组合商标。2008年，“四季沐歌”及图商标被国家商标局认定为驰名商标。苏州四季沐歌管业公司成立于2012年11月12日，经营范围包括塑料管材、管件、五金配件销售等，注册域名为“www.sjmggy.com”，登录该网站，可见页面上方显示有“苏州四季沐歌管业科技有限公司”，其中“四季

沐歌”四个汉字字体明显大于其他文字，网站上包括有企业简介、产品概况等内容。北京四季沐歌公司认为苏州四季沐歌公司在企业名称中使用“四季沐歌”文字，在域名中使用“四季沐歌”汉语拼音首写字母“sjmg”，其行为构成商标侵权及不正当竞争，故提起诉讼，要求停止侵权并赔偿经济损失及合理费用合计100万元。

【案件焦点】

商标、企业名称和域名在发生冲突时，应如何区分不同情形进行处理。

【法院裁判要旨】

江苏省苏州市吴江区人民法院经审理认为：第一，苏州四季沐歌管业公司成立于2012年，在“四季沐歌”注册商标已具有较高知名度的情况下，仍将“四季沐歌”这个臆造词汇作为字号注册登记为企业名称，其主观上明显具有攀附“四季沐歌”品牌声誉的故意，客观上也容易使相关公众误以为原、被告公司之间存在某种特定联系，进而对二者提供的商品产生混淆，该行为不仅损害原告北京四季沐歌公司的正常市场竞争利益，也损害消费者的合法权益，有违诚实信用原则，应认定为不正当竞争。第二，苏州四季沐歌管业公司使用的“www. sjmggy. com”域名注册时间为2012年12月27日。其中，“sjmg”是“四季沐歌”注册商标的汉语拼音首字母，苏州四季沐歌管业公司使用上述域名进行产品宣传，并在网络宣传中突出使用“四季沐歌”四个汉字，容易导致相关公众的误认，应认定其主观上具有攀附的故意，其行为侵害北京四季沐歌公司的注册商标专用权。

江苏省苏州市吴江区人民法院判决：

一、苏州四季沐歌管业公司立即停止在企业名称中使用“四季沐歌”字号，至工商行政机关办理企业名称变更登记；

二、立即停止使用“www. sjmggy. com”域名；

三、赔偿北京四季沐歌公司经济损失及合理费用支出共计35万元。

宣判后，原、被告双方均未上诉，一审判决已发生法律效力。

【法官后语】

解决商业标识权利冲突问题，应坚持以下原则：第一，诚实信用原则。该原则是所有涉及民事权利保护的法律的基本原则，我国《反不正当竞争法》对此也作出明确规定："经营者在市场交易中，应当遵循自愿、平等、公平、诚实信用的原则，遵守公认的商业道德"，在追求自己利益的同时不损害他人和社会利益。本案中，苏州四季沐歌管业公司在"四季沐歌"注册商标已具备较高知名度的情况下，将"四季沐歌"作为字号注册登记为企业名称，将"四季沐歌"的汉语拼音首写字母"sjmg"注册为域名，主观上明显具有攀附"四季沐歌"商标知名度的故意，损害了北京四季沐歌公司的合法权益，有悖诚实信用原则。

第二，保护在先原则。指在商业标识冲突时，首先保护的或者应当受保护的是在先合法取得商业标识权利的人的商业标识权利。本案中，北京四季沐歌公司早在2001年、2003年、2005年就获准注册了案涉商标，而苏州四季沐歌管业公司成立于2012年11月12日，域名注册时间为2012年12月27日。显然，北京四季沐歌公司取得的商标专用权在先，可首先获得保护。

第三，知名度原则。并非任何在先商业标识都可以获得保护，只有实际具有识别营业主体或商品来源，且为一定范围的相关公众所知晓的商业标识，才能在商业标识冲突中获得保护。例如，在后使用的企业名称知名度远远高于在先注册的商标，且在后使用的企业名称为善意，此时如果仍按保护在先原则保护在先注册商标权人，显然有违公平与诚实信用原则，不利于保护竞争的优胜者。如何确定知名度，可参考《反不正当竞争法》对于"知名商品"的认定方法，从商业标识的使用时间、区域，商品的销售量、广告宣传等方面作出综合判断。

本案中，北京四季沐歌公司的"四季沐歌"注册商标经过多年使用及宣传，在2008年被国家商标局认定为驰名商标，该标识已与原告的商品建立起稳定联系，应获得法律保护。

编写人：江苏省苏州市吴江区人民法院　李建波　游佳

17

楼盘名称侵害商标权的认定

——中粮集团有限公司诉宜春市恒利实业有限公司、北京搜房科技发展有限公司侵害商标权案

【案件基本信息】

1. 裁判书字号

北京知识产权法院（2017）京73民终798号民事判决书

2. 案由：侵害商标权纠纷

3. 当事人

原告（上诉人）：中粮集团有限公司（以下简称中粮集团）

被告（上诉人）：宜春市恒利实业有限公司（以下简称恒利集团）

被告：北京搜房科技发展有限公司（以下简称搜房科技公司）

【基本案情】

2010年1月28日，中粮集团在第36类不动产出租、不动产代理、商品房销售、不动产管理、保险等服务上获准注册第6345086号“大悦城”商标。2010年3月28日，中粮集团在第36类不动产出租、不动产代理、不动产管理等服务上获准注册第5796916号“大悦城”商标，该商标获准注册类别不包含商品房销售。经广泛使用与宣传，中粮集团的上述商标享有较高知名度。2016年，国家工商行政管理总局商标评审委员会认定第6345086号“大悦城”商标为使用在不动产出租、不动产管理服务上的驰名商标。

中粮集团主张恒利公司使用“大悦城”或“恒利·大悦城”作为楼盘名称，并在售楼处悬挂“恒利·大悦城”“大悦城售楼部”标识，在楼盘广告、施工围挡、销售员名片以及微信公众号等多处使用“大悦城”“恒利·大悦城”“宜春大

悦城”“恒利大悦城”标识，侵犯其“大悦城”商标专用权。搜房科技公司在搜房网发布恒利公司“大悦城”楼盘购房团购、楼盘户型图、宣传资料等信息构成帮助侵权。中粮集团请求法院判令停止侵权、消除侵权影响，并连带赔偿80万元。

恒利公司认为“大悦城”商标系服务商标，保护的范围仅是提供相关服务，不包括楼盘商品、房地产名称和房地产本身，恒利公司使用“恒利·大悦城”楼盘名称并非用于房产销售服务，消费者不可能误认其购买的恒利公司开发的房产系中粮集团所建。“大悦城”商标仅在一定地域内有知名度，在江西省不具有较高知名度。商品房的高价值性决定实际发生混淆的可能性很小。恒利公司已经向有关行政部门申请楼盘名称备案，不构成商标侵权。搜房科技公司主张搜房网系不动产信息平台，涉案楼盘信息系从宜春房地产网等网站上采集得来，不具有共同侵权故意，且已删除相关信息，不构成帮助侵权。

【案件焦点】

1. 恒利公司使用“大悦城”“恒利·大悦城”“宜春大悦城”标识是否侵犯中粮集团“大悦城”商标专用权；2. 若恒利公司侵害中粮集团“大悦城”商标专用权，应当承担何种民事责任。

【法院裁判要旨】

北京市朝阳区人民法院经审理认为：恒利公司将“大悦城”作为楼盘项目名称的主要部分，并在广告宣传单、施工现场围挡、销售人员名片、企业微信公众号等相关宣传中使用包含“大悦城”字样的表述，意图在于体现该楼盘与其他楼盘的区别性，在事实上起到了楼盘的识别作用，实质上属于一种商业标识，上述使用方式起到标识商品来源的作用，属于商标性使用。

恒利公司使用“恒利·大悦城”及相关标识是用于其商品房销售的过程中，恒利公司使用上述标识提供的服务与中粮集团第6345086号“大悦城”商标核定的商品房销售服务项目相同，属于在相同服务上使用与近似商标的行为，侵犯中粮集团第6345086号“大悦城”注册商标的专用权。但是，第5796916号“大悦城”商标核定服务类别不包含商品房销售，仅包含不动产管理，恒利公司的经营范围以及实际经营行为均为商品房开发与销售，与第5796916号“大悦城”商标核定使用的不动产管理服务不属于相同或类似服务，不侵犯第5796916号“大悦城”商标专用权。

综上所述，一审法院依照《中华人民共和国侵权责任法》第十五条、《中华人民共和国商标法》第五十七条第（二）项、第六十三条之规定，判决：

一、宜春市恒利实业有限公司立即停止将“大悦城”字样用于商品房销售和宣传推广的商标侵权行为，包括停止在楼盘、广告招牌、宣传资料、网络及微信平台上使用“大悦城”及类似字样的行为；

二、宜春市恒利实业有限公司于本判决生效之日起七日内赔偿原告中粮集团有限公司经济损失 400000 元；

三、宜春市恒利实业有限公司于本判决生效之日起七日内赔偿原告中粮集团有限公司合理支出 25630 元；

四、驳回中粮集团有限公司其他诉讼请求。

中粮集团与恒利集团均不服一审判决，提起上诉。

北京知识产权法院经审理认为：对于一审法院关于恒利公司侵害第 6345086 号“大悦城”商标专用权的裁判意见予以支持，但是二审法院认为不动产管理服务与恒利公司的商品房项目在功能用途、消费对象、销售渠道等方面联系非常密切，恒利公司的上述使用行为容易使相关公众将其商品房项目误认为中粮集团的项目，或者误认与中粮集团存在特定联系，应当认定为构成类似服务，且实际经营范围为商品房开发与销售，恒利公司实际商品房开发销售经营行为不是排除不动产管理服务与商品房销售服务构成类似服务的当然依据，最终认定恒利公司侵犯第 5796916 号“大悦城”商标专用权。

二审法院在综合考虑涉案商标知名度、不动产服务商标对于不动产识别、价值认定等方面的较高影响力以及商品房的市场价值、侵权恶意等因素基础上，作出如下判决：

一、撤销一审判决中关于 40 万元赔偿数额的判项。

二、支持一审判决中恒利集团赔偿中粮集团合理支出 25630 元判项。

三、于判决生效之日起十日内，恒利集团赔偿中粮集团经济损失 774370 元。

【法官后语】

本案恒利公司将“大悦城”作为楼盘项目名称的主要部分，并在相关宣传中使用包含“大悦城”标识，事实上已起到了服务来源的识别作用，属于商标性使用。

基于尼斯分类的《类似商品和服务区分表》是商标主管部门为了商标检索、审查、管理工作需要，总结实践工作经验的产物，其仅是判断、处理商标案件的参考，而非判断依据。认定商品或者服务类似，应当以相关公众对商品或者服务的一般认识综合判断，不应拘泥于《类似商品和服务区分表》的相关记载。

本案中，北京知识产权法院在认定楼盘名称具有区分商品来源作用、构成商标性使用的基础上，不局限于涉案“大悦城”商标核定使用服务项目的表面含义，而是根据不动产的特殊属性以及相关公众的认知习惯，充分考虑涉案“大悦城”商标核定使用的不动产管理服务，与恒利公司在楼盘名称上使用“大悦城”标识、在商品房销售宣传过程中使用相关标识的行为，在服务的目的、内容、方式、对象等方面具有一定的共同性，如果使用近似标识，容易使得相关公众认定服务提供者为同一主体或者服务提供者之间存在特定联系，容易引起相关公众对服务来源的混淆误认。因此，二审法院结合服务类别的特点，根据相关公众的认知习惯对服务类别进行综合判断，认定不动产管理服务与商品房销售构成类似服务，更加符合市场实际状况，有利于维护商标权人的合法权益。

加大知识产权司法保护已成为落实“创新驱动发展”战略的重要举措。本案在综合考量房地产行业特性，即公众经常会以楼盘名称作为初步认知与判断标准、商品房价格较高、涉案商标具有较高知名度、被控侵权行为获利空间较大以及主观攀附恶意等因素的基础上，全额支持中粮集团的索赔额，真正做到了根据案件事实依法加大侵权赔偿力度，切实保护商标权利人的合法利益，较好地体现了加大知识产权司法保护的理念，取得了较好的社会效果。

编写人：北京知识产权法院　刘晓慧

18

奥运会有关的特殊标志是否可以作为商标予以申请注册

——宋某浩诉国家工商行政管理总局商标评审委员会商标驳回复审行政案

【案件基本信息】

1. 裁判书字号

北京市高级人民法院（2017）京行终第1729号行政判决书

2. 案由：商标驳回复审行政纠纷

3. 当事人

原告（被上诉人）：宋某浩

被告（上诉人）：国家工商行政管理总局商标评审委员会（以下简称商标评审委员会）

【基本案情】

2014年10月24日，宋某浩向国家工商行政管理总局商标局（以下简称商标局）申请注册第15569671号“福娃”商标（以下简称诉争商标），指定使用在第33类的蒸馏饮料、烈酒（饮料）、烧酒、葡萄酒、米酒、白酒、清酒、黄酒、酒精饮料（啤酒除外）、果酒（含酒精）上。商标局作出驳回诉争商标注册申请的决定，宋某浩不服该决定，向商标评审委员会申请复审。商标评审委员会于2016年2月26日作出商评字（2016）第16681号《关于第15569671号“福娃”商标驳回复审决定书》（以下简称被诉决定），认定诉争商标的申请注册构成《中华人民共和国商标法》（以下简称《商标法》）第十条第一款第（七）项、第（八）项所指之情形为由，驳回了诉争商标的注册申请。宋某浩不服被诉决定，起诉至北京知识产权法院。

【案件焦点】

诉争商标的申请注册是否违反了《商标法》第十条第一款第（七）项、第（八）项的规定。

【法院裁判要旨】

北京知识产权法院经审理认为：诉争商标由纯文字“福娃”组成，经查询，奥运会特殊标志“福娃”的专用期已于2010年4月13日届满，截至目前“福娃”商标已有数十件获准注册，其中包括多件2013年以后申请注册的商标。诉争商标指定使用在葡萄酒等商品上，不存在欺骗性，不会使相关公众对商品的质量等特点或者产地产生误认，亦不会对我国的社会公共利益或公共秩序产生消极、负面的影响。因此，诉争商标的申请注册未违反《商标法》第十条第一款第（七）项、第（八）项的规定，作出如下判决：

一、撤销商标评审委员会作出的被诉决定；

二、商标评审委员会针对诉争商标驳回复审申请重新作出决定。

北京市高级人民法院经审理认为：特殊标志“福娃”的专用期已于2010年4月13日届满，到期后第29届奥林匹克运动会组织委员会未提出延期申请，因此，特殊标志“福娃”已不再作为特殊标志予以保护。虽然诉争商标与特殊标志“福娃”相同，但其于2008年北京奥运会结束后6年才提出注册申请，且其指定使用的葡萄酒等商品与奥运会及其吉祥物福娃的差别较大，故诉争商标使用在葡萄酒等商品上不会使公众认为其与奥运会或吉祥物福娃相关，从而对商品的质量等特点产生错误认识。诉争商标本身亦不会对中国的政治、经济、文化、宗教、民族等社会公共利益和公共秩序产生消极或负面影响，故其申请注册未违反《商标法》第十条第一款第（七）项、第（八）项的规定。判决：

驳回上诉，维持原判。

【法官后语】

根据《商标法》《特殊标志管理条例》《奥林匹克标志保护条例》等相关法律法规，有关奥运会的标志均在商标局备案，或登记为特殊标志，保护期为4年，或公告为奥运会标志，保护期为永久，只能择一登记。因此，在将有关奥运会的标志申请注册为商标时，应当首先审查该标志是特殊标志还是奥运会标志，如果是奥运会标志，则不能被注册为商标；如果是特殊标志，则需要首先审查该标志是否尚在保护期内，如果已经过保护期且权利人未提出延期保护的申请，那么该标志不再作为特殊标志予以保护，可以根据《商标法》的规定进一步予以审查。

诉争商标申请注册时，特殊标志“福娃”的保护期已届满，且权利人第29届奥林匹克运动会组织委员会未提出延期保护的申请，因此，该标志不再作为特殊标志予以保护，诉争商标可以按照《商标法》的相关规定进一步予以审查。《商标法》第十条第一款第（七）项规定的“带有欺骗性”“容易产生误认”是指诉争商标标志与指定使用的商品或服务的特点不符，容易使公众对商品或服务的特点产生错误认识。判断相关标志是否“带有欺骗性”及“容易产生误认”，应当从社会公众的普遍认知水平及认知能力出发，结合指定使用的商品或服务进行界定。在审查判断有关标志是否构成《商标法》第十条第一款第（八）项规定的“具有其他不良影响”的情形时，应当考虑该标志或者其构成要素是否可能对中国政治、经济、文化、宗教、民族等社会公共利益和公共秩序产生消极或负面影响。

诉争商标的申请注册时间为北京奥运会结束6年后，且指定使用的葡萄酒等商品与奥运会亦存在较大差异，因此，不会使社会公众对诉争商标标识的商品产生与奥运会相关的错误认识，不具有欺骗性。诉争商标“福娃”二字亦不会对中国的政治、经济、文化、宗教、民族等社会公共利益和公共秩序产生消极或负面影响，故其申请注册未违反《商标法》第十条第一款第（七）项、第（八）项的规定，应当予以核准注册。

编写人：北京市高级人民法院　王晓颖

19

以非使用为目的注册商标提起侵权诉讼的认定

——广州市东佳满益发展有限公司诉广州市秀天楼酒店有限公司侵害商标权案

【案件基本信息】

1. 裁判书字号

广州知识产权法院（2017）粤73民终382号民事判决书

2. 案由：侵害商标权纠纷

3. 当事人：

原告（上诉人）：广州市东佳满益发展有限公司（以下简称东佳满益公司）

被告（被上诉人）：广州市秀天楼酒店有限公司（以下简称秀天楼公司）

【基本案情】

东佳满益公司是第16557845号注册商标为中英文纵向排列的“秀天楼+XIU TIAN BUILDING”注册商标的所有人，注册日期为2016年5月14日。秀天楼公司是成立于2012年12月27日的有限责任公司，经营场所位于广州市越秀区瑶台村瑶华中街366~370号二层，经营范围包括酒店住宿服务（旅业）。秀天楼公司在其经营场所外墙悬挂有“秀天楼酒店+XIU TIAN LOU HOTEL”字样的招牌。

东佳满益公司认为，秀天楼公司在其经营的酒店外墙悬挂着“秀天楼酒店+XIU TIAN LOU HOTEL”字样的广告牌的行为侵犯了东佳满益公司的商标专用权。秀天楼公司称，其使用“秀天楼”的字号是在东佳满益公司取得涉案注册商标之前，秀天楼公司享有的在先权利应该受到法律保护，其依法使用企业字号的行为不构成对东佳满益公司注册商标专用权的侵犯。

2012年7月23日，东佳满益公司在其提起的（2012）穗越法知民初字第730号案诉讼中，已经知晓位于广州市越秀区瑶台村瑶华中街366~370号二层的经营场所悬挂“秀天楼酒店 + XIU TIAN LOU HOTEL”招牌对外经营的事实，并针对该行为提起侵害其注册商标“秀山楼 XIU SHAN BUILDING”的诉讼，法院作出了该案被告在上述经营场所悬挂“秀天楼酒店 + XIU TIAN LOU HOTEL”招牌对外经营，不构成对东佳满益公司“秀山楼 XIU SHAN BUILDING”注册商标专用权侵害的认定与判决后，东佳满益公司遂于 2016 年 5 月 14 日在第 43 类服务项目上注册“秀天楼 + XIU TIAN BUILDING”商标，该商标注册后并未实际使用，东佳满益公司于 2016 年 11 月 15 日对秀天楼公司在原经营场所悬挂“秀天楼酒店 + XIU TIAN LOU HOTEL”的行为再提起商标侵权诉讼。

【案件焦点】

秀天楼公司使用“秀天楼酒店 + XIU TIAN LOU HOTEL”招牌是否侵犯东佳满益公司第 16557845 号“秀天楼 + XIU TIAN BUILDING”注册商标专用权。

【法院裁判要旨】

广东省广州市越秀区人民法院经审理认为：东佳满益公司在第 43 类服务项目上注册了“秀天楼 + XIU TIAN BUILDING”商标，有效期限自 2016 年 5 月 14 日至 2026 年 5 月 13 日，依法取得的商标专用权应受法律保护。秀天楼公司是成立于 2012 年 12 月 27 日的有限责任公司，其依法登记注册的企业名称以及对企业名称使用的权利亦应受到法律的保护。

秀天楼公司企业名称的取得早于东佳满益公司注册商标的取得，其全称为“广州市秀天楼酒店有限公司”，秀天楼公司在其经营场所外墙悬挂“秀天楼酒店 + XIU TIAN LOU HOTEL”招牌对外经营符合一般商业惯例，是对其企业名称的合理使用。

《中华人民共和国商标法》规定，申请注册和使用商标应当遵循诚实信用原则；申请注册的商标应当有显著性，便于识别，并不得与他人在先取得的合法权利相冲突。通过（2012）穗越法知民初字第 730 号案的审判，东佳满益公司在 2012 年已经知晓位于广州市越秀区瑶台村瑶华中街 366 – 370 号二层的经营场所悬挂“秀天楼酒店 + XIU TIAN LOU HOTEL”招牌对外经营的事实，但在法院判决其败诉后，仍于 2016 年在第 43 类服务项目上注册“秀天楼 + XIU TIAN BUILDING”商标，造成秀天楼公司在住宿业的经营范围内使用“秀天楼酒店”名称的行为涉嫌未经商标注册人的许可，在同类服务或类似服务上使用与其注册商标相同或近似的商标的情形。可见，东佳满益公司在第43类服务项目上注册“秀天楼+XIU TIAN BUILDING”商标的行为，未尽合理避让，有悖法律规定的诚实信用和尊重他人在先权利原则。且东佳满益公司并未对该注册商标进行使用。在此情况下，目前，秀天楼公司在原使用范围内对其企业名称“秀天楼酒店”的使用，并不会造成相关公众的混淆和误认，亦没有给东佳满益公司造成经济上的损害。故广东省广州市越秀区人民法院不予支持东佳满益公司的诉讼请求。

广东省广州市越秀区人民法院依照《中华人民共和国商标法》第七条第一款、第九条第一款，《中华人民共和国公司登记管理条例》第十一条的规定，作出如下判决：

驳回广州市东佳满益发展有限公司的诉讼请求。

东佳满益公司持原审起诉意见提起上诉。广州知识产权法院经审理认为：一审判决认定事实清楚，适用法律正确，依法判决：

驳回上诉，维持原判。

【法官后语】

商标注册的目的在于使用。申请注册商标和使用商标，应当遵循诚实信用原则，且申请注册的商标除应具有便于识别的显著特征外，并不得与他人在先取得的合法权利相冲突。当两种权利产生冲突时，诚实信用和保护在先权利原则是解决冲突的基本原则。司法对违背诚实信用原则，以非使用目的注册商标，利用或滥用注册商标专有权，以达到不正当竞争目的的行为应不予保护。

本案中，秀天楼公司企业名称的取得早于东佳满益公司注册商标的取得。秀天楼公司在东佳满益公司申请涉案商标注册日前已经使用“秀天楼酒店+XIU TIAN LOU HOTEL”招牌对外经营。秀天楼公司在其经营场所外悬挂“秀天楼酒店+XIU TIAN LOU HOTEL”招牌的行为符合一般商业惯例，是对其企业名称的合理使用，并非商标使用行为。根据（2012）穗越法知民初字第730号案查明的事实，东佳满益公司在其诉讼未获法院支持后，遂申请注册本案权利商标，随即对秀天楼公司提起商标侵权诉讼。显然，其注册商标的目的及其对商标权的行使，并非出于通过对该商标的使用获得商业价值的目的，而意在对秀天楼公司提起侵权诉讼，以达到挤压商业对手，挤占市场份额的不正当目的，有悖于诚实信用原则。秀天楼公司在原使用范围内对其企业名称“秀天楼酒店”的使用，并不会造成相关公众的混淆和误认，亦没有给东佳满益公司造成经济上的损害，未侵犯东佳满益公司第16557845号注册商标专用权。

遵循和尊重诚实信用是市场主体公平竞争的基本准则，对于商标的保护应有不可逾越的底线，那就是不保护市场竞争中违反诚实信用的行为。违反诚实信用的基本原则，利用合法注册商标，以达到不正当竞争的目的，打压竞争对手，这一行为本身就是违法的，背离商标法的立法根本宗旨，司法应对此予以规制。

编写人：广东省广州市越秀区人民法院　庄晓梅　范水英

20

涉外定牌加工中的侵权问题

——勃贝雷有限公司诉宁波中轻进出口有限公司侵害商标权案

【案件基本信息】

1. 裁判书字号

上海市浦东新区人民法院（2016）沪0115民初13990号民事判决书

2. 案由：侵害商标权纠纷

3. 当事人

原告：勃贝雷有限公司

被告：宁波中轻进出口有限公司

【基本案情】

原告享有G732879号图形商标（彩色格子）和G987322号图形商标（黑白格子），均被核定使用于第18类商品上。勃贝雷有限公司使用在商标注册用商品和服务国际分类第25类商品上的第732879号图形注册商标被认定为驰名商标。2015年1月19日，国家工商行政管理总局商标评审委员会维持了第732879号图形商标在旅行袋、手提箱、钱包、用于装化妆品的包等商品上的注册。2001年8月21日，原告于厄瓜多尔获得了证号为12701-01图形商标（彩色格子）的商标注册，核定使用商品范围为国际分类第18项。2013年4月11日，利丰（贸易）有限公司（以下简称利丰公司）雅芳分部与被告签订了《购买承诺》，双方约定利丰公司雅芳分部向被告订购7000件SET DE MALETAS CUADROS。2013年4月15日，利丰公司与被告签订了《信息备忘录》，约定利丰公司作为买方Productos雅芳厄瓜多尔股份有限公司的代理人，向供应商被告购买SET DE MALETAS CUADROS，数量为7000套。2013年5月21日，被告以一般贸易方式向上海海关申报出口厄瓜多尔一批拉杆包等货物。该批货物申报价值合计7万美元。2013年5月23日，上海海关向原告发出《确认知识产权侵权状况通知书》。经原告确认该涉案箱包为侵权商品后，上海海关对上述货物予以扣留。2013年11月18日，上海市公安局静安分局（以下简称静安公安分局）对被告假冒注册商标案立案侦查。2014年12月10日，静安公安分局作出《撤销案件决定书》，认为被告没有犯罪事实，决定撤销此案。2015年3月4日，原告向上海海关提出采取知识产权保护措施的申请。2015年9月18日，上海海关作出《行政处罚决定书》，认定被告出口上述货物的行为已构成出口侵犯他人商标专用权货物的行为。此外，2010年曾有一批同样带有涉案侵权标识的商品出口哥伦比亚。

原告认为，涉案侵权标识与原告的注册商标构成相同商品上的相同或近似商标，二者在线条的粗细、横竖垂直交叉的方式、标识的颜色、方格图形的大小比例、整体结构方面基本相同。被告是涉案侵权商品的生产者和销售者，对侵权行为的发生具有明显过错，被告是有意抄袭、模仿原告的注册商标生产涉案侵权商品，未尽合理注意义务避让原告的注册商标，应当承担赔偿责任。

被告认为，涉案箱包外观与原告所述的图形商标不存在近似性；涉案箱包以“无品牌”商品申报出口，被告并未将其出口商品的外观当做商标使用，被告的行为不构成商标侵权；被告仅为涉案箱包的外贸代理商，在提供外贸代理服务时，已经尽到合理注意义务；涉案箱包在申报出口时被海关查扣，未对原告的国内市场份额和竞争地位产生任何影响，原告没有产生实际损失，因此，被告无须赔偿原告经济损失；原告主动缴纳的仓储费不应向被告追偿，公安机关立案侦查阶段产生的仓储费系原告自己报案导致扩大的损失，不应当由被告承担；原告主张的律师费过高，且没有相应的付款凭证，故对其不予认可。

【案件焦点】

1. 涉案侵权商品上的图案与原告的注册商标是否相同或者近似；2. 被告是否为涉案侵权商品的生产者或销售者；3. 被告对涉案侵权商品的生产、销售是否存在过错；4. 原告主张经济损失及维权合理开支共计300万元的依据是否充分。

【法院裁判要旨】

上海市浦东新区人民法院审理认为：涉案侵权商品上的图案与原告的G731879号注册商标虽有细微差别，但在整体视觉上基本无差异，应当认定为构成相同。涉案侵权商品上的图案与原告的G987322号注册商标虽在底色和线条的颜色以及线条的粗细方面有所不同，但格子图案的构图、设计及起到主要识别作用的格子图纹近似，易使相关公众误认为是原告的商品或与原告注册商标的商品有特定联系，应当认定为与原告的注册商标构成近似。

被告既是涉案侵权商品的生产者又是销售者。涉案侵权商品的款式、规格、图案等均是由被告指定的，涉案侵权商品的生产完全体现了被告的意志，被告的行为足以证明其是涉案侵权商品的共同生产者之一。被告以销售者的身份与利丰公司进行交易，涉案侵权商品出口货物报关单中填写的经营单位和发货单位均为被告。被告以销售为目的委托他人加工生产涉案侵权商品，并以出口的形式销售涉案侵权商品，被告应被认定为涉案侵权商品的生产者和销售者。

被告对涉案侵权商品的生产、销售存在过错。首先，张吉明以被告业务经理的身份作为被告代理人处理侵权纠纷，自称作为被告业务经理与境外采购商、境内加工商联系业务，并代表被告接受上海海关和静安公安分局的询问，因此，张吉明的行为应视为被告同意其作出的行为，相关民事责任应由被告承担。此外，原告品牌及涉案注册商标具有一定的国际知名度，在中国内地也有较高知名度和较强显著性。被告作为一家自营和代理货物及技术进出口业务的商贸公司，长期从事进出口业务，其对原告主张权利的注册商标的认知能力应比普通相关公众更高，被告应当知道来源于英国的具有较高知名度的涉案注册商标，因此，被告在委托第三方生产加工并自行出口本案被控侵害原告商标专用权的商品过程中，具有明显过错。

涉案侵权商品及2010年被控侵权商品与原告主张权利的注册商标核定使用商品中的“旅行箱、手提包、化妆和个人美饰包、拎包”类别相同。被告未经原告许可，在其商品上使用与G732879号注册商标相同、与G987322号注册商标近似的商标，已构成商标侵权。原告要求被告停止侵害、赔偿损失的诉讼请求，合法有据，法院予以支持。综合考虑以下因素酌情判赔：1. 涉案商标具有较高知名度和较强显著性；2. 涉案侵权商品质量明显低于原告商品，足以损害原告涉案商标的声誉；3. 涉案侵权商品数量较多；4. 被告主观过错严重，且有重复侵权情节。

上海市浦东新区人民法院依照《中华人民共和国商标法》（2001年修正）第五十二条第（一）项、第（二）项，第五十六条第一款、第二款，《中华人民共和国侵权责任法》第十五条第一款第（一）项、第（六）项及第二款，《最高人民法院关于审理商标民事纠纷案件适用法律若干问题的解释》第九条，第十条，第十六条第一款、第二款，第十七条的规定，判决：

一、被告立即停止侵害原告G732879号、G987322号注册商标专用权的行为；

二、赔偿原告经济损失人民币30万元；

三、赔偿原告为制止侵权而支付的仓储费人民币221699元、律师费人民币99000元、差旅费人民币11481元，合计人民币332180元。

双方当事人均未提起上诉，一审判决已发生法律效力。

【法官后语】

在处理定牌加工问题时，既要考虑我国企业整体创新能力较弱、处于全球经济贸易价值链的中低端、对外加工贸易比重较大的既有状态，又要考虑推动我国从全球经济贸易价值链的低端向高端跃迁，实现从“中国制造”向“中国创造”转变的现实需求，区别具体情况予以稳妥处理。

对于定牌加工引发的法律问题，并不仅仅取决于法律逻辑，更取决于价值判断和利益衡量。定牌加工的产品本质属性是用于销售的商品，其商标本身即为发挥识别作用的标识，故在商品的生产、制造和加工过程中贴附商标的行为属于商品商标使用的具体情形之一。在商标侵权认定时，不应对判断主体即“相关公众”作出地域限制，只要对商标的使用在客观上可能造成混淆即满足要件。以销售为目的，通过指定商品的款式、规格、图案等，委托他人加工生产涉案侵权商品，并以出口的形式销售涉案侵权商品的，应被认定为涉案侵权商品的生产者和销售者。混淆判断的主体，即“相关公众”既包括商品的消费者，也包括商品的生产者和销售者，即便定牌加工的商品不在中国市场销售，也同样会引起产品生产和流通环节业者的混淆，从而损害商标的识别功能。

编写人：上海市浦东新区人民法院　宫晓艳　黄心怡

21

攀附行为应当认定为侵害商标权

——江苏扬子晚报有限公司诉常州市今视广告有限公司、溧阳扬子广告有限公司侵害商标权案

【案件基本信息】

1. 裁判书字号

江苏省常州市武进区人民法院（2016）苏 0412 民初 7395 号民事判决书

2. 案由：侵害商标权纠纷

3. 当事人

原告：江苏扬子晚报有限公司（以下简称扬子晚报公司）

被告：常州市今视广告有限公司（以下简称今视广告公司）、溧阳扬子广告有限公司（以下简称溧阳扬子公司）

【基本案情】

原告拥有第 1672772 号“扬子晚报”的注册商标，核定使用商品为第 16 类报纸。被告在未取得原告授权的前提下，擅自在同一种商品上，即报纸上将“溧阳扬子”作为报纸名称、报纸装潢使用，且通过夹带在原告《扬子晚报》内页的方式发行销售，误导公众，侵犯原告的注册商标专用权。

【案件焦点】

1. 原告是否享有“扬子晚报”商标权相关权益，是否有权以自己的名义提起

诉讼；2.《今日溧阳》的出版发行是否侵犯了原告“扬子晚报”的商标权及两被告应否承担侵权责任；3. 如何确定两被告的侵权责任。

【法院裁判要旨】

江苏省常州市武进区人民法院经审理认为：原告享有“扬子晚报”商标权相关权益，有权就涉案侵权行为以自己的名义提起诉讼。扬子晚报社系“扬子晚报”商标权人，原告自扬子晚报社取得合法授权，有权以自己的名义就涉案侵权行为提起诉讼。原告所提交的《授权书》经扬子晚报社盖章确认，在被告未提供相反证据的情况下，对该证据的效力应予采信，扬子晚报社以书面形式追认授权扬子晚报公司在其出版的《扬子晚报》报纸上使用扬子晚报社持有的第1672772号“扬子晚报”商标，并书面授权扬子晚报公司以自己的名义对侵害上述商标专用权行为（包括本书面授权书之前的侵害商标权行为）进行调查取证、提起诉讼、取得赔偿款，以及处理其他一切与商标维权相关的诉讼事宜，扬子晚报社不再以自己名义向侵权人主张权利。扬子晚报社采用概括性授权的方式将商标及维权相关权利授予原告，并不违反法律规定。根据本案查明的事实，可以认定原告取得扬子晚报社合法授权，享有“扬子晚报”商标相关权利，同时有权以自己的名义对侵犯商标权的行为采取维权相关诉讼事宜，当然也包括对侵权者提起民事诉讼。

《今日溧阳》（溧阳扬子）的出版发行侵犯了原告“扬子晚报”商标权，两被告均构成侵权，应承担侵权责任。《中华人民共和国商标法》第五十七条第（二）项规定：“未经商标注册人的许可，在同一种商品上使用与其注册商标近似的商标，或者在类似商品上使用与其注册商标相同或者近似的商标，容易导致混淆的”行为属侵犯注册商标专用权。

庭审中被告确认《今日溧阳》（溧阳扬子）使用溧阳扬子公司固定形式印刷品广告资格出版发行，且由溧阳扬子公司与溧阳邮政发投局签订协议，委托溧阳邮政发投局将《今日溧阳》（溧阳扬子）周刊随《现代快报》《扬子晚报》（城区）报纸赠阅发行，故溧阳扬子公司对《今日溧阳》（溧阳扬子）出版发行所造成的侵权行为应当承担侵权责任。今视广告公司的法定代表人王晓军当庭确认其系溧阳扬子公司法定代表人孙香艺的丈夫，股东王晓红的哥哥，《今日溧阳》（溧阳扬子）业务由其实际经营，且由今视广告公司对外签订《今日溧阳》相关广告合同并收取广告费用，故今视广告公司共同实施了商标侵权行为，亦应对《今日溧阳》（溧阳扬子）出版发行所造成的侵权行为共同承担侵权责任。

原告请求法院适用法定赔偿，被告也未向法院提供证据证明其涉案侵权行为的实际获利，原被告均未能充分举证证明原告因侵权遭受的损失或被告的侵权获利，法院着重从以下几个方面综合考量：第一，“扬子晚报”商标核定使用商品为报纸，出版经营具有行业特殊性且具有较高的知名度，为江苏省著名商标。《扬子晚报》在宜兴区域2016年度综合行业广告年度指标为68万元，2010年《扬子晚报》在溧阳地区年度指标也为35万元，其商标知名度高，品牌具有较大的影响力。第二，被告作为专业从事广告经营的企业，应当比一般主体更为知晓熟悉原告在行业内的知名度及影响力，应当对原告享有的合法权利予以足够尊重，并负有谨慎注意义务。第三，被告侵权行为时间跨度长、传播范围广。现有证据已查明2016年2月、3月、4月、5月、6月、9月刊发的《今日溧阳》均在报纸刊头左上显著位置标注“溧阳扬子”，且随《现代快报》《扬子晚报》报纸赠阅发行，侵权行为造成的影响大、范围广。综上，法院对被告在本案中应承担的赔偿经济损失数额，根据“扬子晚报”商标的知名度、被告的主观过错、被告侵权行为的性质及持续时间、侵权行为造成的后果影响以及原告为制止侵权行为的合理开支等因素酌情确定两被告应向原告赔偿经济损失及为制止侵权所支出的合理费用共计35万元。

常州市武进区人民法院依照《中华人民共和国商标法》第五十七条第（二）项 、第六十三条，《最高人民法院关于审理商标民事纠纷案件适用法律若干问题的解释》第十条、第十六条第一款及第二款、第十七条，《中华人民共和国民事诉讼法》第六十四条第一款之规定，判决：

一、被告常州市今视广告有限公司、溧阳扬子广告有限公司自本判决生效之日起立即停止侵害第1672772号“扬子晚报”注册商标专用权的行为；

二、被告常州市今视广告有限公司、溧阳扬子广告有限公司自本判决生效之日起十日内赔偿原告江苏扬子晚报有限公司经济损失及合理费用共计35万元；

三、驳回原告江苏扬子晚报有限公司的其余诉讼请求。

双方当事人均未提起上诉，一审判决已发生法律效力。

【法官后语】

首先，被告出版的《今日溧阳》（溧阳扬子）排版、印刷、发行均与报纸相类似，两者在功能、用途、发行渠道、消费对象等方面具有一致性。其次，“扬子晚报”系文字商标，“扬子”因其报纸知名度高而具有较强的识别力，相关公众一般均以“扬子”作为《扬子晚报》区别于其他报纸的主要识别特征，是最主要的商标构成要素；而《今日溧阳》在刊头位置以显著字体标注“溧阳扬子”，《今日溧阳》（溧阳扬子）对“扬子”的使用是商标意义上的使用，“扬子”二字的字体、视觉效果易造成混淆误认，构成对《扬子晚报》商标主要部分的近似。最后，被告将《今日溧阳》（溧阳扬子）委托溧阳邮政发投局随《扬子晚报》赠阅发行，亦以《今日溧阳》（溧阳扬子）为媒介吸引相关广告商投放广告，其攀附行为在客观上更易造成消费者的混淆与误认，消费者容易对《今日溧阳》（溧阳扬子）的来源以及原、被告双方之间是否具有许可使用、关联企业关系等特定联系产生混淆与误认。故《今日溧阳》（溧阳扬子）的出版发行侵犯了原告“扬子晚报”商标权，并损害了原告的合法权益。

编写人：江苏省常州市武进区人民法院　赵肖易　王杰思

22

商业标识的在先使用与他人注册商标权冲突的认定

——福州市鼓楼区盾牌电子商务有限公司诉福州行家商贸有限公司等商标权权属、侵权案

【案件基本信息】

1. 裁判书字号

福建省福州市中级人民法院（2017）闽01民终7007号民事判决书

2. 案由：商标权权属、侵权纠纷

3. 当事人

原告（被上诉人）：福州市鼓楼区盾牌电子商务有限公司（以下简称盾牌公司）

被告（上诉人）：福州行家商贸有限公司、上海行家商贸有限公司、行家商贸（苏州）有限公司（以下合称行家商贸等三公司）

【基本案情】

2012年11月15日，威戈有限公司申请在第18类商品上注册“ WENGER”商标，国家工商行政管理总局商标局于2016年12月12日作出不予注册的决定。2016年1月6日，威戈有限公司将作品3D“ ”申请著作权登记，国家版权局予以登记。2013～2014年威戈有限公司授权行家商贸等三公司使用“WENGER®”及“威戈十字设计”。2017年6月8日，威戈有限公司授权行家商贸等三公司使用含涉案3D“ WENGER”徽标在内的8项商标和标志，授权有效期限为2007年至2017年。

2014年7月2日，瑞士工具有限公司申请在第18类商品上注册第15017660号“ ”商标，国家工商行政管理总局予以注册，注册公告期为2017年1月14日。2016年8月15日，瑞士工具有限公司授权盾牌公司使用该注册商标以及对有关商标的侵权行为以盾牌公司自己名义提起诉讼等权利。盾牌公司认为行家商贸等三公司销售带有“ ”标志的箱包，侵犯了其“ ”商标专用权并构成不正当竞争，故诉至福建省福州市鼓楼区人民法院，要求行家商贸等三公司立即停止侵权并赔偿损失。

行家商贸等三公司辩称：其使用的“ ”标志为威戈有限公司享有著作权的美术作品及申请的商标“WENGER”的图形部分。瑞士工具有限公司总经理李志坚控制的包括盾牌公司在内的多个关联公司曾经是WENGER品牌箱包在中国的代工厂，其明知威戈有限公司和行家商贸等三公司对“ ”标志及“WENGER”商标享有合法在先权利，仍注册“ ”商标，具有明显恶意。

【案件焦点】

在先使用未能注册的商标能否受商标法保护。

【法院裁判要旨】

福建省福州市鼓楼区人民法院经审理认为：1. 行家商贸等三公司使用的

“”标志与盾牌公司的注册商标“”近似。2. 行家商贸等三公司对“威戈十字设计”享有装潢标识的使用在先权利。威戈有限公司注册商标申请时间早于瑞士工具有限公司，并在瑞士工具有限公司申请注册商标日 2014 年 7 月 2 日之前，威戈有限公司的“WENGER® ”及“威戈十字设计”已被广泛地使用在行李箱、旅行包、旅行配件以及小件皮具上，并长期在杂志上对相关产品进行宣传，在市场上，“WENGER® ”及“威戈十字设计”有一定辨别度和受众群体。在遵循诚实信用原则和尊重消费者认知并不损害他人合法权益的前提下，其在先使用权应予以保护，威戈有限公司可在原使用范围继续将“”作为商品装潢使用，但应与“WENGER® ”同时使用，以区分于注册商标“”。3. 盾牌公司无实际经济损失。盾牌公司未向法院提交证据证明其商标注册公告之日起至起诉之日此段较短期间存在实际损失，故盾牌公司提出赔偿损失的诉请，法院不予支持。

福建省福州市鼓楼区人民法院判决：

福州行家商贸有限公司、上海行家商贸有限公司、行家商贸（苏州）有限公司可以在原使用范围继续将“威戈十字设计”作为商品装潢使用，但除当在某一产品的大小和款式使“威戈十字设计”无法与特定字词同时使用外，均应与“WENGER® ”同时使用。

行家商贸等三公司不服，提起上诉，认为威戈有限公司为“威戈十字标识”的著作权人，上诉人在中国销售的 WENGER 品牌箱包所使用的“威戈十字标识”享有在先著作权，依法应予保护。

福建省福州市中级人民法院以该诉请不在本案二审审理范围之内为由，判决：

驳回上诉，维持原判。

【法官后语】

本案主要争议焦点是被列为禁用商标的“威戈十字设计”标识，是否能因为其长期广泛使用，拥有一定市场辨别度和一定市场认知群体，而享有如在先装潢使用权等权利。本案中，行家商贸等三公司使用的“威戈十字设计”标示未被商标局核准商标注册，但“威戈十字设计”符合在先使用权的其他各项条件，并在市场上具备了一定的影响，为消费者所认知。法院遵循了诚实信用原则，消费者的认知不受影响，且未损害他人合法权益的前提下，肯定了行家商贸等三公司的在先使用权。

同时，为了更好地解决利益冲突，并未机械地驳回注册商标一方的诉请，而是依据法院规定及当事人之间的约定，明确了行家商贸等三公司在先标识的具体使用方式。本案判决立足诚信原则，妥善解决了因特殊历史原因产生的商标权纠纷，既适度保护了原有市场秩序，也合理回应了注册商标权利人的诉求，对同类案件的裁判具有较好的借鉴意义。

编写人：福建省福州市中级人民法院　刘启鸣

23

老字号前身对商标的使用不能直接推定构成在后主体的在先使用

——山东宏济堂制药集团股份有限公司诉山东宏济堂医药连锁有限公司侵害商标专用权案

【案件基本信息】

1. 裁判书字号

山东省济南市中级人民法院（2017）鲁01民初717号民事判决书

2. 案由：侵害商标专用权纠纷

3. 当事人

原告：山东宏济堂制药集团股份有限公司（以下简称宏济堂制药公司）

被告：山东宏济堂医药连锁有限公司（以下简称宏济堂医药公司）

【基本案情】

1907年，同仁堂的乐镜宇先生创立“宏济堂”。该企业经过历史上的公私合营、“工商分离”改制，至今形成了包括原、被告在内的多家带有“宏济堂”字号的制药企业和医药销售企业。宏济堂制药公司的经营范围包括制造、自销：片剂、硬胶囊剂、合剂、颗粒剂、丸剂等。宏济堂阿胶公司是宏济堂制药公司的全资子公司，经营范围包括预包装食品的批发与零售，阿胶系列产品的技术开发、技术咨询服务等。宏济堂医药公司的经营范围包括零售（连锁）：处方药及非处方药、中药饮片、中成药等。原告宏济堂制药公司于2008年10月28日注册取得第4686539号宏济堂双龙标图形的商标权。2007年至2011年，宏济堂制药公司开始将涉案商标分别使用在血府逐淤口服液等22类药品上。宏济堂制药公司2009年至2011年三年支出的广告费、宣传费分别为4938025元、6278297元、6482046元。

济南市泉城公证处出具的公证书记载：2016年12月23日，被告宏济堂医药公司在济南市县西巷11号经营的"宏济堂药店"橱窗上张贴了一幅长方形的图画，周边为红底，正中为宏济堂文字与双龙图形组合标识（以下简称宏济堂双龙图案）。被告宏济堂医药公司认可张贴上述图案的事实，辩称在春节和元旦期间使用该图案作为窗花是其过年的民俗，目的是烘托节日气氛，该图案系宏济堂药店老字号曾使用的标识，并提供了刻制于20世纪30年代并传承至今的宏济堂第二分店印章及宏济堂博物馆保存的盖有该印章的药方予以佐证。

【案件焦点】

在老字号商标已注册的情况下，与老字号相关的其他经营主体能否以历史上的前身曾使用过该商标标识而主张在先使用。

【法院裁判要旨】

山东省济南市中级人民法院经审理认为：1. 涉案商标自注册至起诉之日已届满5年，具有较强的法律稳定性。原告宏济堂制药公司注册涉案商标后，已经在至少22种药品上作为商标使用，还投入大量费用进行了广告宣传，建立起广泛的知名度及良好的声誉，原告合法注册的商标权应予保护。2. 被告作为医药零售企业，在其橱窗上张贴的宏济堂双龙图案作为门店装潢，具有识别服务来源的作用，构成商标性使用。该图案及涉案商标构成近似，且被告从事的药品零售服务项目与涉案商标核定使用的商品构成类似商品或服务，加之双方存在的特殊历史关系，从一般消费者的角度，容易对服务的提供者产生混淆或存在关联关系的误认。3. 被告提供的带有宏济堂双龙图案的印章及药方保存于宏济堂博物馆，印章当时的使用者是原宏济堂的第二分店，即原告宏济堂制药公司与被告宏济堂医药公司在历史上的共同前身，因此，不能据此认定系被告的在先使用行为。而被告除所提供的印章及药方外，并无其自身或其关联公司在先使用宏济堂双龙图案的证据，其对涉案商标标识并不享有在先使用的利益，无权将宏济堂双龙图案作为商标使用。

综上，被告的行为侵犯了原告的商标专用权，应当承担停止侵权并赔偿损失的侵权责任。对原告要求被告登报消除影响的诉讼请求，因商标权纠纷主要涉及财产利益，原告未提供其商誉明显受损或实际造成混淆的证据，法院对该诉讼请求不予支持。

山东省济南市中级人民法院依照《中华人民共和国商标法》第五十七条第（二）项、第六十三条第三款，《最高人民法院关于审理商标民事纠纷案件适用法律若干问题的解释》第四条、第十六条、第十七条之规定，判决：

一、被告宏济堂医药公司立即停止侵犯原告宏济堂制药公司、宏济堂阿胶有限公司第4686539号注册商标的使用权的行为；

二、被告宏济堂医药公司于本判决生效之日起十日内赔偿原告宏济堂制药公司经济损失包括合理费用共计5万元；

三、驳回宏济堂制药公司的其他诉讼请求。

【法官后语】

老字号是指历史悠久，拥有世代传承的产品、技艺或服务，具有鲜明的中华民族传统文化背景和深厚的文化底蕴，取得社会广泛认同，形成良好信誉的品牌。老字号在传承过程中一般会经历公私合营、分立、改制、重整等演变过程，形成的经营主体之间不再具有共同的利益，因此，对于老字号资源尤其是商标等标识性资源的争夺就成为老字号传承主体之间最经常出现的纠纷。

第一，前提条件：合法注册的商标权应予保护。我国《商标法》实行商标注册制，经营主体通过合法手段正当注册而取得的商标依法受到法律保护，是处理此类纠纷的前提，这也是对于现行法律秩序维护的需要。如果商标注册人在注册商标时缺乏正当性基础，最常见的是将老字号的所有传承主体共同使用的商标进行注册，对这种行为，其他主体可以请求宣告商标无效。另外，商标的注册与使用应当遵循诚实信用原则。由一家擅自抢注大家共同使用的商标的行为，因为缺乏正当性基础，根据最高人民法院公布的第82号指导案例的裁判要旨，对其提起的商标侵权之诉，法院不予保护。在审查商标注册行为是否具有正当性时应重点注意两点：其一，注册人应当与老字号有历史传承关系；其二，注册人所申请注册的标识性资源不应当损害其他传承主体的正当利益。

第二，历史因素对商标在先使用认定的影响。此类案件中的历史因素，主要指该商业标识曾由老字号前身企业所有或使用的事实，在此情况下，即便某一主体将其注册为商标，其他传承主体的行为在一定程度上也具有一定的天然合理性。但是这种对历史因素的考虑，应当满足《商标法》第五十九条第三款规定的在先使用条件，才能够在原有范围内继续使用：一是在商标申请之前使用；二是这种使用产生了一定的影响，两个条件缺一不可。如果其他主体与老字号在历史上具有传承关系，并且对于商业标识的使用处于延续状态，通过使用产生了一定影响的，可以允许其在原有范围内继续使用。而如果仅仅是老字号的前身企业曾经使用过相关标识，但这种使用产生过中断，其他主体不能在商标申请注册以后，以与老字号具有历史传承关系为由主张在先使用。或者其他主体虽然在商标申请注册之前在先使用了该商标，但是并未通过使用产生一定影响，如本案中的被告仅在传统节日悬挂以烘托气氛的使用，没有产生一定影响，则难以构成商标法意义上的在先使用。

第三，现实因素对商标保护强度的影响。商标注册后经过使用所产生的知名度和影响力，是决定其保护强度的重要因素。而站在老字号历史文化传承的角度，法院对于老字号商标的保护或者限制，应当有利于保护老字号品牌价值的维持和提升。老字号商标注册后经过使用取得较高知名度的，由于其对于品牌维护和提升作出了较大贡献，一般倾向于给予较强的保护，对于其他传承主体的使用则应进行限制或禁止；反之，如果其他传承主体通过对于相关标识的使用，对于老字号品牌也作出了贡献的，则应从包容性发展的角度，允许其继续在原有范围内使用。

总之，处理老字号传承主体之间的商标纠纷，应在充分考虑历史因素的情况下，保护现阶段的经营主体通过合法经营取得的商誉和竞争优势，尽量划分一条清晰的权利边界，维护公平竞争的市场秩序。

编写人：山东省济南市中级人民法院　颜峰

24

商标侵权行为认定的混淆标准

——利惠公司诉广东文时特制衣实业有限公司侵害商标权案

【案件基本信息】

1. 裁判书字号

广东省高级人民法院（2017）粤民终 588 号民事判决书

2. 案由：侵害商标权纠纷

3. 当事人

原告（上诉人）：利惠公司

被告（被上诉人）：广东文时特制衣实业有限公司（以下简称文时特公司）

【基本案情】

利惠公司（LEVI STRAUSS & CO.）是注册号为 2023725“ ”商标的商标权人，该商标被核准在第 25 类服装、牛仔裤、衬衫等商品上使用，注册有效期为 2005 年 5 月 14 日至 2025 年 5 月 13 日。利惠公司将该商标主要用于“LEVI'S”品牌牛仔裤的后袋上。文时特公司于 1991 年 9 月成立，经营范围包括男女时装裤、恤衣等的制造及销售，文时特公司分别注册了注册号为 2012671 的“Wenshite/文时特”商标、注册号为 7847308 的“WENSHITE”商标、注册号为 16977474 的“W/文时特”商标、注册号为 7847341 的“W/ Wenshite/文时特”商标以及注册号为 7847327 的“W/文时特/ WENSHITE”商标。2015 年 1 月 13 日，利惠公司的代理人在文时特的天猫网店购买了由文时特生产并销售的型号为 W4310108、W4310101、W01005 三条涉案牛仔裤，并经广州市白云公证处进行公证。2016 年 1 月 27 日，利惠公司代理人发现文时特的天猫网店及京东网店上仍在销售涉案牛仔裤，利惠公司认为文时特生产并销售的涉案牛仔裤的裤袋上所使用设计、标识与利惠公司的双弧线商标非常类似，该行为侵犯了利惠公司对涉案商标享有的注册商标专用权，要求文时特公司停止生产和销售涉案侵权产品。文时特公司抗辩称被诉的侵权标识与利惠公司的注册商标并不构成近似，且文时特公司在涉案产品上还显著使用了自有商标“WENSHITE”，后裤袋上的双弧线标识只起到装饰作用不会引起混淆。经比对，利惠公司的注册商标“”，其采用两条平行弧线闭合交叉的形式，在交叉点的菱形框中还添加了一条横向的分割线，特点是平行双弧线；被诉侵权标识一“”（产品型号W4310108），其采用两条粗弧线闭合交叉的形式，开口均向上，上面的粗弧线交叉处形成三角形，下面的粗弧线由四条线条组成，交叉处左边弧线略长于右边弧线，且上面交叉形成的三角形与下面交叉处相重叠；被诉侵权标识二“”（产品型号W4310101），其采用三条线条加英文的形式，其中一条直角线开口向上，一条弧线开口向上，与直角线保持平行，另一条弧线开口向下，与另两条线双交叉，三条弧线交叉处不闭合，英文配字在三条线条的上方；被诉侵权标识三“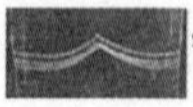”（产品型号W01005），其采用两条粗弧线立体绣的形式，上面粗弧线由两条线条组成，下面粗弧线由四条线条组成，开口均向下，两条弧线不交叉。

【案件焦点】

文时特公司对被诉侵权标识的使用是否构成商标侵权。

【法院裁判要旨】

广东省汕尾市中级人民法院经审理认为：利惠公司的注册商标与被诉侵权标识虽然均由弧线组成，但两者在整体图案及弧线交叉部分均存在不同，被诉侵权标识能够明显区别于利惠公司较简单的由两条平行弧线组成的双弧线商标。原、被告的组合要素、构图、组合后的整体结构均存在不同，两者不构成近似。再者，利惠公司产品上除双弧线商标外还有双马图形商标、“LEVI'S”、尖角裤袋商标、501商标，其中，双马图形商标及“LEVI'S”商标为驰名商标，一般消费者在购买利惠公司产品时对其“LEVI'S”标志更为熟知，且消费者通常不会以牛仔裤后裤袋上的图案来判断商品来源。而文时特公司在其牛仔裤上明显使用了自有商标，后裤袋上的双弧线标识是其注册商标“WENSHITE”中图案W的使用及演绎使用，被诉侵权标识不会造成消费者对商品来源的误认。综上，被告不构成侵犯原告注册商标专用权。

广东省汕尾市中级人民法院依照《中华人民共和国商标法》第三条第一款、第五十六条、第五十九条第一款的规定，判决：

驳回利惠公司的诉讼请求。

利惠公司持原审起诉意见提起上诉。广东省高级人民法院经审理认为：以相关公众的一般注意力为标准，三被诉侵权标识与利惠公司的商标尚不足以构成相近似。且文时特公司在三被诉侵权产品的腰部显著位置及产品的吊牌上多处使用其自有商标、明确表明产品生产商及生产地址等信息，这些亦可起到使相关公众区分二者的作用，三被诉侵权标识并不容易导致相关公众的混淆。因此，文时特公司的行为不构成对利惠公司注册商标专用权的侵犯。

广东省高级人民法院依照《中华人民共和国民事诉讼法》第一百七十条第一款第（一）项规定，判决：

驳回上诉，维持原判。

【法官后语】

商标是用来区别商品来源的标识，防止混淆是商标保护的基本出发点。在商标法理论中，商标侵权行为的认定标准是混淆（或者成为“混淆性近似”）。只有行为人使用商标的行为造成消费者对商标来源的混淆，才能认定其构成商标侵权。商标标识的相同或近似是认定混淆的重要因素，但并不必然造成混淆，并不必然是商标侵权行为。我国《商标法》第五十七条第（二）项规定：“未经商标注册人的许可，在同一种商品上使用与其注册商标近似的商标，或者在类似商品上使用与其注册商标相同或者近似的商标，容易导致混淆的”属于侵犯注册商标专用权的行为。根据该规定，可以将商标侵权行为的认定过程分为两个层面：第一是标识本身是否近似；第二是否容易在相关公众中造成混淆，从而构成混淆性近似。本案一、二审法院在判定文时特公司的被诉侵权标识是否构成对利惠公司双弧线注册商标的侵犯时，首先立足于被诉侵权标识与注册商标是否构成近似，即从组合要素、构图、组合后的整体结构上作外观判断。在作出是否构成近似的判断后，再进一步对是否容易造成混淆作出认定。

商标混淆性近似的判定存在三项原则：1. 以相关公众的一般注意力为标准；2. 既要对商标作整体比对，又要对商标主要部分作比对，且应当在隔离状态下分别进行；3. 结合注册商标的显著性和知名度。本案涉案商标使用商品为牛仔裤，从商品的比对上看，一、二审法院从涉案产品整体构图上着眼，对线条的粗细、走向以及设计理念均作出了差异性分析，确定了注册商标与被诉侵权标识不构成近似；从注册商标的显著性和知名度看，“双弧线”注册商标并不具有非常高的知名度，不足以引起相关公众的注意；从相关公众的一般注意力看，会对牛仔裤上的显著商标留下深刻印象。例如，“双马图”和“LEVI'S”，相关公众对利惠公司产品的一般认知应主要通过其具有知名度的驰名商标获得。文时特公司的牛仔裤上除涉案装饰外还印有自有商标“WENSHITE”以及产品吊牌，这些标识在整体上使被告的产品与原告的产品能够形成明显的区分，不会造成消费者的混淆和误认。据此，一、二审法院均认定文时特公司的行为不构成对利惠公司注册商标专用权的侵犯。

编写人：广东省汕尾市中级人民法院　陈朝敏

25

第三方交易平台的信息披露义务及采取必要技术措施的条件

——济南佐康商贸有限公司诉浙江淘宝网络有限公司侵害商标专用权案

【案件基本信息】

1. 裁判书字号

山东省济南市中级人民法院（2017）鲁01民终3439号民事判决书

2. 案由：侵害商标专用权纠纷

3. 当事人

原告（被上诉人）：济南佐康商贸有限公司（以下简称佐康公司）

被告（上诉人）：浙江淘宝网络有限公司（以下简称淘宝公司）

【基本案情】

佐康公司是“佐康”商标的注册人。2015 年 7 月至 2016 年 4 月，佐康公司共 9 次向淘宝公司的淘宝网知识产权投诉平台进行投诉并发送律师函，要求清理并删除“淘宝网”上所有销售“佐康”系列产品的商家链接及相关网页，屏蔽相关网站链接，不再允许其他企业或个人在“淘宝网”上销售“佐康”品牌系列产品，并提供相关侵权网络店铺经营者的真实身份信息，其投诉的理由是淘宝网上销售的佐康系列产品均为跨渠道销售，未经过其授权。2016 年 4 月 28 日，淘宝公司对投诉进行回函，认为根据佐康公司的投诉无法判断侵权成立，佐康公司应更进一步提供委托方身份证明、权利证明、委托关系证明、判断侵权成立的证明资料或者足以判断侵权成立的理由，然后重新发起投诉。为此佐康公司起诉要求淘宝公司删除相关商家链接并披露其真实身份信息，承担其为本案支出的合理费用。案件二审过程中佐康公司对淘宝网上的两家店铺销售佐康产品的行为进行了公证保全取证。

【案件焦点】

1. 佐康公司向淘宝公司发出的通知是否有效；2. 佐康公司要求淘宝公司披露商家真实身份信息和断开链接的要求是否合理。

【法院裁判要旨】

山东省济南市历下区人民法院经审理认为：在佐康公司已提供相关证据并多次向淘宝公司投诉的情况下，淘宝公司未及时删除相关侵权店铺的链接，主观上为其他店铺的侵权行为提供了便利。佐康公司要求淘宝公司披露清理并删除“淘宝网”上销售“佐康”系列产品的商家链接、相关网页、被诉商品信息，屏蔽相关网站链接，不再允许其他企业或个人在“淘宝网”上销售“佐康”品牌系列产品，理由正当，法院予以支持。

山东省济南市历下区人民法院依照《中华人民共和国商标法》第四十二条、第五十七条，《最高人民法院关于审理商标民事纠纷案件适用法律若干问题的解释》第十七条规定，判决：

一、浙江淘宝网络有限公司清理并删除“淘宝网”上销售“佐康”系列产品的商家链接、相关网页、被诉商品信息，屏蔽相关网站链接，不再允许其他企业或个人在“淘宝网”上销售“佐康”品牌系列产品；

二、浙江淘宝网络有限公司向济南佐康商贸有限公司提供卖家为“大嘴 monkey”和“爱生活爱456”网络商店的真实身份信息；

三、浙江淘宝网络有限公司支付济南佐康商贸有限公司公证费3000元。

淘宝公司不服，提出上诉。山东省济南市中级人民法院经审理认为：1. 权利人发出的有效通知应当包括被侵权人身份情况、权属凭证、侵权人网络地址、侵权事实初步证据等内容。佐康公司向淘宝公司发送的投诉材料及律师函欠缺初步的侵权证据支持，不属于有效通知。二审过程中佐康公司提供了向相关网络店铺购买商品的公证书及封存实物等新证据，可以作为侵权事实的初步证据使用。对佐康公司要求淘宝公司提供有关网络商品经营者的身份信息的主张，鉴于二审过程中其提供了初步证据，淘宝公司应予配合。2. 关于佐康公司要求淘宝公司披露商家真实身份信息和断开链接的要求，采取必要技术措施应遵循审慎、合理的原则，根据所侵害权利的性质、侵权的具体情形和技术条件等综合确定。佐康公司向淘宝公司发送通知时未提供侵权的初步证据，即便二审过程中提供了相关证据，在商标侵权行为尚未进行最终认定的情况下，应当由淘宝公司在调查核实后根据情况决定是否采取相应的技术措施。

山东省济南市中级人民法院依照《中华人民共和国民事诉讼法》第一百七十条第一款第（二）项规定，判决：

一、维持山东省济南市历下区人民法院（2016）鲁0102民初4235号民事判决第二项；

二、撤销山东省济南市历下区人民法院（2016）鲁0102民初4235号民事判决第一、三项。

【法官后语】

在第三方交易平台进行的网络商品交易中的商标侵权问题，适用《侵权责任法》第三十六条关于网络用户利用网络服务实施侵权行为的规定。但是该规定没有明确权利人发送的有效通知应当包含的内容，以及第三方交易平台采取的必要技术措施和披露商家身份信息的条件等问题，需要结合相关司法解释以及指导案例确定的原则进行处理。

第一，第三方交易平台的信息披露义务及有效通知的要件。根据国家工商行政管理总局《网络交易管理办法》的相关规定，第三方交易平台应当对申请进入平台销售商品或者提供服务的法人、其他经济组织或者个体工商户的经营主体身份进行审查和登记，建立登记档案并定期核实更新，在其从事经营活动的主页面醒目位置公开营业执照登载的信息或者其营业执照的电子链接标识。但是对不具备工商登记注册条件的自然人，第三方交易平台只能对其身份信息进行审查和登记，并且负有保密义务。如果被投诉店铺是由自然人经营的，权利人由于无法确定侵权主体而难以诉诸法律手段。商标权人会向第三方交易平台发出投诉通知以要求披露侵权被投诉人身份信息。根据最高人民法院发布的83号指导案例“威海嘉易烤生活家电有限公司诉永康市金仕德工贸有限公司、浙江天猫网络有限公司侵害发明专利权纠纷案”的裁判要点，网络用户利用网络服务实施侵权行为，被侵权人依据《侵权责任法》向网络服务提供者所发出的要求其采取必要措施的通知，包括被侵权人身份情况、权属凭证、侵权人网络地址、侵权事实初步证据等内容的，即属有效通知。向权利人披露被投诉人身份信息，不会像采取技术措施一样对被投诉人正常经营产生严重影响，在权利人提供包括上述内容的有效通知后，第三方交易平台就应当向权利人披露被投诉人的身份信息。

第二，采取必要技术措施应遵循审慎、合理且有效的原则。第三方交易平台采取的技术措施轻则删除相关商品链接，重则查封账号，消费者无法再搜索到相关产品的链接，正在进行的交易就会中断，会对网络经营者的正常经营和信用产生影响，可能给第三方交易平台带来法律风险。因此，“必要措施”应遵循审慎、合理的原则，根据所侵害权利的性质、侵权的具体情形和技术条件等来加以综合确定。首先，为了避免法律风险，第三方交易平台有权利亦有义务在被要求采取技术措施时，要求权利人提供侵权成立的相关证据，以协助审查判断是否构成侵权。在第三方交易平台认为有必要时，还可以通知被投诉人，给予其申诉的机会。只有在有充分理由确信被投诉人侵权，且不采取技术措施不足以制止侵权行为时，才能够考虑采取必要的技术措施。其次，所采取的技术措施应当合理且有效。第三方交易平台应当根据商标或作品的知名度、被投诉人侵权的具体方式、商标权被侵害的紧迫程度等，综合考量采取一种或综合采用多种技术措施。除了删除或屏蔽链接之外，第三方交易平台还可以对被投诉人进行信用扣分、限制账号权限、降低信用评级、查封账号等。采取的技术措施是否适当，还要结合技术措施制止侵权、防止损失扩大的效果来判断，不仅要在当时及时制止了侵权行为，还要避免未来相同或者类似的侵权行为。

编写人：山东省济南市中级人民法院　于密

26

商标网络侵权的管辖认定

——广州市越秀区创想者文具用品商行、北京创想者科技有限公司诉福州市古墨书香贸易有限公司侵害商标权案

【案件基本信息】

1. 裁判书字号

广东省广州市越秀区人民法院（2017）粤0104民初5656号民事裁定书

2. 案由：侵害商标权纠纷

3. 当事人

原告：广州市越秀区创想者文具用品商行（以下简称广州创想者商行）、北京创想者科技有限公司（以下简称北京创想者公司）

被告：福州市古墨书香贸易有限公司

【基本案情】

原告北京创想者公司注册取得了第8416736号“文房第五宝”注册商标，原告广州创想者商行是该商标的许可使用人，经原告北京创想者公司许可使用该商标，并有权对侵犯该商标权的情况进行维权。被告在阿里巴巴开设经营的批发网店上大量销售其生产的侵犯涉案“文房第五宝”商标权的水写布产品。两原告对向被告网店购买的侵权商品进行保全，原告广州市创想者商行住所地及收货地在广州市越秀区，故向广州市越秀区人民法院提起诉讼请求判令被告停止侵权赔偿损失等。

被告在答辩期内对本案管辖权提出异议，认为根据《中华人民共和国民事诉讼

法》第二十一条之规定，应由被告住所地即福建省福州市中级人民法院管辖，故请求将本案移送福建省福州市中级人民法院审理。

【案件焦点】

通过网络购买方式取证的商标网络侵权案件中，被侵权人（原告）住所地及收货地法院是否具备管辖权。

【法院裁判要旨】

广东省广州市越秀区人民法院经审理认为：根据《中华人民共和国民事诉讼法》第二十八条及《最高人民法院关于适用〈中华人民共和国民事诉讼法〉的解释》（以下简称《民诉法解释》）第二十四条、第二十五条之规定，因侵权行为提起的诉讼，由侵权行为地或者被告住所地人民法院管辖；侵权行为地包括侵权行为实施地、侵权结果发生地；信息网络侵权结果发生地包括被侵权人住所地。本案为侵害商标权纠纷，被告通过网络销售涉嫌侵权商品，且在网页上使用涉嫌侵权商标标识，属于信息网络侵权情形，侵权结果发生地包括被侵权人住所地。现原告北京创想者公司是商标注册人，原告广州创想者商行是商标被许可人，且经授权有权单独或共同提起诉讼，故两原告均系商标侵权的被侵权人，两者住所地即北京市东城区、广州市越秀区均应视为侵权结果发生地，且两原告通过网络购买在广州市越秀区收到的涉嫌侵权商品，更可印证广州市越秀区属于侵权结果发生地，广东省广州市越秀区人民法院作为侵权结果发生地所在法院依法对本案具有管辖权。

广东省广州市越秀区人民法院依照《中华人民共和国民事诉讼法》第二十八条、第三十五条、第一百五十四条第一款第（二）项以及《最高人民法院关于适用〈中华人民共和国民事诉讼法〉的解释》第二十四条、第二十五条之规定，裁定：

驳回福州市古墨书香贸易有限公司对本案管辖权提出的异议。

【法官后语】

随着信息网络和电子商务的迅猛发展，经营者的经营模式和消费者的消费方式都在发生巨大变化。随之而来的是知识产权网络侵权现象日益普遍，商标侵权亦不例外，越来越多的商标权利人通过对网店购买过程保全来固定侵权证据，由此在司法实践中也引发了一系列新的问题。其中就包括该类案件的管辖法院如何确定，又以如下两个问题的争议尤为突出：网购收货地人民法院能否作为侵权行为地人民法院实施管辖；商标网络侵权是否属于《民诉法解释》第二十五条规定的信息网络侵权，由被侵权人住所地人民法院管辖。

对此，笔者认为：侵权结果发生地属于侵权行为地。《民诉法解释》第二十四条明确规定了侵权行为地包括侵权行为实施地与侵权结果发生地，根据新法优于旧法的原则，应当适用该规定，这更为契合法理以及司法实践要求。同时，在《民诉法解释》实施前后修改的《最高人民法院关于审理专利纠纷案件适用法律问题的若干规定》第五条也明确规定了侵权行为地包括侵权行为的侵权结果发生地，更可印证在知识产权纠纷案件包括商标侵权案件中将侵权结果发生地作为侵权行为地之一是新的方向和要求。

网购收货地不属于侵权结果发生地。正因侵权结果发生地作为侵权行为地之一，侵权结果发生地法院具备管辖权，就要求侵权结果发生地是侵权行为直接产生侵权结果的所在地，而不能简单将侵权物到达地认定为侵权结果发生地。由于网络销售的信息化和跨地域性特点，收货地系由买家选定，而非侵权人所能决定，也就意味着收货地具有高度的不确定性，若以此作为管辖连接点，则将架空整个民事诉讼管辖制度，也不符合方便当事人诉讼、方便法院审理的两便原则。

不能简单机械地将商标侵权是否属于信息网络侵权一概而论，应当按照信息网络侵权的实质内核，将不同的侵权行为进行区分。之所以规定被侵权人住所地属于侵权结果发生地系由于信息网络侵权中的侵权行为往往发生在网络环境，不具有或难查明具体的侵权行为地，因此，信息网络侵权要求侵权行为直接发生在网络环境中，而非一切涉及信息网络的侵权行为都属于信息网络侵权。具体到网络销售侵权商标商品的案件中，倘若被告仅实施了通过网络店铺销售侵权商品的行为，与传统销售侵权相比，则只是销售模式和购物方式的不同，难言为信息网络侵权。但以本案为例，大多数案件中被告在展示、销售侵权商品时还伴随着在网络店铺以及商品名称、图片、内容描述中使用侵权商标，实际上在销售侵权商品之外还实施了商标使用的侵权行为，而该使用侵权行为是切实发生在网络环境中，通过信息网络实施，应当认定为信息网络侵权，可由被侵权人住所地法院管辖。

认为商标网络侵权不属于信息网络侵权的观点主要是基于适用该规定则不符合

民事诉讼管辖“原告就被告”原则。然而从《民事诉讼法》以及《民诉法解释》的相关规定来看，诉讼管辖以原告就被告为一般原则，被告就原告为例外（追索赡养费、起诉离婚、信息网络侵权）。在本案类似的网络销售侵权案件中，一方面，因为网络销售的特点导致难以确定具体侵权行为实施地；另一方面，商标网络销售侵权成本相对较低，而权利人甚至存在获取侵权人身份信息困难的阻碍，在此情况下，若仍要求权利人向被告住所地或侵权行为实施地法院起诉无疑加重了权利人维权成本和负担。

商标权具有地域性特点，商标知名度和影响力通常由商标权人所在地开始扩散，故侵权所造成结果也尤以商标权人所在地为甚。在商标网络侵权中，认定被侵权人所在地属于侵权结果发生地也与事实相符。将符合信息网络侵权特性的商标网络销售侵权纳入信息网络侵权范围中，所涉管辖法院是明确、可预期的，仍然和民事诉讼管辖制度框架相契合，也能在一定程度上提升侵权人侵权成本、抑制侵权，彰显加强知识产权司法保护的态势和决心。

编写人：广东省广州市越秀区人民法院　赵咏

27

商标标识的具体使用方式存在混淆可能性

——福建网龙计算机网络信息技术有限公司诉厦门极致互动网络技术股份有限公司侵害商标权、不正当竞争案

【案件基本信息】

1. 裁判书字号

福建省高级人民法院（2018）闽民终371号民事判决书

2. 案由：侵害商标权、不正当竞争纠纷

3. 当事人：

原告（上诉人）：福建网龙计算机网络信息技术有限公司（以下简称网龙公司）

被告（上诉人）：厦门极致互动网络技术股份有限公司（以下简称极致互动公司）

【基本案情】

网龙公司系第4280864号、第14754173号、第17912476号“魔域”文字商标的商标注册人，其注册商标专用权处于有效期间内。网龙公司长期、持续地在其开发运营的网络游戏“魔域”上使用上述注册商标的核心标识“魔域”文字，或者包含“魔域”文字的艺术字体图案。至提起本案诉讼之日止，网龙公司提交的相关证据材料表明，“魔域”网络游戏营收高达十几亿元，相关宣传报道表明，“魔域”网络游戏具有很高的市场知名度和美誉度。网龙公司针对极致互动公司开发运营的“决战魔域”在线网游的运行情况做了公证证据保全，公证保全的证据显示：极致互动公司在其公司网站上将“决战魔域”（艺术字体）作为游戏名称使用，在诸多内容分发平台上均提供了该款游戏的在线运行、下载服务。“决战魔域”游戏与网龙公司开发运营的游戏在内容、人物设定、场景设置、情节演化、操作方式上均存在较大差异。

【案件焦点】

关于商标侵权案件中，被诉侵权标识的使用方式是否存在混淆可能性的判定。

【法院裁判要旨】

福建省福州市中级人民法院经审理认为：商标法意义上的混淆，是指相关消费者对服务的来源产生误认，或者对服务提供者的关系产生误解，而不是指相关消费者认为两种服务的内容是相同的。如果消费者混同了两种服务，则证明消费者有很大可能会对服务的来源产生误认，但对此进行反向解释不符合《中华人民共和国商标法》的相关规定。另外，商标通过标识的指示来源功能以及沉积在商标中的商誉产生的品质保障功能，能够影响相关消费者的交易决定，故商标法的上混淆误认指的是导致消费者做出交易决定的混淆误认。即便是相关消费者在作出交易决定后发现商品、服务的不同，甚至进而发现商品、服务的来源不同，也不影响消费者已经产生混淆误认，并对注册商标专用权人造成损害的事实。就本案而言，由于极致互动公司将其游戏名称命名为“决战魔域”，并在游戏的初始页面上予以显著标识，在进入游戏之前，基于“魔域”商标的知名度，足以导致相关网络用户认为两款游戏的提供者之间存在关联，进而影响网络用户是否继续进入游戏的决定。一旦网络用户基于错误认识决定进入“决战魔域”游戏，无论在具体的游戏操作过程中是否能够认识到两款游戏是由不同且无关联的主体提供的，极致互动公司都已经获取了网络流量利益，相应地也就造成对网龙公司的损害。

福建省福州市中级人民法院判令极致互动公司承担停止侵权、赔偿经济损失50万元的侵权责任。

网龙公司、极致互动公司不服一审判决，提起上诉。

福建省高级人民法院经审理认为：注册商标专用权作为一种标识类权利，发挥的作用主要体现在区分商品或服务的来源。一般来说，注册商标的知名度越高或者显著性越强，其识别功能就越强。本案中，网龙公司的“魔域”系列商标，经过近十年坚持不懈地在游戏软件中使用，已经具有较强的识别功能，与网龙公司已经建立起较为稳定的对应关系，相关公众接触到“魔域”或者含有“魔域”字样的网络游戏时，通常会认为系网龙公司提供或者与网龙公司具有关联关系。极致互动公司在与网龙公司提供的相同网络服务游戏上，使用包含“魔域”字样的“决战魔域”，由于“魔域”并非汉语中的普通词汇，在网络游戏上，“魔域”标识已经与网龙公司形成对应关系的情况下，相关消费者对“决战魔域”中“魔域”二字的认知，更多的应是其标识性作用，而非极致互动公司上诉所称的作为“魔域大陆”的描述性使用，这种使用行为容易让相关公众误认为其与网龙公司具有关联关系，从而导致混淆误认。

福建省高级人民法院判决：

驳回上诉，维持原判。

【法官后语】

本案争议的行为是在相同的服务上，将与他人注册商标近似的标识作为服务名称使用，此时对于该使用行为是否可能导致相关消费者产生混淆、误认，需要进行分析、研判。本案被告坚持的观点之一是：由于原、被告所提供的游戏在内容、人物、场景、情节以及操作方式上均存在较大不同，游戏用户很容易分辨出两款游戏的不同，在此基础上，游戏用户也不会混淆两款游戏的提供者，或者认为二者存在某种关联关系。但是一、二审法院均未支持被告的观点。主要理由是，判断普通消费者是否可能混淆的时机应当是消费者购买商品或服务时，而非购买完成之后。

通常来说，具有一般分辨能力的消费者在购买完成之后，在使用过程中完全有可能发现所购得的商品并非其所欲购买的商品，但这并不影响混淆、误认已经发生的事实。申言之，商标法制止的是侵权行为人利用普通消费者其认知心理中的模糊地带，攀附他人的商业信誉，不正当地为自己制造商业机会。从广义上来说，商标侵权行为也可以被视为一种欺诈行为，当欺诈的结果形成之后，无论消费者是否能够意识到被欺诈了，侵权行为人都已经从中获利，商标权人也就因商业机会的丧失蒙受了损失，而这正是商标法所要制止的情形。因此，极致互动公司的抗辩理由以及列举的证据都不能否定其对“决战魔域”标识的使用行为存在混淆可能性的事实。

编写人：福建省福州市中级人民法院　潘筝

28

单纯的售前混淆仅构成不正当竞争

——劲霸男装（上海）有限公司诉北京春蕾之韵商贸有限公司侵害商标权案

【案件基本信息】

1. 裁判书字号

北京知识产权法院（2017）京73民终1805号民事判决书

2. 案由：侵害商标权纠纷

3. 当事人

原告（上诉人）：劲霸男装（上海）有限公司（以下简称劲霸公司）

被告（被上诉人）：北京春蕾之韵商贸有限公司（以下简称春蕾公司）

【基本案情】

第1565246号“劲霸K－BOXING及图”商标、第3382528号“劲霸”商标核定使用在第25类服装等商品上；第1599750号“劲霸K－BOXING及图”、第11228944号“劲霸K－BOXING及图”商标、第19006999号“劲霸创富汇”核定使用在第35类替他人推销等服务上。上述商标的权利人现均为劲霸公司。

2016年11月1日，劲霸公司委托代理人会同北京市国立公证处公证员及工作人员，来到春蕾公司的住所地即北京市东城区百荣世贸商城1B132商铺，由公证人员对该商铺及周边现场状况进行了拍照。照片显示商铺外墙上以较大字体标有“香港劲霸”字样，店铺入口处的模特所穿外套在左胸前的价签处标有“香港劲霸198元”字样，但该店铺所销售的服装品牌并非劲霸品牌。

劲霸公司认为春蕾公司上述行为侵害其第1565246号、第3382528号、第1599750号、第11228944号、第19006999号商标的注册商标专用权，违反了《中华人民共和国商标法》第五十七条第（二）项的规定，故起诉至法院，请求法院判令春蕾公司立即停止侵害注册商标专用权，赔偿经济损失24000元及律师费5000元、公证费1000元。

【案件焦点】

单纯的售前混淆是否构成侵害商标权。

【法院裁判要旨】

北京市东城区人民法院经审理认为：春蕾公司以较为醒目的方式在其经营的店铺外墙及衣服价签上使用“劲霸”标识，上述行为显然具有标示商品来源以达到使相关公众区分不同商品提供者的目的，构成商标法意义上的使用。

关于劲霸公司主张春蕾公司侵犯其第1565246号、第3382528号商标的注册商标专用权。上述商标为商品商标，不能脱离商品而独立存在。在劲霸公司未举证证明涉案店铺销售的是未经授权假冒其注册商标的商品的情况下，不能认定春蕾公司使用“劲霸”标识的行为侵犯了上述注册商标专用权。

关于劲霸公司主张春蕾公司侵犯其第1599750号、第11228944号、第19006999号商标的注册商标专用权。上述商标为服务商标，核定使用在第35类“广告、替他人推销”服务上。被诉侵权行为系春蕾公司对其销售商品的一种标示，而不属于通过一定媒介和形式，向公众介绍自己所推销的商品或者服务的广告行为或替他人推销行为，即不属于上述商标核定使用的相同或类似服务，故该行为不构成对涉案商标权的侵害。

北京市东城区人民法院依照《中华人民共和国商标法》第四十八条，第五十七条第（一）项、第（二）项、第（三）项之规定，作出如下判决：

驳回劲霸公司的全部诉讼请求。

劲霸公司不服一审判决，提出上诉。

北京知识产权法院经审理认为：本案的争议焦点在于春蕾公司在店铺招牌和模特价签上使用劲霸二字的行为，是否侵犯了劲霸公司的商标专用权。

关于涉案侵权行为是否侵犯了劲霸公司在第25类商品上的商标专用权。首先，涉案标签系临时张贴在店铺模特胸口的矩形价格牌，与通常固定在服装上的标签有显著差异，消费者一般不会仅凭此确定服装品牌，且劲霸公司认可涉案店铺所销售的服装均标有其他服装品牌的标识，故不能得出侵犯商标权的结论。其次，劲霸公司称春蕾公司的上述行为会影响消费者的选择、增加交易机会，但劲霸公司明确本案的法律适用依据均在商标法领域，且本案案由亦为侵犯商标权纠纷，即使本案中存在搭便车等不当行为，也不属于商标法调整的范畴。涉案行为不符合侵犯商标权的构成要件，故劲霸公司的相关主张不成立。

关于涉案侵权行为是否侵犯了劲霸公司在第35类服务上的商标专用权。“广告”“替他人推销”服务对象为经销商，盈利模式通常为收取广告或推广费用；而涉案店铺服务对象为消费者，盈利模式为出售商品赚取价差，存在显著差异，故劲霸公司的相关主张亦不成立。

北京市知识产权法院依照《中华人民共和国民事诉讼法》第一百七十条第一款第（一）项之规定，判决：

驳回上诉，维持原判。

【法官后语】

“售前混淆”是指在交易的合意发生之前，交易主体对拟购买的商品或服务来源发生混淆的情形。“售中混淆”也称售时混淆，是指交易的合意形成之后，发生混淆的情形。司法实践中，对售前混淆属于商标侵权行为，还是不正当竞争行为，或是二者兼而有之，存在争议。本案支持第二种观点，理由如下：

第一，售前发生混淆但售中不混淆的，不符合《商标法》第五十七条的构成要件。

《商标法》第五十七条第（一）项、第（二）项规定商标侵权的构成包含两个基本条件：一是在同一种或类似商品上；二是容易发生混淆。这里的混淆是指发生在所购商品上的混淆。商标的基本价值在于区分商品来源，便于相关公众认牌识货，促进交易完成，最终实现利润。在售前混淆而售中不混淆的情形中，购方知晓其购买的商品不是此品牌，而是其他品牌，故实际起到区分商品来源作用的是其他品牌的商标。由此可见，对售前发生混淆的商标，并未在后续的实际交易中发挥区分来源的作用，实际发挥区分作用的商标并没有被混淆。

本案中，春蕾公司虽然在店铺招牌等处使用“劲霸”二字，但其销售的服装均标有其他品牌的标识，故一般消费者在实际选购时并不会误认为“劲霸”品牌的服装。诚然，劲霸公司潜在的消费者在看到春蕾公司店铺招牌等处的“劲霸”二字时，可能会进店选购从而增加店内商品的销售概率。但应当看到，《商标法》第五十七条规定的商标侵权要件系在“同一种或类似商品”上使用相同或近似标识。本案中，涉案店铺在“在同一种商品上”使用的是其他商标，而非“劲霸”商标，故春蕾公司的行为并不满足《商标法》第五十七条的构成要件，不构成对“劲霸”商标权的侵犯。

第二，侵权法体系的逻辑自洽。

从调整对象来讲，《商标法》及《反不正当竞争法》均是调整侵犯商誉类权益的法律。一般认为，《商标法》调整的是侵犯商标权益的法律，《反不正当竞争法》是调整侵犯商标权以外的其他商誉性权益的法律，即《反不正当竞争法》承担着“兜底”角色。

本案中，“劲霸”系劲霸公司具有一定的知名度的字号，春蕾公司未经授权在商业活动中使用了上述字号，使得消费者在进店选购之前，误以为其店内销售的商品为劲霸公司的商品或者与劲霸公司存在特定联系，属于假借他人知名度，增加自售商品的交易机会，并由此取得不正当竞争优势的行为，构成1993年《反不正当竞争法》第五条第（三）项规定的不正当竞争。

实际上，新修订的《反不正当竞争法》对此有了更为明确的规定，该法第六条第（四）项规定：经营者不得实施下列混淆行为，引人误认为是他人商品或者与他人存在特定联系：“（四）其他足以引人误认为是他人商品或者与他人存在特定联系的混淆行为。”上述规定用兜底条款确认了此类行为的性质，同时也申明了该法的保护范围。考虑到《商标法》与《反不正当竞争法》之间的关系，从保持侵权法体系逻辑自洽的角度出发，对同一个搭便车的行为，一般应在《商标法》或《反不正当竞争法》中择一予以规制，本案中的售前混淆行为即应当仅认定构成不正当竞争行为。

编写人：北京知识产权法院　张宁　李佳桐

29

商标侵权案件中“合法来源抗辩”的正确认定

——宁波市福达刀片有限公司诉淄川松龄良德五金工具经营部侵害商标权案

【案件基本信息】

1. 裁判书字号

山东省淄博市中级人民法院（2017）鲁03民初260号民事判决书

2. 案由：侵害商标权纠纷

3. 当事人

原告：宁波市福达刀片有限公司（以下简称福达刀片）

被告：淄川松龄良德五金工具经营部（以下简称良德五金）

【基本案情】

原告福达刀片系第1056900号“”注册商标专用权人。原告经调查发现被告良德五金未经许可在其经营场所内销售涉嫌侵犯上述注册商标专用权的刀片，并委托北京八方维创咨询有限公司向北京市国信公证处申请进行保全证据公证。北京八方维创咨询有限公司在良德五金购买了“啄木鸟刀片”一大盒（内含十小盒），并从其工作人员处当场取得塑料袋一个、《淄川区小程机电有限公司》单据一张。北京市国信公证处据此作出（2016）京国信内经证字第04778号《公证书》对上述保全行为予以确认。后原告起诉要求被告停止侵权并赔偿损失3万元。被告辩称其销售的刀片系从临沂凯鹏生料带厂进货，具有合法来源。另外，该刀片是否属于真品其没有鉴别能力，故不应承担赔偿责任。被告为此提供了供货单、提货凭证和相关视频。供货单和提货凭证上的购买人和收货人的电话与起诉状中写明的被告电话均为1875331××××，供货单和提货凭证上的卖方和发货方电话均为711××××，供货单和提货凭证上亦均显示被告从临沂凯鹏生料带厂进货的货款为685元。另外，被告提供的视频亦能证实被告从临沂市河东五金市场新区144号临沂凯鹏生料带厂购进涉案商品。

【案件焦点】

良德五金主张其销售的涉案侵权商品具有合法来源的抗辩是否成立。

【法院裁判要旨】

山东省淄博市中级人民法院经审理认为：被告良德五金虽然销售了侵犯原告福达刀片注册商标专用权的商品，但被告的该销售行为并不具有侵犯原告注册商标专用权的恶意，尽管被告没有提供购货合同及发票，但被告提供的供货单、提货凭证和相关视频等证据亦符合中小经营业户进货的交易习惯和现实状况，即被告对于其合法来源抗辩提供了符合交易习惯的相关证据，且其提供的上述证据相互印证，已经形成了相对完整的证据链条，能够证实销售的刀片其合法来源，被告在本案中提出的合法来源抗辩成立。故被告在本案中依法应只承担停止侵权的民事责任，而无须承担赔偿损失的民事责任。

山东省淄博市中级人民法院判决：

一、良德五金立即停止侵犯福达刀片第1056900号“ ”注册商标专用权的行为；

二、驳回福达刀片的其他诉讼请求。

宣判后，双方当事人均未上诉，一审判决已发生法律效力。

【法官后语】

本案是一起在侵害商标权纠纷这类知识产权纠纷中认定“合法来源抗辩”成立并据此只判令停止侵权而未判令赔偿损失的典型案例。而本案所涉及的主要问题也正是在知识产权审判实践中对于合法来源抗辩应如何正确把握的问题。

在通常情况下的侵害商标权纠纷案件中，原告在提起诉讼维权时除要求被告停止侵权外，一般都会同时要求被告赔偿包括维权合理费用在内的各项经济损失。即原告的诉讼请求一般都是要求“停止侵权 + 赔偿损失”，这也是商标侵权责任承担的基本内容。当然对于侵害商标权纠纷案件的被告而言，如果其系涉案商品的生产者，由其承担“停止侵权 + 赔偿损失”的民事责任自不必说。不过如果被告仅是销售者，其首先依法应当承担停止侵权的民事责任，毕竟《商标法》第五十七条第（三）项明确规定“销售侵犯注册商标专用权的商品的”行为属于侵犯注册商标专用权的行为；但其是否还应承担赔偿损失的民事责任则应视情况而定，这是因为《商标法》对处于商品流通中间环节的销售者的责任承担作出了特别规定。《商标法》第六十四条第二款规定：“销售不知道是侵犯注册商标专用权的商品，能证明该商品是自己合法取得并说明提供者的，不承担赔偿责任。”根据这一规定，如果销售者能够证明其销售的涉案侵权商品具有合法来源，其不属于恶意侵权，则销售者不承担赔偿损失的民事责任。因为在市场经济时代，商品流通速度不断加快，而很多商标侵权产品本身由于模仿程度高而难以辨识，而销售系商品流通的中间环节，将不具有侵权恶意的销售者课以与生产者完全相同的民事责任，对于销售者而言显然是不公平的。因此，《商标法》对于销售者赋予了这一“合法来源抗辩”，其抗辩成立的则可免除赔偿损失的民事责任。

而从审判实践来看，现实中商标侵权产品的生产者毕竟是少数，而销售者往往是多数，商标权利人为了清理市场而维护其商标权利，在起诉时通常都会批量性地以销售者为被告提起诉讼，要求销售者“停止侵权 + 赔偿损失”。销售者则经常会提出抗辩主张其系正常进货而并不知道涉案产品属于侵权产品，也就是前述的“合法来源抗辩”。由于商标权利人即原告在起诉前一般都会通过公证的形式将侵权事实予以固定，故商标侵权事实一般较为容易认定。在商标侵权事实能够确认的情况下，销售者应当承担停止侵权的民事责任，但其若想免除赔偿损失的民事责任，其则需要举证证实合法来源抗辩的理由成立。不过销售者提供的证据能否达到使其合法来源抗辩成立的程度却是知识产权审判实践中较难把握的问题。

对于这一问题，许多法院均要求销售者必须提供正规的购货合同和发票，如不能提供即认定销售者的合法来源抗辩不成立而判令其赔偿损失。当然对于像大型商场和超市这样的大型经营业户而言，这样的要求是适当的，但是现实情况是很多商标侵权产品的销售者是中小经营业户，其进货量相对较小，实践中签订正式购货合同并开具发票的情形也较少，其在交易中更多的是以发货单、提货单和收据等形式体现。而本案对于人民法院认定合法来源抗辩成立确立了一个相对合理的思路，那就是销售者提供的合法来源抗辩证据符合其相应经营者的交易习惯并形成相对完整的证据链条。在此情况下，只要能够让审判人员形成内心确信的，则可以认定其合法来源抗辩成立。

从本案来看，被告良德五金在答辩中主张其销售的刀片系从临沂凯鹏生料带厂进货，具有合法来源，另外，该刀片是否属于真品其没有鉴别能力，故不应承担赔偿责任。一方面，被告良德五金销售的刀片使用了与原告福达刀片注册商标极其近似的商标，且包装亦非常近似，这对于消费者和普通经营者而言，在一般情形下是难以辨识和区分的，即这种近似使用极易导致消费者和普通经营者产生混淆和误认从而难以区分真伪。因此，不能认定被告在本案中属于恶意侵权；另一方面，也是最为关键的地方在于，被告提供了其从临沂市河东五金市场新区 144 号临沂凯鹏生料带厂进货的供货单和提货凭证，另外还提供了相关视频。被告提供的临沂凯鹏生料带厂供货单和提货凭证上的购买人和收货人的电话与本案原告起诉状中写明的被告电话均为 1875331××××，供货单和提货凭证上的卖方和发货方电话均为 711××××，供货单和提货凭证上亦均显示被告从临沂凯鹏生料带厂进货的货款为 685 元；另外，被告提供的视频亦能证实其从临沂市河东五金市场新区 144 号临沂凯鹏生料带厂购进涉案商品。

本案中作为销售者的被告虽未提供正规的购货合同及发票，但其提供的上述证据符合普通中小经营业户进货的交易习惯和现实状况，即被告对于其合法来源抗辩提供了符合交易习惯的相关证据，且其提供的上述证据相互印证，已经形成了相对完整的证据链条，能够证实其销售的刀片系从临沂市河东五金市场新区 144 号临沂凯鹏生料带厂批发购进。故本案中被告能够证明其销售的刀片的合法来源，其在本案中提出的合法来源抗辩成立。综合上述事实，本案中被告提出的合法来源抗辩成立。故被告在本案中依法应只承担停止侵权的民事责任，而无须承担赔偿损失的民事责任。应当说，本案通过在司法实践中对销售方合法来源抗辩的正确认定，明确了合法来源抗辩的证据和证明标准，防止了权利滥用，实现了商标权人与社会公众的利益平衡。

编写人：山东省淄博市中级人民法院　荣明潇

三、著作权纠纷

30

符合一定要件的辩护词受著作权法保护

——张某江诉钱某中著作权侵权案

【案件基本信息】

1. 裁判书字号

浙江省高级人民法院（2017）浙民终478号民事判决书

2. 案由：著作权侵权纠纷

3. 当事人

原告（上诉人）：张某江

被告（上诉人）：钱某中

【基本案情】

2014年，张某江接受被告人张某某的委托担任其涉嫌妨害作证罪一案的辩护人，并于10月15日向浙江省新昌县人民检察院提交《辩护词》一份。钱某中与另一名律师接受张某某非同案共犯徐某某的委托，担任其审查起诉阶段的辩护人，并于2015年上半年向浙江省新昌县人民检察院提交《审查起诉阶段辩护意见》一份。张某江的《辩护词》分五个部分对张某某不构成妨害作证罪进行论述；钱某中提交的《审查起诉阶段辩护意见》分四个部分对徐某某不构成妨害作证罪进行论述。经比对，《审查起诉阶段辩护意见》与《辩护词》在表述上存在大量雷同，主要体现在：前者第二部分1~5点与后者第一部分1~5点、前者第三部分与后者第二部分、前者第四部分2~4点与后者第四部分2~4点，均基本一致。

张某江认为，其对自行创作的《辩护词》享有著作权，钱某中未经许可摘抄其《辩护词》的主要内容及无罪观点为自己的当事人进行辩护，构成侵权，遂诉至法院，请求判令钱某中赔礼道歉并赔偿经济损失68000元。

钱某中辩称，张某江提交的《辩护词》不具有独创性，不受著作权法保护。且其提交的《审查起诉阶段辩护意见》是基于张某某的同意和要求而引用。故张某江的赔偿要求无相应依据。

【案件焦点】

张某江撰写的《辩护词》是否属于作品，是否受著作权法保护。

【法院裁判要旨】

浙江省绍兴市中级人民法院经审理认为：辩护词，系被告人（或犯罪嫌疑人）及其辩护人在刑事诉讼过程中，根据法律和事实提出有利于被告人（或犯罪嫌疑人）的材料和意见，部分或全部地对控诉的内容进行申诉、辩解、反驳、控诉，以证明被告人（或犯罪嫌疑人）无罪、罪轻，或者提出应当减轻甚至免除刑事责任的文书。当前我国立法虽对法律法规、国家机关司法性质的文件的著作权予以排除，但并未对辩护词等法律类文书的著作权予以限制。根据《中华人民共和国著作权法实施条例》第二条“著作权法所称作品，是指文学、艺术和科学领域内具有独创性并能以某种有形形式复制的智力成果”之规定，张某江向浙江省新昌县人民检察院提交的《辩护词》，虽具备刑事辩护词的一般格式，且因受其文书类型的限制，表达方式也较为有限，但具体到特定案件，涉案辩护词围绕辩护人所掌握和推断的案件事实，结合辩护人对法律规定的理解，以辩护人自己的语言文字和行文逻辑对委托人不构成犯罪进行论述，突出了辩护的方向和重点，体现了张某江作为辩护人独立完成的创造性劳动，并能以有形形式复制，属于文字作品，应受著作权法保护。同时，因著作权法保护的作品是思想和感情的表达方式，而非思想观念本身，故对张某江对其提出的“委托人不构成犯罪”的观点予以著作权法保护，法院不予支持。

钱某中的委托人与张某江的委托人系非同案共犯，故钱某中在查阅其委托人案卷材料时，可能接触到张某江委托人的案卷材料，包括张某江提交的《辩护词》。

现钱某中在其向浙江省新昌县人民检察院提交的《审查起诉阶段辩护意见》中大量复制张某江《辩护词》内容，构成实质性相似，属剽窃张某江作品的行为，侵犯了张某江的著作权，理应承担停止侵害、赔偿损失等民事责任。钱某中辩称其复制张某江辩护词系经张某江的委托人同意，但未能提供相应依据，不予采信。

关于赔偿损失的数额，张某江未举证证明其因侵权所受到的损失，或钱某中因侵权所获得的利益，根据《中华人民共和国著作权法》第四十九条“侵犯著作权或者与著作权有关的权利的，侵权人应当按照权利人的实际损失给予赔偿；实际损失难以计算的，可以按照侵权人的违法所得给予赔偿。赔偿数额还应当包括权利人为制止侵权行为所支付的合理开支。权利人的实际损失或者侵权人的违法所得不能确定的，由人民法院根据侵权行为的情节，判决给予五十万元以下的赔偿”之规定，法院综合考虑以下因素酌情确定赔偿数额：1. 钱某中的职业为律师，理应对尊重他人作品著作权有清楚的意识；2. 被诉侵权的文本因其功能所限，仅是针对具体案件向公诉机关提出的辩护意见，流通性不强，被诉侵权行为对张某江造成的影响也较为有限；3. 钱某中自称其在徐某某刑事案件三个阶段与另一位律师共收取8万元律师代理费，同时考虑撰写辩护词在整个刑事辩护活动中的比重。

浙江省绍兴市中级人民法院作出如下判决：

一、钱某中于判决生效之日起十日内赔偿张某江经济损失2万元；

二、驳回张某江的其他诉讼请求。

一审宣判后，张某江、钱某中均不服，提出上诉。浙江省高级人民法院经审理认为，原判认定事实清楚，适用法律正确，判决：

驳回上诉，维持原判。

【法官后语】

一直以来，律师承担着为委托人维护权益、主张观点的职能，但要求保护自己辩护词的知识产权案件，司法实践中并不多见。本案的审判，对于律师代理词、辩护词的知识产权保护，具有一定的指引作用。

《著作权法实施条例》第二条规定：“著作权法所称作品，是指文学、艺术和科学领域内具有独创性并能以某种有形形式复制的智力成果。”据此，对“作品”的含义，应当从三个方面来理解。首先，“作品”必须是人类的智力成果，属于智力劳动成果。其次，“作品”必须是能够被他人客观感知的外在表达。抽象的思想本身不受著作权法保护。本案中，张某江要求对其提出的“委托人不构成犯罪”的观点予以著作权法保护，法院不予支持。最后，只有具有“独创性”的外在表达才是“作品”。其中，“独”是指“独立创作、源于本人”，“创”是指一定水准的智力创造高度。本案中，张某江撰写的《辩护词》，虽遵循辩护词的基本格式，但张某江为论证其提出的无罪观点，结合案件相关事实、证据以及对法律条文的理解，从交易的真实合法、张某某无侵害其他债权人利益的意图、没有制造伪证、公安机关的取证不合法等方面，层层逻辑论证，其行文体现了张某江的个性化选择和表达，具有独创性，属于著作权法保护的文字作品，应受法律保护。

编写人：浙江省绍兴市中级人民法院　王红琴

31

抄录古籍未进行独创性的选择和编排不构成汇编作品

——董某一诉中华书局有限公司著作权权属、侵权案

【案件基本信息】

1. 裁判书字号

北京市丰台区人民法院（2016）京0106民初14734号民事判决书

2. 案由：著作权权属、侵权纠纷

3. 当事人

原告：董某一

被告：中华书局有限公司（以下简称中华书局）

【基本案情】

董某一为董某长女，董某一认为董某逝世后，金某戳把董某撰写的《文溯阁四库全书提要》稿等全部拿走并出版辽海版《提要》，中华书局将辽海版《提要》和1938年国立奉天图书馆出版的《文溯阁四库全书要略及索引》两部独立书籍编排

成一部六册的涉案图书并署名“金某戡等编”，故请求法院确认涉案图书前五册的作者为董某、判令中华书局停止出版发行涉案图书并承担赔礼道歉、赔偿经济损失1万元的法律责任。

辽海版《提要》封面无文字，扉页有杨钟义所题书名“文溯阁四库全书提要”，页面有方框内含“辽海书社印行”字样，全书无署名。《文溯阁四库全书要略及索引》一书版权页显示“编辑兼发行者国立奉天图书馆”“印刷所 兴亚印刷株式会社”。

中华书局出版发行的涉案图书共六册。每册封面左侧有“文溯阁四库全书提要”字样，右上方有“金某戡等编”字样。涉案图书第一册开篇有《出版说明》，载明：“清乾隆时修《四库全书》，每种书前皆有提要……20世纪30年代初，著名史学家金某戡先生（1887～1962年）主持伪满奉天图书馆时，组织人力将该馆藏文溯阁《四库全书》中的每篇提要辑出，成《文溯阁四库全书提要》一书，于1935年由辽海书社排印出版；三年之后（1938年），奉天图书馆还编辑出版了一本《文溯阁四库全书要略及索引》……中华书局图书馆收藏有上述二书，我们即以之为影印的底本。《出版说明》之后的《总目》记载第一册至第五册内容包括解题、经史子集各部卷，第六册内容包括钦定四库全书书名索引、文溯阁四库全书要略及索引等。”《四库全书提要解题》题目后有“金某戡 撰”字样。

涉案图书第六册第4249页至第4251页内容为“文溯阁四库全书要略”第三部分“印行原本提要”，记载“本館有見于此爰悉依原本抄出付印”等内容；第4255页至第4257页有《运复记》一文，载明“迺以十五年夏 仿文瀾閣例 請於故宮博物院 依文淵閣本 傭二十人補鈔 以董衆譚俊山董其事”“法庫董衆撰沈陽韓國楨書丹”。

金某戡所著《日记》内容包括探望患病中的董某石、料理董某石身后事、《四库全书提要》中《徐霞客游记》的内容、校《四库目略》、校《四库》各部、阅董秀石君撰《选印〈四库全书〉议》、校选《四库书目》、专治《四库目录》、嘱佟曼明检《四库提要》之《永乐大典》本、诣文溯阁检《周易集解》、诣文溯阁检库本《盛京通志》一百三十卷、取四库本《提要》与广版《总目》互校、校《四库提要》、校《四库提要异同表》、撰《文溯阁四库全书提要解题》一文、文溯阁本《四库提要》已印竣等内容。

【案件焦点】

1. 辽海版《提要》是否为著作权法意义上的作品；2. 董某是否为辽海版《提要》的著作权人；3. 中华书局在涉案图书封面及版权页记载“金某瀫等 编”是否侵害董某的著作权。

【法院裁判要旨】

北京市丰台区人民法院经审理认为：涉案图书共六册，前五册系影印中华书局图书馆收藏的辽海版《提要》而成，第六册包括《文溯阁四库全书要略及索引》等内容。故涉案图书前五册的著作权人应系辽海版《提要》著作权人，而第六册的著作权人则依各部分内容著作权人而定。

辽海版《提要》内容系《文溯阁四库全书》中每种书前的提要，《文溯阁四库全书》中每种书前的提要系《文溯阁四库全书》内容的一部分，《文溯阁四库全书》系清朝乾隆皇帝主持，纪昀等官员、学者收集、整理、编撰完成的七阁丛书之一，故辽海版《提要》内容系清朝官员、学者编撰而成。辽海版《提要》系将《文溯阁四库全书》“每篇提要辑出”“爰悉依原本抄出付印”。从现有证据看，无法体现辽海版《提要》对《文溯阁四库全书》中全部提要的内容进行选择或删减，其编排亦未体现独创性，不构成著作权法意义上的汇编作品。故不论辽海版《提要》系由何人辑录、出版，辑录者对辽海版《提要》并不享有著作权，对涉案图书第一册至第五册亦不享有著作权。

《运复记》中并未提到董某曾对《文溯阁四库全书》中每本书前的提要进行辑录，且如上述，辑录者对辽海版《提要》并不享有著作权，故董某一的诉讼请求，于法无据，法院亦不予支持。此外，中华书局在涉案图书封面及版权页记载“金某瀫等 编”可能使相关读者对涉案图书著作权人产生误解，应在以后的出版过程中加以注意、尽量避免。

北京市丰台区人民法院依照《中华人民共和国著作权法》第十四条、《中华人民共和国民事诉讼法》第六十四条第一款规定，判决：

驳回原告董某一的全部诉讼请求。

当事人未上诉，一审判决已发生法律效力。

【法官后语】

董某一在本案中主张辽海版《提要》的著作权人系其父董某，但提交的证据只能证明董某参与了《文溯阁四库全书》运复沈阳的过程以及撰写了《运复记》。董某一提交的证据无法证明其父董某与辽海版《提要》有关，故其所有的诉讼请求缺乏基本的权利基础。但是，讨论辽海版《提要》是否为著作权法意义上的作品仍具有明确抄录古籍著作权权属判断标准的积极意义。

因为特定的历史原因和历史条件，前人基于文化保护、研究学习的需要对古籍进行抄录并不罕见，这些抄录行为在一定程度上对于传承历史文化、抢救经典古籍具有重要的历史价值，但是肯定其历史价值，并不代表一定要通过著作权法来进行保障和褒扬，因为著作权法的立法本意是保护著作权人的利益并鼓励作品的创作和传播。在其他领域或者其他的价值层面具有较大意义的行为，只有在符合著作权法相关权利规定的情况下，才能获得《著作权法》的保护。

抄录古籍产生著作权的前提是抄录工作系具有独创性的劳动，否则并不产生著作权。辽海版《提要》系将《文溯阁四库全书》中每篇书前的提要全部抄出复印，并非抄录者独立创作，且抄录者未对《文溯阁四库全书》中每篇书前的提要进行拣选，不涉及智力创造性的选择过程；辽海版《提要》的编排顺序也是按照经、史、子、集的顺序排列，与《文溯阁四库全书》的排列顺序一致，也没有体现出智力创造性。不论是在内容的选择上，还是各部分内容的顺序编排上，均未体现抄录者具有独创性的选择、编排，故辽海版《提要》并不构成汇编作品。

辽海版《提要》系将《文溯阁四库全书》中每篇书前的提要全部抄出复印，且未形成新的汇编作品，故辽海版《提要》的著作权人应为《文溯阁四库全书》的著作权人。众所周知，《文溯阁四库全书》作为一部古籍作品，系清朝官员、学者所整理、创作，现已进入公有领域。中华书局出版涉案图书的行为并不构成侵权。

另外，中华书局在涉案图书封面及版权页记载“金某瀫等 编”，但辩称该记载不是著作权法意义上的署名，只是古籍出版惯例。合议庭未采纳该意见。因为中华书局在六册涉案图书上均署名“金某瀫等 编”并不妥当。结合案件查明情况看，辽海版《提要》多处有“钦定”二字，并未明确何人编订；辽海版《提要》中仅《四库全书提要解题》部分明确为金某瀫撰，其余部分并无署名；辽海版《提要》

内容为《文溯阁四库全书》，具体编订人员也并未对此有独创性的劳动；涉案图书第六册的内容与辽海版《提要》无关，其中《文溯阁四库全书要略及索引》的编辑者为“国立奉天图书馆”，《运复记》为董某撰写，均与金某檝无关；署名“金某檝等 编”有误导读者对涉案图书著作权人产生误解的可能性。尊重历史，反映历史原貌，应是古籍出版的基本要求和应有之义。中华书局作为古籍整理出版行业专业的出版机构，对古籍作品的署名理应更加严谨、规范，故在判决中对其行为进行一定的警示，这也是为了避免以后此类情况的再次发生。

编写人：北京市丰台区人民法院　闫金

32

对作品“转码”后的存储与提供构成著作权侵权

——北京易查无限信息技术有限公司等侵犯著作权案

【案件基本信息】

1. 裁判书字号

上海市浦东区人民法院（2015）浦刑（知）初字第12号刑事判决书

2. 案由：侵犯著作权纠纷

3. 当事人

被告：北京易查无限信息技术有限公司（以下简称易查公司）、于某

【基本案情】

被告单位易查公司成立于2004年2月，为“易查网”的经营者。该网站通过在网页植入广告获利。被告人于某系该公司股东，负责技术工作，并担任法定代表人。2012年，于某提出开发触屏版小说产品，即将HTML格式的小说网页转码成WAP格式的网页供移动用户阅读，其提出的开发需求包括采用与百度小说搜索相同的技术实现与展现逻辑；标注小说站点来源，页面说明实时转换的机制，并可跳转至源小说站页面；每个用户访问的转换页面在会话结束后删除以节省空间等。

2013年12月3日，玄霆公司发现“易查网”涉嫌传播其享有著作权的小说后，向其送达侵权通知函并报案。根据玄霆公司就该网站所作证据保全公证，小说搜索结果的“来源”处会标明来源于第三方网站，但搜索及阅读网页的URL地址为“易查网”地址。公安机关对“易查网”勘验的情况亦与此相同。

2014年4月11日，公安机关扣押到易查公司的服务器硬盘后委托鉴定，鉴定人员利用上述硬盘搭建出局域网环境下的“易查网”，发现可以搜索、阅读到相应小说；将从该网站下载的798本小说与玄霆公司享有著作权的同名小说进行比对，相同字节数占总字节数70%以上的有588本。同年4月21日，于某主动投案并如实供述其犯罪事实，易查公司赔偿玄霆公司人民币800万元并获得谅解。

公诉机关上海市浦东新区人民检察院据此认定，易查公司以营利为目的，未经著作权人许可，复制发行其文字作品达588部，情节严重，构成侵犯著作权罪。于某作为易查公司直接负责的主管人员，应以侵犯著作权罪追究刑事责任。被告单位、被告人均系自首，可以从轻处罚。被告单位对玄霆公司赔偿并获得谅解，可以酌情从轻处罚。

被告单位及被告人对公诉机关的指控均无异议。被告人及其辩护人主要提出以下意见：1. 根据于某对开发人员所提开发要求，“易查网”提供的是搜索引擎加转码服务而非内容服务，即在用户搜索并点击阅读时，对来源网页进行转码后临时复制到硬盘上形成缓存并提供给用户阅读，当用户离开阅读页面时自动删除该缓存。没有证据证明技术人员开发的程序违反了于某所提的上述技术要求。2. 被告单位设有法律部门负责处理涉嫌侵权作品的“通知—删除”工作，玄霆公司的通知函不能构成有效的侵权通知，故被告单位不存在主观过错，未侵犯著作权，更不构成侵犯著作权罪。

鉴定人经法院通知出庭接受质询，其陈述：在送检硬盘中并未发现存在被告人于某所说的自动删除机制；若连接到互联网环境，亦可在“易查网”搜索、阅读涉案小说。

【案件焦点】

1. “易查网”小说频道提供的服务系内容服务，还是搜索、转码服务；2. 若易查公司构成侵犯著作权罪，被告人于某是否应承担责任。

【法院裁判要旨】

上海市浦东新区人民法院经审理认为：1. 用户可在“易查网”的小说频道搜索、阅读小说，其服务器硬盘中存储有相应小说内容，证明“易查网”直接向网络用户提供了上述文字作品。被告人及其辩护人提出，“易查网”的开发设想系提供搜索及转码服务，而非内容服务。但根据鉴定确认的事实，“易查网”在将其所谓“临时复制”的内容传输给触发“转码”的用户后，并未随即将相应内容从服务器硬盘中自动删除，被“复制”的小说内容仍可被其他用户再次利用，上述行为已明显超出转码技术的必要过程。据此可认定，“易查网”直接向网络用户提供了涉案文字作品。易查公司未经著作权人许可，通过“易查网”传播他人享有著作权的文字作品500余部，情节严重，已构成侵犯著作权罪。2. 于某作为易查公司直接负责的主管人员，亦应以侵犯著作权罪追究其刑事责任。因易查公司及于某具有自首的减轻处罚情节和通过赔偿获得被害单位谅解的酌情从轻处罚情节，法院综合考虑本案的犯罪情节、后果，判决：

一、易查公司犯侵犯著作权罪，判处罚金人民币2万元；

二、于某犯侵犯著作权罪，判处拘役三个月，缓刑三个月，罚金人民币5000元；违法所得予以追缴；扣押的硬盘予以没收。

判决后，被告单位及被告人均未上诉，检察院未抗诉，判决已生效。

【法官后语】

转码技术是随着移动阅读逐渐普及产生的一项技术，本案是移动阅读网站不当使用转码技术构成侵犯著作权罪的案件。判决指出，对网页的转码过程必然导致对其中作品的存储也即复制，该复制行为是否侵犯他人著作权取决于经营者在转码过程中所实施的具体行为。若该复制是短暂的、临时的，没有独立的经济价值，且属于转码技术必要的组成部分，则不一定侵害他人著作权。但若网络服务商以转码为借口，实施了超越转码技术所必须的、踏入他人著作权专有权利保护范围的行为，则应当承担侵权责任，在情节严重的情况下，构成侵犯著作权罪。

本判决对“转码”技术实施的特点以及必要限度进行了详细阐释，从信息网络传播行为的本质出发，厘清了“转码”行为罪与非罪的界限。本案较好地展现了在技术飞速发展的时代背景下，知识产权司法保护在坚持技术中立的同时，如何结合技术事实认真厘清有关技术是否超越法律范围、侵犯他人合法权利的标准。对于以技术为挡箭牌，侵权情节严重，符合知识产权犯罪构成要件的行为，应依法给予刑事处罚。本案的裁判结果充分体现了人民法院处理科技进步带来的新型犯罪行为的司法智慧和司法能力，彰显了依法打击侵犯知识产权犯罪行为的力度和决心。该案入选最高人民法院评选的“2017年中国法院十大知识产权案件”。

编写人：上海市浦东新区人民法院　叶菊芬

33

作品独创性的认定应当排除公共领域元素

——无锡龙之器商贸有限公司诉福建省德化县唐丰陶瓷有限公司侵害著作权案

【案件基本信息】

1. 裁判书字号

江苏省宜兴市人民法院（2016）苏0282民初10846号民事判决书

2. 案由：侵害著作权纠纷

3. 当事人

原告：无锡龙之器商贸有限公司（以下简称龙之器公司）

被告：福建省德化县唐丰陶瓷有限公司（以下简称唐丰公司）

【基本案情】

2012年1月10日宜龙企业有限公司（中国台湾企业，以下简称宜龙公司）向福建省版权局申请作品著作权登记，登记的作品有3件，分别是“巧云—茶壶”“巧云－茶海”“巧云－巧云杯”，作者为陈某亿，著作权人宜龙公司，作品类别为美术作品，登记证书所载明的作品首次发表时间为2005年4月。其中：“巧云－茶壶”的壶身呈扁圆形，壶底有微微凸起的三足，壶身两侧各有S形的曲线壶把，且壶把一端用细线缠绕数周，壶嘴呈开放式的三角形，壶盖上的壶钮似一片云的形状；“巧云－茶海”没有壶盖，其余部位造型与“巧云—茶壶”基本一致；“巧云—巧云杯”无显著特点。

2014年7月18日，宜龙公司与龙之器公司签订授权书，授权龙之器公司于2014年9月1日至2024年9月1日在中国大陆地区可以任何形式独占使用上述作品，并且龙之器公司对作品在授权期间以及之前遭受侵权的行为可以自己的名义进行维权，包括起诉。

唐丰公司在天猫商城开设一家网店，名称为唐丰旗舰店，销售种类繁多的各种茶具组合套装。龙之器公司委托代理人分别于2014年11月21日、2015年8月6日至福建省厦门市鹭江公证处、江苏省宜兴市公证处申请保全证据，相关人员操作计算机进入唐丰旗舰店，采用网页页面截屏的处理方式取证，截图显示该店所出售的部分组合茶具套装中的商品与龙之器公司请求保护的“巧云”系列作品在外观上设计相同。在后一次保全证据过程中龙之器公司委托代理人从该网店内以152元购买了一套茶具，包括茶壶一把、茶海一只以及茶杯六个等，经实物比对与龙之器公司请求保护的作品外观设计相同，且所附产品合格证印有“唐丰陶瓷”的标识并载明制造商为唐丰公司。

唐丰公司提出龙之器公司请求保护的作品与邓某寿的在先作品构成实质性相似，即2007年5月我国台湾地区出版的《瀚艺陶情——邓某寿茶器创作集》中刊登了邓某寿的“新概念壶二世作品”的图片，并记载该作品源自芋叶的灵感，该文中另对壶嘴、壶身、双握耳、三足等的寓意进行了描述。

【案件焦点】

本案所涉“巧云”系列作品与邓某寿的“新概念壶二世作品”是否构成实质性相似。

【法院裁判要旨】

江苏省宜兴市人民法院经审理认为：

关于涉案作品的著作权。“巧云—茶壶”“巧云—茶海”可以认定为具有独创性的美术作品。因其通过对细节部分的设计和安排等使作品整体达到了美学领域基本的智力创作性高度，表现了作者在美学领域的独特创造力和观念。相反，“巧云—巧云杯”单纯为实用性考虑与茶壶、茶海配套使用，不能认定为具有独创性的美术作品，不应受到著作权法的保护。龙之器公司提供了“巧云—茶壶”“巧云—茶海”作品著作权登记证书，在无相反证据的情况下，法院认定该作品的著作权人为宜龙公司。

唐丰公司提供邓某寿“新概念壶二世作品”，认为涉案作品与其构成实质性相似。虽然二者整体外形有一定的相似之处，但是，这些相似元素多为传统茶壶造型的公共领域，兼具实用性的考量，并不能体现独创性的表达，不能作为判定是否构成实质性相似的决定性因素。关键在于：两者各自用特有的造型表达了不同的主题和思想。唐丰公司实际使用的作品与请求保护的作品外观相同，却提出其使用的是与其有明显差别的案外人邓某寿的作品，该观点明显与事实不符，其主张不能成立。

关于侵权应承担的民事责任。唐丰公司未经著作权人宜龙公司的许可，复制发行其作品，侵犯了宜龙公司享有的著作权。龙之器公司获得授权，可以自己的名义维权起诉。唐丰公司所销售的侵权产品合格证明确标注其为制造商，所提供的购销合同等证据不能与侵权产品相对应，无法证明生产商另有他人，故法院认定唐丰公司实施了生产并销售侵权产品的行为，现龙之器公司起诉要求被告唐丰公司停止侵权，销毁侵权库存产品及制作产品的模具，应予支持。

江苏省宜兴市人民法院依照相关法律规定，判决：

一、唐丰公司立即停止侵犯美术作品“巧云—茶壶”“巧云—茶海”的著作权，销毁侵权库存产品及制作产品的模具；

二、唐丰公司于本判决发生法律效力之日起十日内赔偿龙之器公司经济损失及为制止侵权行为所支付的合理开支合计30万元；

三、驳回龙之器公司的其他诉讼请求。

【法官后语】

本案判定“巧云”系列作品与邓某寿“新概念壶二世作品”是否构成实质性相似的关键在于准确确定“巧云”系列作品的独创性所在以及“巧云”系列作品是否抄袭了邓某寿“新概念壶二世作品”中具有独创性、受著作权法保护的内容。二者存在的相似之处均为传统茶壶造型的公有元素，并非邓某寿所独创，也非著作权法保护的对象。“巧云”系列以其特有的造型、精美的细节设计赋予其不同的审美意义，是该系列作品的独创性所在。对于包含公有元素的作品，应当结合公有元素及独创设计在作品中所占比例来合理确定其独创性的范围，对其具有独创性的部分应当予以保护。

编写人：江苏省宜兴市人民法院　何利萍　许梦莹

34

电影中动画形象及电影名称的保护

——迪士尼企业公司、皮某斯诉厦门蓝火焰影视动漫有限公司等著作权侵权、不正当竞争案

【案件基本信息】

1. 裁判书字号

上海知识产权法院（2017）沪73民终54号民事判决书

2. 案由：著作权侵权、不正当竞争纠纷

3. 当事人

原告（被上诉人）：迪士尼企业公司（以下简称迪士尼公司）、皮某斯

被告（上诉人）：厦门蓝火焰影视动漫有限公司（以下简称蓝火焰公司）、北京基点影视文化传媒有限公司（以下简称基点公司）

被告：上海聚力传媒技术有限公司（以下简称聚力公司）

【基本案情】

迪士尼公司和皮某斯是动画电影《赛车总动员》《Cars》和《赛车总动员Ⅱ》《CarsⅡ》及电影海报、电影中动画形象“闪电麦坤”和“法兰斯高”的著作权人。两部电影先后于2006年、2011年在我国电影院上映。在电影上映期间，相关媒体曾对电影进行了大量的报道。一些媒体使用《赛车总动员》《飞车正传》《汽车总动员》等作为《Cars》的译名。《赛车总动员》获得第64届金球奖年度最佳动画长片奖、第34届安妮奖年度最佳动画长片奖、第78届美国国家电影评论协会奖

年度最佳动画长片奖等奖项。至2006年10月1日，《赛车总动员》的国际票房已超过2亿美元。至2011年8月7日，《赛车总动员Ⅱ》的国际票房已超过2.6亿美元。

动画电影《汽车人总动员》由蓝火焰公司出品，由基点公司发行。《汽车人总动员》于2015年7月上映。电影海报上突出显示“汽车人总动员 TheAutobots”字样，其中“人”字被轮胎遮挡，海报主角为动画形象K1、K2。PPTV网等视频网站向公众提供电影《汽车人总动员》的在线播放服务。猫眼票房分析网公布的数据显示，自2015年7月3日至2015年7月14日，该电影的票房收入为563万元。

两原告主张，《汽车人总动员》中的动画形象“K1”“K2”与《赛车总动员》《赛车总动员Ⅱ》中的动画形象“闪电麦坤”“法兰斯高”构成实质性相似，构成著作权侵权。《汽车人总动员》的电影名称与《赛车总动员》系列电影名称近似。电影海报中，“人”字被轮胎遮挡，电影名称成为《汽车总动员》。蓝火焰公司的电影使用《汽车人总动员》或者《汽车总动员》的电影名称，均会误导公众，构成不正当竞争。原告请求法院判令：蓝火焰公司、基点公司停止著作权侵权及不正当竞争行为；聚力公司停止通过信息网络传播向公众提供侵权作品；蓝火焰公司、基点公司连带赔偿迪士尼公司、皮某斯经济损失300万元及合理费用100万元。

【案件焦点】

1. 电影《汽车人总动员》中的动画形象“K1”“K2”和电影《赛车总动员》《赛车总动员Ⅱ》中的动画形象“闪电麦坤”“法兰斯高”是否构成实质性相似；2. 原告的电影名称是否属于知名商品特有名称，被告使用《汽车人总动员》作为电影名称是否构成擅自使用知名商品特有名称。

【法院裁判要旨】

上海市浦东新区人民法院经审理认为：《赛车总动员》《赛车总动员Ⅱ》中“闪电麦坤”“法兰斯高”具有赛车通常具有的结构和样式，这些赛车通常具有的结构和样式已进入公有领域。但是原告在现实赛车样式的基础上进行了拟人化设计，通过拟人化的眼部、嘴部以及特定色彩的组合，构成独创性表达，受著作权法的保护。蓝火焰公司制作的动画电影《汽车人总动员》的汽车动画形象“K1”及“K2”与原告电影《赛车总动员》《赛车总动员Ⅱ》中“闪电麦坤”及“法兰斯高”的形象构成实质性相似，构成著作权侵权。

《赛车总动员》系列电影具有较高的知名度，电影名称已经能够发挥区别商品来源的作用，属于知名商品特有名称。作为电影名称，《汽车人总动员》与《赛车总动员》不近似，不会造成公众的误认，蓝火焰公司使用该电影名称不构成不正当竞争。但《汽车人总动员》的电影海报中的“人”字被轮胎图案遮挡，电影名称的视觉效果成为《汽车总动员》。《汽车总动员》和《赛车总动员》仅一字之差，且赛车属于汽车，相关公众在隔离比对的情况下，易使相关公众产生误认，蓝火焰公司作为电影制作方，基点公司作为电影的发行方，两被告构成擅自使用知名商品特有名称的不正当竞争行为。

上海市浦东新区人民法院判决：

一、三被告停止侵权；

二、被告蓝火焰公司赔偿经济损失100万元，被告基点公司对其中的80万元承担连带赔偿责任；

三、被告蓝火焰公司和基点公司赔偿合理开支353188元。

蓝火焰公司、基点公司不服一审判决，提起上诉。

上海知识产权法院二审作出如下判决：

驳回上诉，维持原判。

【法官后语】

中央提出加快实施创新驱动发展战略和加快知识产权强国建设，在国家政策的鼓励和支持下，我国的文化创意产业快速发展，产业规模不断扩大，营造良好的产业秩序有着重要的意义。本案原告迪士尼公司和皮某斯是国际知名的动画制作公司，案件受到广泛的社会关注。案件涉及对美术作品实质性相似的判断以及电影名称是否构成知名商品特有名称的认定。

简单的设计思路作为思想不应被垄断，应当允许合理的参考与借鉴。但是，当多重的设计组合充分展示出动画形象的独有特征后，这种设计的组合不再属于不受保护的思想，而进入独创性表达的范畴，受著作权法的保护。虽然将汽车进行拟人化设计属于思想范畴，不受著作权法的保护；但是具体设计方案即拟人化的具体表达方式，则属于表达范畴，可以受到著作权法的保护。他人可以用前挡风玻璃表达眼睛、用进气格栅表达嘴巴进行创作，但即使均用前挡风玻璃表达眼睛、用进气格栅表达嘴巴，其具体表达方式也有多种选择。而“K1”“K2”动画形象在具体表达方式的选择上均与“闪电麦坤”“法兰斯高”动画形象基本相同，构成实质性相似。

在认定电影名称是否属于受反不正当竞争法所保护的商业标识时，要考虑电影市场的特殊性，不应过分强调宣传的持续时间或放映的持续时间等因素，而应当考察电影投入市场前后的宣传情况、所获得的票房成绩、相关公众的评价以及是否具有持续的影响力等因素。经过权利人的使用，已经能够发挥区别商品来源作用的电影名称，可以认定为具有一定影响的商业标识。本案的特殊之处在于，蓝火焰公司的涉案电影经批准使用的名称为《汽车人总动员》，电影片头的名称亦是《汽车人总动员》。但该电影海报中，“人”字被轮胎遮挡，遮挡之后该电影名称的视觉效果变成了《汽车总动员》。原告主张，被告使用《汽车人总动员》《汽车总动员》均构成不正当竞争。本案判决对被告的行为进行了细致的分析，明确了电影名称构成近似的界限。电影的名称通常较短，不同制片者拍摄相同题材电影的情况较为常见，故应合理界定构成知名商品特有名称的电影名称保护范围，否则会侵占公有领域的资源。蓝火焰公司以《汽车人总动员》作为电影名称，不会误导公众，不构成不正当竞争。但《汽车人总动员》的宣传海报中，“人”字被轮胎遮挡，遮挡之后该电影名称的视觉效果变成了《汽车总动员》。《汽车总动员》和《赛车总动员》仅一字之差，容易导致相关公众的误认。故被告蓝火焰公司、基点公司在涉案海报中使用电影名称的方式，构成不正当竞争。

编写人：上海市浦东新区人民法院　徐俊　邵勋

35

卡通美术作品的实质性相似比对规则

——北京小明文化发展有限责任公司诉统一企业（中国）投资有限公司等侵害著作权及不正当竞争案

【案件基本信息】

1. 裁判书字号

北京知识产权法院（2016）京73民终1078号民事判决书

2. 案由：侵害著作权及不正当竞争纠纷

3. 当事人

原告（上诉人）：北京小明文化发展有限责任公司（以下简称小明公司）

被告（上诉人）：统一企业（中国）投资有限公司（以下简称统一公司）、河南统一企业有限公司（以下简称河南统一公司）

被告：北京超市发连锁股份有限公司（以下简称超市发公司）

【基本案情】

小明公司向一审北京市海淀区人民法院起诉，认为统一公司授权河南统一公司制造、超市发公司销售的“小茗同学”冷泡茶产品的外包装完全是“小明”卡通形象的简单变形，使得公众误认为是小明公司授权进行生产的产品，该行为侵犯“小明”卡通形象的著作权、构成不正当竞争。

一审法院经审理认定侵犯著作权成立，判决统一公司、河南统一公司、超市发公司停止侵权并赔偿小明公司经济损失50万元及诉讼合理支出2070元。

一审判决后，小明公司上诉请求判令经济损失及合理支出分别增加为2000万元和10225元；统一公司及河南统一公司则上诉认为“小茗同学”卡通形象与“小明”卡通形象未构成实质性相似，侵权不成立。

【案件焦点】

1. 小明公司在二审期间增加诉讼请求的处理方式；2. 统一公司、河南统一公司的“小茗同学”冷泡茶产品的外包装是否构成对于小明公司“小明”卡通形象著作权的侵犯；3. 统一公司、河南统一公司的涉案行为是否构成不正当竞争。

【法院裁判要旨】

北京市海淀区人民法院经审理认为：小明公司享有系列美术作品《小明》的著作权，其合法权利不得侵犯。根据双方提交的证据，可以认定涉案产品外包装的设计过程中，相关人员接触到小明公司的系列美术作品《小明》。经比对，“小茗同学”卡通形象与“小明”卡通形象构成实质性相似。因此，将涉案产品外包装用于生产、宣传等经营行为构成侵权，统一公司作为该包装的权利人，应承担停止侵权、赔偿损失及诉讼合理支出等民事责任；河南统一公司经授权生产了涉案产品，亦应与统一公司承担连带民事责任；超市发公司作为涉案产品的销售者，其销售的产品有合法来源，但应承担停止销售的民事责任。另外，对小明公司主张统一公司等使用“小茗同学”卡通形象以及“小茗同学”名称构成不正当竞争行为，不予支持。

北京市海淀区人民法院依照《中华人民共和国著作权法》第四十七条第（五）项、第四十九条，《中华人民共和国反不正当竞争法》第二条之规定，判决如下：

一、本判决生效之日起，被告统一企业（中国）投资有限公司、被告河南统一企业有限公司、被告北京超市发连锁股份有限公司立即停止侵权行为；

二、本判决生效之日起十日内，被告统一企业（中国）投资有限公司、被告河南统一企业有限公司赔偿原告北京小明文化发展有限责任公司经济损失 50 万元及诉讼合理支出 2070 元；

三、驳回原告北京小明文化发展有限责任公司其他诉讼请求。

小明公司、统一公司、河南统一公司不服一审判决，提出上诉。

北京知识产权法院经审理认为：在二审期间，上诉人提出增加赔偿数额和诉讼支出的请求。对此，增加诉讼请求限制在一审法庭辩论结束前提出，因此，二审期间原则上不允许增加诉讼请求。但是，应该有例外情形。该例外仅限制在一审法官未尽到释明义务导致诉讼请求遗漏或因客观情况导致当事人不能在一审法庭辩论结束前提出的情况，因为这两种情形中，增加的诉讼请求会受到“一事不再理”原则的制约，不可能通过另案解决。但是本案中，在被控侵权的时间、范围未发生任何改变的前提下，仅因为计算赔偿数额的比例提高，并不属于二审允许增加诉讼请求的特殊情形；若有新的涉嫌侵权行为，可另行起诉，而非本案审理范围。针对诉讼支出的增加，虽然属于二审允许增加的范围，但应根据案件定性及举证确定是否予以支持。

关于卡通美术作品的实质性相似比对，北京知识产权法院认为，不能将各个组成要素简单割裂开来、分别独立进行比较，而应以普通观察者的角度进行整体认定和综合判断。被控侵权的“小茗同学”与权利人的“小明”两个形象在具体细节上的不同使得两者整体上体现出不同的独创性表达。“小茗同学”卡通形象并未构成对“小明”卡通形象的剽窃，统一公司及河南统一公司不承担侵权责任，故对小明公司增加诉讼支出的请求亦不予支持。

北京知识产权法院依照《中华人民共和国著作权法》第四十七条第（五）项、《中华人民共和国民事诉讼法》第一百七十条第一款第（二）项之规定，判决：

一、撤销北京市海淀区人民法院作出的（2015）海民（知）初字第32865号民事判决；

二、驳回北京小明文化发展有限责任公司的全部诉讼请求。

【法官后语】

本案在进行侵害著作权行为认定时并未直接适用“接触＋实质性相似”的理论规则，而是从《著作权法》第四十七条第（五）项所规定的“剽窃”行为入手，进行相应的侵权审查和认定，进一步规范了侵害著作权案件的裁判思路。当两者构成实质性相似时，如果在后创作的美术作品的作者具有接触在先创作的美术作品的可能性，则推定排除在后创作的美术作品为其作者独立创作，构成剽窃行为；如果两者不构成实质性相似，则无须判断是否具有接触的可能性，即可认定不构成剽窃行为。

本案亦区分了不同类型美术作品的实质性相似比对方式及其适用情形，确立了在以头部架构及面部有限空间作为其表达对象的卡通美术作品中，不能将这一有限空间里的各个组成要素再细化而分别独立进行比较，而应以普通观察者的角度对整个头部表达进行整体认定和综合判断。这一实质性相似比对规则，明晰了作品保护与鼓励创新的边界范围与平衡考量。本案中，被控侵权的“小茗同学”与权利人的“小明”两个形象在头发造型、光影效果、眼睛、耳朵、鼻子、嘴巴造型和面部表情等方面存在诸多不同和差异，这些具体细节上的不同使得两形象在取舍、选择、安排、设计上体现出了整体性的差异，构成了两形象各自不同的外观表现，属于各自创作者独立创作的范畴。故“小茗同学”卡通形象并未构成对“小明”卡通形象的剽窃，统一公司及河南统一公司不承担侵权责任。

编写人：北京知识产权法院　杨振

36

美术作品个别画面元素著作权侵权判定

——陈某诉江某等侵害著作权案

【案件基本信息】

1. 裁判书字号

北京市丰台区人民法院（2015）丰民（知）初字第16191号民事判决书

2. 案由：侵害著作权纠纷

3. 当事人

原告：陈某

被告：江某、董某凡、张某

【基本案情】

2009年10月至2013年2月，陈某先后创作完成《师氏剑齿象》《博氏恐象》《王氏水牛》《古非洲水牛》《临夏西瓦猎豹》《西藏披毛犀》《瑞氏古菱齿象先祖亚种》《阿扎尔袋貘》8幅以动物形象为主题的美术作品，并公开发表于网址为http：//sinammonite. deviantart. com的网站上。2014年11月，人民邮电出版社出版发行《冰河世纪：史前动物全揭秘》图书（以下简称《冰河世纪》图书），该图书封面、版权页均标注有“江某、董某凡著”“张某绘”，书中除文字外配有大量手绘古生物形象图片。

在《冰河世纪》图书序页、第30页、第46～47页等页面共计使用了10幅图片（以下简称图1～10），其中图1、2为内容一致的彩色图，图3～10为以线条勾勒动物形态、填充单一颜色的轮廓图。陈某8幅作品均为彩色图画。经比对，图1～10与陈某8幅作品均显示为动物形象，图1、2与《师氏剑齿象》构图成镜像关系，但动物整体形态、身体各部位的结构、比例、轮廓等方面在视觉上基本无差异，动物门齿形态、长度，鼻子形态、长度，尾巴长度、簇状毛发形态等细节亦基本一致；其余图3～10与陈某作品相比，除个别构图成镜像关系外，前者以线条勾画出的动物形象，其外形轮廓与后者动物形象的轮廓线条或完全一致或大部分一致，动物形象仅个别部位略有不同，除此之外，两组图通过轮廓线条所展示的动物体态、身形比例等基本无差别，动物肩膀、脊背至臀部后缘起伏，四肢长度，尾巴长度，弯曲角度等细节亦均基本一致。

陈某主张，《冰河世纪》图书中所使用的10幅动物形象图片侵犯了其对涉案8幅权利作品所享有的包括署名权、修改权、复制权在内的著作权，故起诉要求三被告向其赔礼道歉并赔偿损失。三被告辩称，《冰河世纪》图书中的配画仅为动物形象轮廓图，与陈某作品不相同不近似，图书配画为张某独立创作的原创作品，为古生物比例视图，古生物复原工作必须依据客观科学的造型进行艺术创作，创作空间有限，不能仅凭轮廓相像就判断为使用原告作品。

【案件焦点】

个别画面元素构成的动物形象轮廓图与多画面元素构成的动物形象彩色绘画的实质性相似判定。

【法院裁判要旨】

北京市丰台区人民法院经审理认为：《师氏剑齿象》等8幅动物形象图符合著作权法中有关美术作品的法定构成要件，是具有审美意义的美术作品。陈某为8幅美术作品的作者，依法享有著作权。陈某8幅权利作品是既勾画有清晰动物外形轮廓，又描绘有动物眼耳口鼻、皮肤纹理、肌肉毛发的彩色图画，而《冰河世纪》中涉案10幅图片，除图1、2为彩色图画外，其余8图均是仅以线条勾勒动物外形、填充单一颜色的轮廓图，即对于线条轮廓以内的动物眼耳器官、皮肤纹理、肌肉毛发形态未予体现。经比对，图1、2所展现的动物形象与陈某作品《师氏剑齿象》所展现的动物形象在视觉上基本无差异，细节表达上亦基本一致，构成实质性近似。图3～10所展示的动物外形轮廓图是否与陈某权利作品构成实质性相同或近似，应以陈某权利作品中略去细节部分所剩的动物形象外形轮廓是否仍具有单独的著作权为前提。《师氏剑齿象》等8幅美术作品以古生物为主题，动物形象即为画作核心部分，其外形轮廓线条是在推断骨骼形态和整体骨架结构、确定身形比例的基础上，进行合理的肌肉、皮毛覆盖后勾勒而成，属于画作中具有独创性的有机组成部分，将线条轮廓从原画作中提取出单独展示，仍然能够完整地表达出作者所追求的艺术形象和审美效果。故《师氏剑齿象》等8幅美术作品中动物形象的外形轮廓线条符合著作权法中关于作品的法定要件，即使从原作中予以分离，亦可构成独立的美术作品。在此情况下，图3～10中所展示的动物形象的轮廓线条均与《师氏剑齿象》等8幅美术作品对应部位的线条处理基本一致，仅在个别部位略有改动，故图3～10与陈某享有著作权的《师氏剑齿象》等8幅美术作品具有相同的表达特征，构成实质性相似。涉案10幅图片与陈某主张权利的8幅美术作品构成相似的动物外形轮廓整体形态及具体细节的普遍性，已经远远超出了巧合的程度，从艺术创作角度来说，出现这样概率的趋同不符合基本常理，而张某并未对此作出合理的解释，故结合图书涉案作品在创作之前存在接触陈某权利作品的可能性，可以认定《冰河世纪》中图1～10并非张某独立创作的结果。江某及董某凡仅为《冰河世纪》图书的文字作者，现有证据无法证明其二人存在侵权行为。综上，张某未经陈某许可，擅自使用、修改了陈某作品，交付出版社出版，且未为陈某署名，侵犯了陈某依法所享有的署名权、修改权及复制权，应当对其侵权行为承担赔礼道歉和赔偿损失的民事责任。

北京市丰台区人民法院依照《中华人民共和国著作权法》第十条第一款第（二）项、第（三）项、第（五）项，第十一条、第四十七条第（五）项、第四十八条第（一）项、第四十九条，《中华人民共和国著作权法实施条例》第四条第（八）项，《最高人民法院关于审理著作权民事纠纷案件适用法律若干问题的解释》第七条，《中华人民共和国民事诉讼法》第六十四条第一款、第七十条、第七十三条、第七十五条，《最高人民法院关于民事诉讼证据的若干规定》第十二条、第五十六条、第六十九条之规定，判决：

一、被告张某于本判决生效之日起三十日内，在《人民法院报》上刊登声明，就本案侵权行为向陈某赔礼道歉（致歉内容须经本院审核，逾期不履行，本院将根据陈某申请，在相关媒体公布本判决书主要内容，相关费用由张某承担）；

二、被告张某于本判决生效之日起十日内赔偿原告陈某公证费 1146 元、翻译费 222.6 元、复印费 29.4 元、交通费 800 元；

三、驳回原告陈某的其他诉讼请求。

【法官后语】

本案涉及对不同画面元素构成的美术作品的实质性相似的判定。随着科技发展，特别是电脑技术的飞速发展，采用下载、扫描、软件处理等技术手段，美术作品可以被轻松复制，相关纠纷不断发生。然而，美术作品剽窃裁判缺乏有效的理论和方法支持，我国《著作权法》第四十七条第（五）项将“剽窃他人作品”规定为侵犯著作权的行为之一，要求侵权人承担停止侵害、赔偿损失等民事责任，但对于何为剽窃行为、如何认定剽窃行为等核心问题，《著作权法》及《著作权法实施条例》均无具体规定。

实践中，文字作品相似是否构成剽窃的认定，在“技术”层面上可按照篇章结构、内容、剽窃部分所占被剽窃部分的比例等几个方面来确定，而美术作品相对于文字作品，在“剽窃”的认定上复杂，并且更难鉴别。众所周知，文字作品是用文字等构成元素有序组合而成，美术作品没有文字元素，但这并不意味美术作品没有自己的构成元素。已有众多研究成果在分析美术作品时提到作品的结构、对比角度与设计元素，认为美术作品的表达性要素包括明暗、色彩、点、线、面的结合与分配。在司法实践中，亦多采用分析画面元素的方式进行美术作品相似性的比对。

本案的特殊性在于，原告权利作品是既勾画有清晰动物外形轮廓，又描绘有动物眼耳口鼻、皮肤纹理的彩色绘画，其中基本包含有色彩、明暗、线条等全部美术画面元素，而部分涉案侵权图画是仅以线条元素勾勒动物外形的线条轮廓图，即对于线条轮廓以内的动物眼耳器官、皮肤纹理等细节未予体现，亦未使用色彩描绘。

故本案的核心问题，是对个别画面元素构成的动物形象轮廓图与多画面元素构成的动物形象绘画的实质性相似问题进行判定，而该问题的讨论应以后者略去细节部分所剩的动物形象外形轮廓是否仍具有单独的著作权为前提。法院指出，如若一个美术作品能够进行拆分，被拆分后的某一部分或是某一元素具有一定程度的独创性，即使将该个别部分或元素从原作中提取出进行单独展示，仍然能够表达出作者所追求的艺术形象和审美效果，该作品即符合作品形式要件的基本要求，属于著作权法意义上的作品。法院分析画面元素后认为，权利作品以古生物为主题，动物形象即为画作核心部分，其外形轮廓线条是在推断骨骼形态和整体骨架结构、确定身形比例的基础上，进行合理的肌肉、皮毛覆盖后使用线条元素勾勒而成，属于画作中具有独创性的有机组成部分，将线条轮廓从原画作中提取出进行单独展示，仍然能够完整地表达出作者所追求的艺术形象和审美效果。法院最终认定，原告权利作品中动物形象的外形轮廓线条符合《著作权法》中规定的关于美术作品的法定要件，可从原作中予以分离，构成独立的美术作品。

在美术作品侵权形态日益多元化的背景下，明确美术作品局部或个别画面元素是否具有单独著作权，是进一步判定是否构成著作权侵权的重要前提。本案在认定美术作品个别画面元素亦可单独具有著作权的基础上，将权利作品中受保护的表达部分与被诉侵权作品中的等同部分进行实质性相似的判定，最终认定仅使用了个别元素的被诉侵权作品对多元素构成的权利作品构成侵权，具有对《著作权法》相关规定未尽之处作以司法补充的意义。

编写人：北京市丰台区人民法院　万迪

37

所有权人将作品拍照上传至微信朋友圈的行为属于合理使用

——张某晛诉韩某侵害著作权案

【案件基本信息】

1. 裁判书字号

山东省济南市中级人民法院（2017）鲁 01 民终 998 号民事判决书

2. 案由：侵害著作权纠纷

3. 当事人

原告（上诉人）：张某晛

被告（被上诉人）：韩某

【基本案情】

2015 年 5 月 13 日韩某给张某晛打电话预订鲜花花束，双方约定价格 300 元。5 月 14 日，张某晛将花束交付韩某，韩某通过支付宝转账给张某晛 300 元。2015 年 8 月 20 日，韩某在其微信朋友圈上传了一条文字内容，配图为该花束的照片。张某晛发现后认为韩某拍摄的花束照片没有加盖其花店的水印或者指出作者名称，该种未经许可擅自将其享有著作权的作品公开的行为侵犯了自己的著作权，遂通过微信向韩某指出其行为不妥。后韩某将照片在朋友圈删除。因双方在沟通过程中发生不愉快，张某晛起诉要求法院判令韩某在微信朋友圈中消除影响、公开赔礼道歉并赔偿合理使用费 10 万元、医药费 3300 元、精神损失费 5000 元。

【案件焦点】

1. 涉案花束是否具有独创性；2. 他人取得花束所有权后，拍照并上传微信朋友圈的行为是否侵犯他人著作权。

【法院裁判要旨】

山东省济南市历下区人民法院经审理认为：插花作品是以花草组合等方式构成的具有审美意义的立体造型艺术作品，具有独创性的插花作品可以据此获得法律保护。本案张某晛的插花是否具有独创性是决定其作品能否得到著作权保护的关键。从双方认可的插花照片分析，涉案花束在色彩、搭配、植物线条上，未能体现其独创性特点，不属于著作权法保护范围的作品。

山东省济南市历下区人民法院依照《中华人民共和国著作权法》第三条，《中华人民共和国著作权法实施条例》第四条规定，判决：

驳回原告张某晛的诉讼请求。

张某晛不服，提出上诉。

山东省济南市中级人民法院经审理认为：涉案花束是否具有独创性，是其能否视为作品的关键条件。独创性包含"独立完成"和"创作性"两个方面的内容。首先，涉案花束确系韩某由张某晛处购买，且韩某未提供反证证明制作者另有他人，故法院推定涉案花束的制作人为张某晛。对于涉案作品是否具有创作性的问题，作品的创作性要求该作品能够体现作者的个性表达，就涉案花束而言，张某晛对于作品的创作性，分别从色彩搭配与过渡、花材的选择等方面进行了阐释，而韩某虽然认为其与普通花束无异，但并未提供相应证据予以证实。且从韩某作为消费者在张某晛处购买花束用于婚礼的事实本身，也能够说明其对于张某晛制作的花束在主观上是认可的。从韩某所拍照片来看，涉案花束在视觉上具备相应的美感。综合以上因素，涉案花束具备独创性，且能够以有形形式予以复制，具有实用性，能够作为美术作品中的实用艺术品受到著作权法保护。

关于韩某将涉案花束拍照并上传的行为性质的认定。首先，韩某以合法渠道购得涉案花束后，对该花束享有所有权。其次，根据《中华人民共和国著作权法》第十一条第一款的规定，除法律另有规定的以外，作品的著作权属于作者，以及《中华人民共和国著作权法》第十八条的规定，美术等作品原件所有权的转移，不视为作品著作权的转移，但美术作品原件的展览权由原件所有人享有。因此涉案花束在所有权转移后，其除展览权之外的著作权仍归张某晛所有。在同一标的物的所有权与著作权分属不同权利人的情况下，根据《中华人民共和国民法通则》第四条及第七条确定的诚实信用原则及禁止权利滥用原则，权利人对其权利的行使均应遵循诚实信用原则，不得侵害他人的合法权利，也不得对他人权利行使造成不合理的限制，否则将构成权利滥用。韩某将涉案花束拍照后上传到微信朋友圈的行为，其受众仅限于特定群体，传播范围有限，主观上没有恶意，也没有获取经济利益的意图，客观上并未给上诉人造成不良影响，在此情况下其行为应视为对其所有权的正当行使。

山东省济南市中级人民法院依照《中华人民共和国民事诉讼法》第一百七十条第一款第（一）项规定，判决：

驳回上诉，维持原判。

【法官后语】

本案案情虽然并不复杂，但涉及实用工艺品的独创性认定以及在微信朋友圈这种新形式下，上传作品的行为性质问题。

第一，实用工艺品的创造性认定。本案中的花束是一种插花产品，而插花已经作为一门艺术形成社会共识，插花产品也就具有成为作品的可能性。如果能够成为作品，按照作品的分类，应当归入美术作品中的实用艺术品。实用艺术品是否作为作品受到著作权保护，其关键为是否具有独创性。独创性包含“独立完成”和“创造性”两个方面的内容。对于创造性，本案一、二审存在不同的认定标准。现在的主流观点是，作品的独创性要求该作品能够体现作者的个性表达，但其标准不应过高，在司法实践中应当持宽泛的标准。也就是说，只要作品中体现了作者某种程度的取舍、选择、安排、设计，就应认为具有独创性。对于是否具有创造性的问题，需要作者举证证明并进行说明——其区别于其他作品或者公知作品的独特之处在什么地方。在进行具体判断时，应当结合考虑以下因素：1. 制作者本人的资质；2. 该类工艺产品的创作空间；3. 制作者所主张的创造性特点是否仅具有实用性。

第二，上传微信朋友圈是否构成合理使用的问题。《著作权法》第二十二条列举的 12 种合理使用行为类型中不包括本案涉及的情形。《著作权法实施条例》第二十一条规定：“依照著作权法有关规定，使用可以不经著作权人许可的已经发表的作品的，不得影响该作品的正常使用，也不得不合理地损害著作权人的合法利益。”该规定是对《伯尔尼公约》第九条的直接借鉴。在判定是否构成合理使用时，按照下述步骤进行：一是只适用于特殊情形，这种特殊性体现为在这种情形下使用作品将进入著作权的保护范围，但又存在使用作品的必要性，如本案即属于美术作品原件的所有权与著作权的权利主体发生分离的情形；二是作品的使用与作品的正常使用不相冲突，否则不能允许；三是这种使用没有不合理地损害著作权人的合法利益。这一点可以从正反两个方面进行分析，首先，应当看著作权人是否因为被告的行为造成其利益受到损害，同时，由于著作权作为知识产权具有的无形财产权的性质，其所受损害往往难以衡量，因此，还可以从行为人是否通过其使用行为获取了不当利益进行分析。如果行为人通过这种行为获得了本不该由其获得的利益，则这种使用就失去了正当性。就本案来说，被告将作品照片上传朋友圈的行为并没有获取经济利益的目的，也没有侵害著作权人合法利益的意图，客观上也没有对作品的正常使用造成任何限制，因此，该行为属于所有权人正当行使其所有权，著作权人不得干涉。

编写人：山东省济南市中级人民法院　颜峰

38

美术作品的认定标准

——汕头市科来福电子有限公司诉广州忠诚卫士电子有限公司侵害著作权案

【案件基本信息】

1. 裁判书字号

广东省广州市白云区人民法院（2017）粤0111民初5263号民事判决书

2. 案由：侵害著作权纠纷

3. 当事人

原告：汕头市科来福电子有限公司（以下简称科来福公司）

被告：广州忠诚卫士电子有限公司（以下简称忠诚卫士公司）

【基本案情】

国家版权局出具的作品登记证书（No. 00232673）记载科来福公司为创作完成时间在2013年5月8日的美术作品《胎压显示器（1407）》的著作权人，登记号为：国作登字－2015－F－00232673，上述事项由科来福公司申请，经中国版权保护中心审核，根据《作品自愿登记试行办法》规定，予以登记。该美术作品一共四张，显示为一个胎压显示器的上、下、左、右四面，其中，第三张正面显示的内容为四个椭圆形标记代表轮胎用两条横线连接，上下横线之间用横线连接，整体呈“工”字形，并在中间横线中下端有一个圆形图案。

科来福公司主张忠诚卫士公司销售的胎压显示器侵犯了其著作权。被控侵权产品均在上部顶端标注“TPMS”（TPMS为轮胎压力检测系统的简称，即Tire Pressure Monitoring System）字样，下方标注有代表轮胎的四个椭圆形，并用横线上下连接，整体呈“工”字，中间横线中下端标注有一个圆形图案。科来福公司主张其产品名称是胎压显示器，主要应用于胎压监测器的显示屏，而被控侵权图案的显示界面同样是一块胎压监测器显示屏，两者为同种产品，同种用途，从外观上看，被控侵权产品的显示界面与原告的产品的显示界面是相同的，其采用了与其涉案作品相同的图案、相同的表示手法来作为胎压监测器的显示界面，构成实质性相似。首先，忠诚卫士公司确认被控侵权产品由其生产，但认为其产品采取的是车轮加驱动轴构成的整体图案，该图案并非由科来福公司先行设计，而是在业界早已存在的，该四驱系统图案是所有车辆都显示为四个车轮加驱动轴，并不存在独创性，科来福公司是采用业界通用图标；其次，被控侵权产品驱动轴中下端是一个圆圈加胎压欠缺的图案，该图案也是业界通用的图案，而科来福公司采用的是黑色的小圆点，与被控侵权产品存在明显差异。另外，被控侵权产品上方写着“TPMS”，意思为胎压监控，忠诚卫士公司的功能设置和上下选择按钮是设计在被控侵权产品下部，科来福公司产品的功能设置按钮是设计在四驱系统中央传动轴的中下部，整个图形结构明显不同，从一般消费者角度来说存在明显差别。

【案件焦点】

原告创作的名称为《胎压显示器（1407）》的美术作品是否构成《中华人民共和国著作权法》所称作品，是否受保护。

【法院裁判要旨】

广东省广州市白云区人民法院经审理认为：首先，本案中涉案美术作品《胎压显示器（1407）》是按照现有的产品胎压显示器拍照得来，仅仅是对现有产品四个角度的简单拍摄，是对产品的具体描述，其拍摄角度、光线搭配、色彩均属客观描述，不具有著作权法上独创性；其次，科来福公司主张忠诚卫士公司侵权的主要图片为第三张显示有“工”字整体造型的图片，但该图片并没有特殊的线条或色彩代表特殊的意义，并不具有审美意义，对于一般公众来说，胎压显示器的图片从字面理解均为四个轮胎和不同颜色的灯来体现胎压是否正常，科来福公司的胎压显示器并未有所不同，无法体现其创造性；再次，忠诚卫士公司的产品上标注有“TPMS”即轮胎压力检测系统，属于通用术语，对于司机及从事汽车行业的相关公众来说，看到该标识也并不会联想到是科来福公司的产品；最后，作品的登记是以自愿登记为原则，国家版权局仅仅作形式审查，但作品经国家版权局登记后并不必然构成著作权法中所保护的作品。本案中，科来福公司主张涉案美术作品的著作权，但该美术作品只是对胎压监测器这一产品的客观描述，并不具有独创性，不属于著作权法所保护的美术作品。综上，科来福公司主张涉案作品体现了创作者的选择判断及思想，应受著作权法保护，并以此主张忠诚卫士公司侵权并要求赔偿的依据不足，法院不予支持。

判决后，双方当事人表示服从判决，一审判决已发生法律效力。

【法官后语】

对于何为《著作权法》所称作品的，在《著作权法》中并无明确规定，但在《著作权法实施条例》第二条明确规定：“著作权法所称作品，是指文学、艺术和科学领域内具有独创性并能以某种有形形式复制的智力成果。”同时还对不同类型的作品进行了概念性的规定，其中第四条第（八）项规定，美术作品，是指绘画、书法、雕塑等以线条、色彩或者其他方式构成的有审美意义的平面或者立体的造型艺术作品。在本案中，法官从美术作品的独创性、审美意义、是否会构成相关公众混淆以及版权登记的效力四个方面进行了详细论述，前两部分从是否属于作品进行了详细的分析和阐述，后两部分对是否构成侵权作了详细的论述。最终认定上述《胎压显示器（1407）》只是对胎压监测器这一产品的客观描述，并不具有独创性，没有体现创作者的选择判断及思想，不属于著作权法所保护的美术作品进而驳回了原告的诉讼请求。

该案中最重要的问题对涉案美术作品《胎压显示器（1407）》是否具有独创性的认定，独创性是作品最重要的特征。根据查明的事实，涉案美术作品仅仅是对现有产品四个角度的简单拍摄，并不具有著作权法上独创性。此外，对于美术作品来说，《著作权法实施条例》中明确规定是“有审美意义的平面或者立体的造型艺术作品”，原告主张被告侵权的主要图片为图片并没有特殊的线条或色彩代表特殊的意义，并不具有审美意义，更无法体现其创造性。综上，认定原告的作品不属于著作权法所保护的美术作品。

根据《著作权法》和《著作权法实施条例》对于作品的相关规定，独创性、可复制性是作品的两大特征。但是对于“独创性”的内涵，并没有予以明确。笔者认为独创性应该包含“独”和“创”两层含义。“独”表示应独立创作，“创”即对智力成果的创作性的要求。但是对于创作性的程度和标准的判断，我国法律上并没有明确的规定，正因缺乏明确的法律依据，导致法官在审理此类案件时拥有较大的自由裁量权，对作品的独创性认定出现不一致的情形，导致裁判尺度不统一。笔者认为，由于著作权法规定的作品类型多种多样，不同作品的独创性程度要求也有所不同，在司法实践中，应从两个方面来认定：1. 在适用法律上，我们应结合《著作权法》和《著作权法实施条例》中对于不同类型作品的定义，结合作品的基本特征即独创性、可复制性进行判断；2. 在裁判尺度上，在现有法律无法明确创作性认定标准的情况下，应尽量通过最高人民法院的指导性案例、司法解释以及法官联席会议制度等来统一裁判标准和尺度，从而维护司法权威，保护作者的合法权益，进而促进文化事业的繁荣发展。在司法实践和法律体系发展进一步完善的时候，应进一步通过立法来明确作品的独创性这一具体概念及其认定标准。此外，本案中涉及对版权登记机关作出的作品登记证书的效力认定问题，笔者认为，在认定是否构成侵权时，必须以《著作权法》和《著作权法实施条例》中关于作品的定义为依据，作品登记证书可作为佐证。

编写人：广东省广州市白云区人民法院　曹玲

39

室外公共场所艺术作品合理使用的认定

——何某诉重庆邮政广告公司著作权侵权案

【案件基本信息】

1. 裁判书字号

重庆市渝中区人民法院（2015）中区法民初字第13741号民事判决书

2. 案由：著作权侵权纠纷

3. 当事人

原告：何某

被告：重庆邮政广告公司（以下简称广告公司）

【基本案情】

何某系中国当代职业陶艺家，其作品曾多次获得国内外大奖。2008年12月何某为重庆磁器口古镇有偿创作《磁器口更夫》铸铜雕塑一尊。该雕塑高约1.7米，采用艺术再现手法生动刻画了古时老更夫守夜打更的历史形象，成为古镇民俗文化活动的重要缩影。2015年12月，何某发现重庆某广告公司发行的名为《民俗遗韵》的广告邮资明信片擅自使用了《磁器口更夫》雕塑的照片。经查，该明信片售价为4元每张，共印制1000张。明信片正面登载了《磁器口更夫》雕塑的全身照，照片的前景即为雕塑本身，后景进行了虚化处理。明信片自带邮票，消费者购买后可直接进行邮寄。

何某认为广告公司的行为侵犯了其对《磁器口更夫》雕塑享有的署名权与复制权，遂诉至法院，要求该公司立即停止侵权、公开赔礼道歉并赔偿经济损失。

【案件焦点】

对室外公共场所的艺术作品进行摄影并对摄影成果进行营利性再行使用是否构成著作权法规定的合理使用。

【法院裁判要旨】

重庆市渝中区人民法院经审理认为：广告公司发行的《民俗遗韵》明信片所载照片为固定角度的磁器口更夫雕塑全身正面照，该照片的主体是雕塑本身。从明信片设计的主旨看，磁器口更夫雕塑也是该明信片所要表达的“民俗遗韵”这一主题的最主要载体。因此，广告公司对涉案雕塑的使用属于显著的、突出的使用。此外，广告公司发布的广告邮资明信片是进入流通领域的商品，消费者购买后可直接进行邮寄，因此，广告公司的使用属于以营利为目的的商业使用。该种使用行为应当取得室外公共场所艺术作品著作权人的许可。同时，《中华人民共和国著作权法》第二十二条第（十）项规定了对设置或者陈列在室外公共场所的艺术作品进行摄影，可以不经著作权人的许可，不向其支付报酬，但是应当指明作者姓名、作品名称，并且不得侵犯著作权人依照本法享有的其他权利。《中华人民共和国著作权法实施条例》第十九条规定：“使用他人作品的，应当指明作者姓名、作品名称；但是，当事人另有约定或者由于作品使用方式的特性无法指明的除外。”广告公司在发布涉案明信片时未予署名，且未有不便指明作者名称的情形，其侵犯了权利人对涉案作品享有的署名权。综上所述，广告公司的行为构成对原告何某著作权的侵犯，其关于构成合理使用的抗辩理由不成立；广告公司应当承担立即停止侵权、公开赔礼道歉、赔偿原告经济损失及为维权支出的合理费用的民事责任。

重庆市渝中区人民法院依照《中华人民共和国著作权法》第九条、第十条、第十一条、第十七条、第二十二条，《中华人民共和国著作权法实施条例》第十九条，《最高人民法院关于审理著作权民事纠纷案件适用法律若干问题的解释》第十二条、第四十八条第（一）项、第四十九条，《最高人民法院关于审理著作权民事纠纷案件适用法律若干问题的解释》第二十六条和《中华人民共和国民事诉讼法》第一百四十二条之规定，判决：

一、被告重庆邮政广告公司立即停止发行印有“磁器口更夫”雕塑作品照片的“民俗遗韵”广告邮资明信片；

二、被告重庆邮政广告公司于本判决生效后三十日内在《中国知识产权报》《重庆晨报》刊登向原告何某公开赔礼道歉的声明（内容须经本院审定）。若逾期不履行，本院将在相关媒体上公布判决主要内容，费用由被告重庆邮政广告公司负担；

三、被告重庆邮政广告公司于本判决生效后十五日内赔偿原告何某经济损失

（包含原告何某为制止侵权而支出的合理费用）6000元；

四、驳回原告何某的其他诉讼请求。

宣判后，双方均服判，未上诉，一审判决已发生法律效力。

【法官后语】

室外公共场所艺术作品的合理使用制度是现代各国著作权法通行的著作权限制制度。但是由于该类案件案情的多变、复杂，相关立法规范的开放性、模糊性等原因常常造成司法实践认定的分歧。比如，有的观点认为再行使用目的其非营利性是构成合理使用的前提，有的观点认为营利性使用也可能构成合理使用。笔者认为，判断室外公共场所艺术作品的再行使用是否构成合理使用不仅应当从再行使用的目的，还应当结合使用性质、使用后果等因素进行综合分析：

第一，使用目的正当，原则上应出于非营利性目的。使用目的应作为认定合理使用的首要考量因素。我国《著作权法》第二十二条第（十）项规定，对设置或陈列在室外公共场所的艺术作品进行临摹、绘画、摄影等可以不经著作权人许可，不向其支付报酬，但应当指明作者姓名、作品名称，并且不得侵犯著作权人依照本法享有的其他权利。这一规定暗含了使用者在使用室外公共场所艺术作品须出于善意的这一立法本意。如果使用者使用权利人作品是为了诋毁他人、攀附声誉等目的，则因其恶意目的，从根本上就无法构成合理使用。此外，《最高人民法院关于审理著作权民事纠纷案件适用法律若干问题的解释》第十八条规定，对设置或者陈列在室外公共场所的雕塑等艺术作品的临摹、绘画、摄影、录像人，可以对其成果以合理的方式和范围再行使用，不构成侵权。该条并未区分营利性使用和非营利性使用，因此，从文义理解，无论营利性使用还是非营利性使用都有可能构成合理使用。但从法理而言，合理使用有一个前提——不得影响该作品的正常使用，也不得不合理地损害著作权人的合法权益。营利性使用往往会挤占著作权人作品的市场或潜在市场，其本质是使用者擅自使用他人作品为自己谋利，该种使用行为显然不属于“合理的方式和范围”。因此，合理使用原则上应出于非营利之目的。

但是有原则必有例外，在某些情况下，营利性使用也可以构成合理使用。比如，为制作MTV、电视剧、综艺节目等将该类艺术作品摄入镜头。这就涉及下文所要说到的使用性质问题。

第二，使用性质为随附性而非实质性使用。室外公共场所艺术作品的随附性使用是指使用人在创作中将设置或陈列在室外公共场所的艺术作品作为其所处公共环境或空间的一部分的附属性质的使用。随附性使用不论是否以营利为目的，皆可纳入合理使用范畴而不构成侵权。随附性使用从使用的量而言，通常在再行使用所创作的作品中占比较少，如只是作为影视作品的某一个镜头抑或作为一张照片的众多元素之一。从使用的质而言，随附性使用都是对室外公共场所艺术作品的非实质性地使用。所谓非实质性，是指再行使用人使用的主要对象并非室外公共场所艺术作品本身，而是为了表达自己的构思、创意而将该作品作为整个场景中不可分割的一部分的、非突出性的、次要的使用。

第三，使用后果不损害著作权人对作品享有的合法权益。如前所述，合理使用中“合理”的前提是使用人的再行使用行为不会影响被使用人对作品享有的合法权益，所以影响了作品正常使用的再行使用行为不构成合理使用。首先，再行使用不得损害著作权人对作品享有的人身权，如不得对作品进行歪曲性使用；其次，再行使用行为也不得损害著作权人的财产权，典型的如复制权、信息网络传播权等；不得有损害著作权人依照法律享有的其他合法权利，如知识产权领域中的在先权。总而言之，再行使用人的使用行为不得对该类作品的著作权产生侵害性影响。

编写人：重庆市渝中区人民法院　徐真

40

“深度链接”构成著作权侵权

——乐视网（天津）信息技术有限公司诉广东省广播电视网络股份有限公司江门分公司侵害作品信息网络传播权案

【案件基本信息】

1. 裁判书字号

广东省江门市蓬江区人民法院（2017）粤 0703 民初 3838 号民事判决书

2. 案由：侵害作品信息网络传播权纠纷

3. 当事人

原告：乐视网（天津）信息技术有限公司

被告：广东省广播电视网络股份有限公司江门分公司

【基本案情】

电影《乐翻天》由星光国际传媒（集团）有限公司、北京星光国际传媒有限公司、北京金鹰芒果映画国际文化传媒有限公司共同拍摄完成，上述单位为该片的著作权人。2012年7月16日，该片获得发行许可证，开始在国内外发行。

2012年，该片著作权利人经过授权、转授权，由乐视网（天津）信息技术有限公司（以下简称乐视网天津公司）取得涉案影片的信息网络传播权，乐视网天津公司有权独立以自己名义进行法律维权行动。

2013年9月28日，乐视网信息技术（北京）股份有限公司认为被告广东省广播电视网络股份有限公司江门分公司（以下简称江门广电公司）存在侵犯其信息网络传播权的行为，委托代理人赵美琼向公证处申请证据保全公证。在公证人员的监督下，赵美琼使用自己的手机拨打电话“96956”，电话接通后对如何上网看电影、电视剧等相关内容进行咨询，相关客服人员告知赵美琼首先进入江门广电有限宽带网，然后点击该网页链接“视频点播”，进入有关页面后可以观看相关影片；赵美琼用手提电脑登录江门广电公司官网，地址为“210.77.96.250”，点击上方的“视频点播”，显示新的链接（http：//vodok.crabdance.com），页面上方显示：宽带VOD影视联盟，其对包括涉案影片《乐翻天》在内的一百多部影片、电视剧进行播放。公证处此后出具《公证书》证实上述情况真实性。

经广东省江门市蓬江区人民法院工作人员在连接互联网的电脑上操作，在IE地址栏上输入http：//vodok.crabdance.com后，显示无法登录。

原告乐视网天津公司以被告江门广电公司未经其授权，擅自在其有线电视网络中以有偿的方式提供相关作品给广大消费者观看，侵害其信息网络传播权，提起本案诉讼，要求被告江门广电公司赔偿经济损失及维权合理开支共25000元。

【案件焦点】

被告江门广电公司作为网络服务提供者，是否能依据“避风港原则”而免责。

【法院裁判要旨】

广东省江门市蓬江区人民法院经审理认为：综合本案证据以及相关法律法规、司法解释的规定，江门广电公司已经构成侵权，主要理由有：1. 江门广电公司在其官方网站主页面显著位置提供涉案影片的网络链接（ http：//vodok. crabdance. com），该链接直接链接到分页的页面（宽带 VOD 影视联盟），该情况与普通链接到其他网站首页不同，江门广电公司并非仅提供普通链接的定位接出、接入服务，而是为了使得用户在其他网页上直接观看相关影片；2. 《公证书》显示操作人员拨打江门广电公司 96956 客服电话询问如何上网观看电影时，客服人员明确告知在江门广电公司官网（地址：210. 77. 96. 250）点击“视频点播”进入有关页面后可以直接观看有关影片。也就是说，江门广电公司明知宽带 VOD 影视联盟（http：//vodok. crabdance. com）上储存了有关的影片，该情形符合《信息网络传播权保护条例》第二十三条但书中关于网络服务提供者明知或应知所链接作品侵权的规定，应当承担相应的侵权责任；3. 江门广电公司为收费用户提供上述网络链接进而观看相关影片，其对于宽带 VOD 影视联盟上储存有关影片是明知的，并且由于江门广电公司收取费用获利，其对于有关影片是否侵犯他人知识产权，负有更高的注意义务；4. 就本案而言，有证据证明江门广电公司与宽带 VOD 影视联盟存在一定程度的关系，虽然江门广电公司认为其仅提供链接服务，有关影片并非储存在其服务器中，但其并未举证证明其与宽带 VOD 影视联盟的关系，故即使有关影片没有储存在江门广电公司服务器内，江门广电公司也与有关影片内容提供者构成共同侵权。

广东省江门市蓬江区人民法院依照《中华人民共和国著作权法》第四十八条，《信息网络传播权保护条例》第二十三条，《中华人民共和国著作权法》第四十九条以及《最高人民法院关于审理著作权民事纠纷案件适用法律若干问题的解释》第二十五条规定，综合考虑涉案作品作为电影类型及发行的时间、影片知名度，被告侵权行为的性质、情节、主观过错程度以及原告为维权而必然会发生的各项合理开支等因素，酌定被告江门广电公司赔偿经济损失以及合理的维权费用共计 6000 元。

【法官后语】

我国法律和司法解释并没有对“深度链接”进行定义和解释，该概念常见于在各地的司法判例中。百度百科关于深度链接（Deep Linking）的定义是：绕过被链网站首页直接链接到分页的链接方式。在深度链接的情况下，用户浏览的作品实际来源于第三方网站链接的作品，但是，由于用户在原网站浏览，使得用户容易误认为是在原网站获得作品，因此，深度链接已经不仅仅是提供链接定位的信息，而是原设链网站主动选择、编辑的行为。如果被链接网页内容构成侵权，则原设链网站就构成帮助侵权，亦即间接侵权。本案中，经《公证书》证实，有关人员登录江门广电公司官网（地址：210.77.96.250）点击首页中“视频点播”链接，进入宽带VOD影视联盟页面（http：//vodok.crabdance.com）后可以直接观看有关影片。江门广电公司抗辩认为该“crabdance.com”是二级域名，持有人不是江门广电公司，是美国一公司。因此，从在案证据及当事人陈述可以看出，有关影片储存在第三方服务器内而非江门广电公司服务器，但江门广电公司在其官网首页显著位置设置链接，直接绕过被链网站首页，链接到分页面（http：//vodok.crabdance.com），符合深度链接的构成要件，使得用户可以直接从该分页面观看有关影片，这已经不单单是《信息网络传播权保护条例》第二十三条中规定的“避风港”原则中提供链接定位服务的情形，江门广电公司不能以“避风港”的规定而主张免责。由于江门广电公司为宽带VOD影视联盟的侵权行为提供了帮助，或者其与该宽带VOD影视联盟存在某种合作关系，已构成共同侵权。但是，基于宽带VOD影视联盟域名持有人是一美国公司，而江门广电公司又没有提供证据证实该域名持有人的情况，故本案仅判决江门广电公司承担侵权责任也是符合程序法的要求的。

《信息网络传播权保护条例》第二十三条规定：“网络服务提供者为服务对象提供搜索或者链接服务……明知或者应知所链接的作品、表演、录音录像制品侵权的，应当承担共同侵权责任。”从文义上解释，“明知”应当指服务提供者明确知道侵权的情况，“应知”应当指作为专业的服务提供者根据个案有关情况应当知道侵权的情况，“明知、应知”是主观状态，没有特定的判断标准，通常需要通过行为人的性质、经验、有无预见后果的能力、能够预见的范围等各种因素予以认定，并且需结合行为人的客观行为进行综合考察。一般来说，行业内专业人员的注意义务高于行业外的普通人员，营利性质的行为人注意义务高于非营利性质的行为人。《最高人民法院关于审理侵害信息网络传播权民事纠纷案件适用法律若干问题的规定》第九条规定列举了认定网络服务提供者构成“应知”的七种情形，具有可操作性。本案中，通过公证书反映的事实，被告江门广电公司主观上是明知涉案影片有可能存在侵权情形，并且江门广电公司向用户收取费用以此获利，其对于有关影片是否侵犯他人知识产权负有更高的注意义务，因此，法院认定江门广电公司主观上明知有关作品存在侵权，存在过错，应当承担相应的侵权责任。

编写人：广东省江门市蓬江区人民法院　邱启杰

四、侵害信息网络传播权纠纷

41

精准再现美术作品的照片不应认定为摄影作品

——汉华易美（天津）图像技术有限公司诉广州快塑电子商务有限公司、深圳市腾讯计算机系统有限公司侵害作品信息网络传播权案

【案件基本信息】

1. 裁判书字号

广东省广州市黄埔区人民法院（2017）粤0112民初1815号民事判决书

2. 案由：侵害作品信息网络传播权纠纷

3. 当事人

原告：汉华易美（天津）图像技术有限公司（以下简称汉华易美公司）

被告：广州快塑电子商务有限公司（以下简称快塑公司）、深圳市腾讯计算机系统有限公司（以下简称腾讯公司）

【基本案情】

汉华易美公司是一家视觉影像内容和整合营销传播服务提供商，其经美国Getty Images公司授权，享有在中华人民共和国境内展示、销售和许可他人使用相关图像的权利，并有权以自己的名义，就任何未经授权使用相关摄影作品的侵权行为进行索赔。汉华易美公司主张快塑公司未经授权在其微信公众号上使用其享有著作财产权的摄影作品1幅，侵害汉华易美公司作品信息网络传播权。涉案摄影作品展现

摄影者之原创性，并非单纯仅为实体人、物之机械式再现。由 Getty Images 公司在全球各地的专业摄影师运用其摄影技术，决定观景、景深、光量、摄影角度、快门或焦距等事项后拍摄而成。被告所使用的摄影作品非自行创作，而系自网络撷取使用，应当预见使用该摄影作品可能涉及著作权侵权问题，被告对其有无取得合法使用权利等情形，没有尽到善良管理人之注意义务，具有过错。遂诉请法院判令：1. 两被告删除并停止使用侵权作品；2. 被告快塑公司赔偿原告经济损失与合理开支 1 万元；3. 被告承担本案诉讼费用。

【案件焦点】

涉案图片是否属于我国著作权法所规定的摄影作品。

【法院裁判要旨】

广东省广州市黄埔区人民法院经审理认为：原告主张涉案图片是摄影作品，被告快塑公司在微信公众号上推送的内容中使用了该涉案图片，侵犯了其作品的信息网络传播权。原告请求得以成立的前提是需要判断涉案图片是否属于我国著作权法所规定作品类型中的摄影作品。《中华人民共和国著作权法实施条例》对“作品”的定义：是指文学、艺术和科学领域内具有独创性并能以某种有形形式复制的智力成果。对摄影作品的定义：是指借助器械在感光材料或者其他介质上记录客观物体形象的艺术作品。由此可见，并非所有的照片都当然属于摄影作品，一张照片要成为摄影作品，除了其特殊的制作形成方式外，还必须符合独创性的要求。摄影作品的独创性体现在拍摄者在拍摄过程中根据拍摄对象的不同特性，选取了不同的场景、角度、光线和拍摄手法，体现了拍摄者的创造性劳动，而不应仅仅是简单的重现，或者是精确再现已有作品。本案中，涉案照片系对一幅美术作品拍摄而成，将美术作品中所包含的一只巨大的手提着一只小小的手的画面以照片的方式呈现，这种呈现是对该美术作品的精确再现，受众通过该照片所感知的是原美术作品的内容的存在，尽管也需要相应的拍摄技术和拍摄者的独立判断，但拍摄过程并未产生新的创造性表达，未给公众带来新的作品，属于对美术作品的复制。《中华人民共和国著作权法》第十条第五项关于复制权的定义，即“以印刷、复印、拓印、录音、录像、翻录、翻拍等方式将作品制作一份或者多份的权利”，亦明确翻拍属于复制的一种方式。因此，本院认为涉案照片属于美术作品的复制品，不属于摄影作品，不受我国著作权法保护，原告请求的权利基础不构成，其诉讼请求本院不予支持。

综上所述，根据《中华人民共和国著作权法》第三条，《中华人民共和国著作权法实施条例》第二条的规定，判决如下：

驳回原告公司全部诉讼请求。

【法官后语】

近年来，法院受理了大量涉及摄影作品的著作权纠纷案件，如“汉化易美”“华盖创意”等专业图片经营公司的系列维权案。司法实践中，此类案件绝大部分原告均胜诉或者部分胜诉，法院基本都认定涉案照片属于摄影作品，而被告答辩主要集中在照片的来源、照片正常使用的市场价格、照片的流传范围、使用照片的非营利性目的等方面，很少就照片本身是否具有独创性、是否能够成为摄影作品发表抗辩意见。此案提醒我们在审理此类案件时对涉案照片能否成为摄影作品进行审查，以回归《著作权法》对于作品定义的立法本意。

就摄影作品而言，拍摄一幅摄影作品的主题、作者想要彰显的意境、作者拍摄前的构思等均属于思想的范畴，作者将上述思想范畴的内容通过其拍摄手法，选取特定的场景和角度，利用特定的光线最终拍摄而成的照片，则形成了一种具体的表达，该表达才是著作权保护的对象。我国著作权法的立法模式是区分著作权和邻接权，用著作权保护具有独创性的智力成果，用邻接权保护劳动投入和资金付出。著作权法的立法本意对摄影作品有一定的独创性高度要求，只有具备一定艺术性的照片才能称之为摄影作品。

但是，对照片艺术性的判断却有着很强的主观因素，就审判案件而言，不同法官基于不同阅历、不同文化修养、不同审美情趣而对所谓“艺术性”极有可能得出截然不同的结论。故为在司法实践中界定摄影作品独创性的最低要求，笔者将摄影作品归纳为以下三类区分认定：

第一，创作型照片，此类照片被拍摄的场景（例如，拍摄物品的选择、物品摆放的位置、拍摄人物的造型以及站立方位等）是由摄影师设计而成的，这些场景中具体的事物或者人物虽然都是客观存在的，但是摄影师通过其个性化的选择使得拍摄对象所呈现的画面有一个从无到有的过程，再通过选取不同的角度、光线、手法拍摄成为照片，较为常见的有婚纱照等。除极其极端的情况（例如，摄影师在一面白墙上点了一个黑点再拍摄照片）外，此类照片均应属摄影作品。

第二，再现型照片和抓拍型照片。前者指对客观场景通过拍摄照片的形式精准再现。后者指在特定的时间点拍摄的照片，其特点是拍摄时间的特定性以及拍摄对象的流动性或者说变化性，过了这个时间点，哪怕同样的角度、同样的光线条件、同样的拍摄器材、同样的摄影师也不可能拍出相同的照片，如某年某月某日黄山的日出。这两类照片所拍摄的场景是已经客观存在的，摄影者也并未对这些场景进行创造和改变，所以其独创性表达体现在拍摄的场景结合光线、角度、滤镜等各方面因素所展现的照片特殊效果。判断这两类照片的创造性高低，必须结合被拍摄场景的构成要素及这些要素与光、影结合所呈现的效果，若被拍摄场景过于简单，且其与光、影结合也并未展示出特别效果，则不应将其认定为摄影作品，如庭审结束后律师对开庭笔录所拍摄的照片。

第三，达不到摄影作品独创性要求的几类常见照片。(1) 常见场景和画面过于简单的照片，如我们随手拿起手机对着电脑键盘拍的一张照片；(2) 纯粹的功能性照片，如网上购物后因所购物品有缺陷要求退货时卖家要求买家拍摄上传的物品缺陷的照片；(3) 精准再现已有作品的照片，即本案所审理的涉案照片。上述类型的照片原则上不构成摄影作品，但在符合特定条件，照片展示出来的特殊效果能够让受众感受到摄影者创造性的个性化选择时，也可以被认定为摄影作品，如苹果发布会上展示的苹果手机的照片等。

编写人：广东省广州市黄埔区人民法院　郭志雄

42

影视作品截图可否作为摄影作品单独保护

——新丽电视文化投资有限公司诉扬州胜基商贸有限公司、浙江天猫网络有限公司侵害作品信息网络传播权案

【案件基本信息】

1. 裁判书字号

杭州互联网法院（杭州铁路运输法院）（2017）浙8601民初2296号民事判决书

2. 案由：侵害作品信息网络传播权纠纷

3. 当事人

原告：新丽电视文化投资有限公司（以下简称新丽电视公司）

被告：扬州胜基商贸有限公司（以下简称胜基公司）、浙江天猫网络有限公司（以下简称天猫公司）

【基本案情】

新丽电视公司享有电视剧《小丈夫》及其剧照的相关著作权。在该剧中多次出现有女主角姚澜怀抱一毛绒玩具的镜头。

胜基公司在天猫公司经营的天猫网上开有一网店，店内销售有一款“小丈夫姚澜同款毛绒玩具真爱松鼠公仔抱枕玩偶送女朋友生日礼物”，商品详情页面中使用有4张《小丈夫》电视剧画面截图，均为该剧女主角姚澜女性角色怀抱一毛绒玩具的画面，以及该剧剧照（局部）。

新丽电视公司将胜基公司诉至杭州互联网法院，索赔2万元。在诉讼过程中，新丽电视公司明确其在本案中主张的作品类型为摄影作品，主张的权利为信息网络传播权。

【案件焦点】

本案争议焦点在于影视作品截图可否作为摄影作品单独保护。

【法院裁判要旨】

杭州互联网法院经审理认为：影视作品截图符合法定要件时，可以作为摄影作品单独保护。

首先，影视作品的独创性固然体现在动态图像上，但动态图像在本质上是由逐帧静态图像构成。各帧静态图像虽不是静态拍摄完成，但也体现了摄录者对构图、光线等创作要素的选择与安排，体现出了独创性。这种独创性使得特定帧静态图像符合摄影作品的构成要件的规定。

其次，著作权法通过对特定类型作品提供有限度的保护以实现其立法目的，为此，著作权法在赋予权利的同时又会对权利进行限制。但限制权利只是手段，并非目的，在缺乏合理理由的前提下，对符合法定要件的作品不应当拒绝保护。就本案所涉以类似摄制电影方法创作的作品中符合法定要件的特定帧静态图像而言，以摄影作品加以保护，不会为权利人带来超出其创造性劳动价值之外的保护，也不会给社会公众添加额外的负担或损及他人及社会公共利益。

最后，著作权法并未排除制片者对以类似摄制电影方法创作的作品中所包含的其他作品享有著作权的可能。制片者同时对以类似摄制电影方法创作的作品以及该作品中可析出的其他作品享有著作权并不违反现行《著作权法》的规定。

【法官后语】

商业性使用影视剧截图的现象极为普遍，如网店经营者在售卖影视剧中出现的同款商品时使用影视剧截图以作宣传之用，简单调研可知，此类侵权形势较为严峻。但有关影视作品截图究竟以怎样的形式加以保护尚存争议。具体而言，存在作为影视作品之一部分保护、作为摄影作品单独保护、以《反不正当竞争法》保护三种思路。

在著作权法的体系之内，将截图单独作为摄影作品保护与作为影视作品一部分保护两种路径相比较后可见，作为摄影作品保护在权利内容、实质性近似的认定、合理使用抗辩成立的可能性等方面均更具优势。另外，与文字作品不同的是，使用文字作品的片段被认定侵权的前提是该片段应符合文字作品的独创性要件，即该片段本身亦属文字作品。而影视作品的本质特征在于动态图像，影视作品的截图虽取自影视作品，但已经丧失了“动态”这一基本特征，不应再定性为影视作品，如果将对截图的使用定性为侵害影视作品著作权将破坏影视作品与摄影作品间的界限。鉴于对影视作品截图可以摄影作品加以保护，在《著作权法》这一知识产权专门法体系内可以解决的问题，也不宜要求相应权利人诉诸《反不正当竞争法》。

编写人：杭州互联网法院　张书青

43

侵犯作品信息网络传播权法律责任认定

——北京爱奇艺科技有限公司诉暴风集团股份有限公司等侵害作品信息网络传播权案

【案件基本信息】

1. 裁判书字号

北京知识产权法院（2017）京73民终2059号民事判决书

2. 案由：侵害作品信息网络传播权纠纷

3. 当事人

原告（被上诉人）：北京爱奇艺科技有限公司（以下简称爱奇艺公司）

被告（上诉人）：暴风集团股份有限公司（以下简称暴风集团公司）

被告：北京暴风新影科技有限公司（以下简称暴风新影公司）、北京私影科技有限公司（以下简称北京私影公司）

【基本案情】

原告爱奇艺公司经他人授权获得了涉案电影《北京遇上西雅图之不二情书》独家信息网络传播权，并于2016年6月18日在其公司网站平台上线。国家版权局于2016年7月15日公布的2016年度第五批重点作品预警名单中包括涉案影视作品。

2017 年 1 月 12 日，爱奇艺公司人员与公证处人员到位于北京市朝阳区三里屯 SOHO 商场的“BFC 超感影音体验中心”。爱奇艺公司人员在该中心提供的平板电脑上连接局域网络后进行选片，选择了影片《北京遇上西雅图之不二情书》《西游记之孙悟空三打白骨精》《微微一笑很倾城》，支付观影费用 999 元，观影次数为 4 次。对上述影片进行观看后，爱奇艺公司人员使用微信扫描该厅内宣传牌上的二维码，页面显示“账号主体 北京私影公司”。观影发票上记载的销售方名称及印章均为“北京私影公司”。

2017 年 3 月 13 日，爱奇艺公司人员在公证处，进入暴风集团公司官网，点击页面内下方的“私人影院”，显示：暴风集团公司是一家专业的私人影院设备 & 私人影院加盟服务提供商……已在全国拥有 10 家 BFC 超感影音体验中心直营店……点击“暴风私影”网页页面下方的“BFC”，弹出新页面，地址栏显示：bfcmovie. com，页面显示一幅摄影图片，上有“BFC 超感影音体验中心 Powered by 暴风影音”字样，下方的文字为：BFC 超感影音体验中心。该网站备案主体信息显示主办单位为“暴风新影公司”

爱奇艺公司诉至法院，要求三被告立即停止在 BFC 超感影音体验中心提供涉案作品的在线播放业务，并共同赔偿经济损失以及合理费用共计 30 万元。

【案件焦点】

1. 三被告是否实施了爱奇艺公司所诉的侵权行为；2. 若认定涉案行为构成侵权，赔偿数额如何认定。

【法院裁判要旨】

北京市石景山区人民法院经审理认为：根据相关公证书及当事人当庭陈述，应认定 BFC 超感影音体验中心未经授权或许可通过其局域网络向社会公众提供涉案影视作品，侵犯了该作品的信息网络传播权，应由该中心的经营主体承担相应的法律责任。关于暴风新影公司抗辩称，其媒体资源库没有涉案影视作品，可能是消费者在播放其自带片源后服务器自动存储了相关影片的主张，与爱奇艺公司公证证明的体验中心提供的平板电脑进行选片的事实不符，且即使暴风新影公司所述为事实，亦不能改变其非法在线提供涉案影视作品播放服务的行为性质。关于 BFC 超感影音体验中心的经营主体问题，被告暴风新影公司认可其为该中心的经营者，但暴风集团公司、北京私影公司均否认参与该中心的实际经营。根据爱奇艺公司提交的两份公证书及购买观影服务的发票，可以确认暴风集团公司和北京私影公司均是BFC超感影音体验中心的经营者，因此，三被告应当就共同实施的涉案侵权行为承担连带法律责任。

关于赔偿数额问题，本案中，在权利人的实际损失和被告因侵权行为的违法所得均难以确定的情况下，爱奇艺公司请求法院适用法定赔偿方式确定赔偿数额符合上述法律规定，应予支持。现综合以下因素酌定赔偿数额：1. 根据爱奇艺公司提交的国家版权局2016年第五批重点影视作品预警名单及当事人当庭陈述，可证实涉案影视作品具有较高的知名度和商业价值；2. 涉案影视作品上线时间为2016年6月18日，与原告爱奇艺公司于2017年1月12日公证涉案侵权行为的时间间隔不长，虽已超出热播期但仍属较新的影片，涉案侵权行为将给原告带来较大的经济损失；3. 三被告提供观影服务的消费金额较高，即观影4次需要999元，应推定其通过实施侵权行为违法获利数额较大。综上酌定赔偿数额为16万元。

最终一审法院判决三被告立即停止涉案侵权行为，并共同赔偿爱奇艺公司经济损失16万元以及合理费用共计13340元，两项共计173340元。

暴风集团公司不服一审判决，提出上诉。

北京知识产权法院经审理认为：

一审判决认定事实清楚，适用法律正确；遂判决：

驳回上诉，维持原状。

【法官后语】

本案涉及两个法律问题。第一，通过局域网提供作品的行为是否应认定为信息网络传播行为。1996年，为适应互联网技术的发展，世界知识产权组织（WIPO）主持通过了“互联网条约”即《世界知识产权组织版权条约》（WCT）和《世界知识产权组织表演和录音制品条约》（WPPT），从而把著作权保护延伸至互联网空间。我国《著作权法》于2001年第一次修订时亦为了适应互联网发展趋势，直接借鉴WCT第八条的相关规定，规定信息网络传播行为是指“以有线或者无线方式向公众提供作品，使公众可以在其个人选定的时间和地点获得作品的权利”。即

"在个人选定的时间和地点获得作品"是信息网络传播权的构成要件。事实上，作为数字通信工具，互联网具有开放性、公共性、非同步性和交互性等特点，"个人选定的地点"只是对于信息网络传播权"交互性"技术特征的解释和描述，是相对而非绝对的，其含义在于用户有权选择在不同地点上网，强调的是信号在不同终端之间的传输。为了统一裁判尺度，平息争议，2012 年 12 月 17 日，《最高人民法院关于审理侵害信息网络传播权民事纠纷案件适用法律若干问题的规定》出台，其中第二条明确界定了信息网络传播权所适用的信息网络，即"包括以计算机、电视机、固定电话机、移动电话机等电子设备为终端的计算机互联网、广播电视网、固定通信网、移动通信网等信息网络，以及向公众开放的局域网络"。北京市高级人民法院也曾在针对网吧、校内网的指导性意见中指出：被告未经著作权人许可将影视作品上载至其局域网；或从第三方购买装有影视作品的软件安装到局域网及接受网络更新服务，但未审查第三方是否得到著作权人授权的，应当认为其具有主观过错。随着对于信息网络传播概念的不断认知及相关规定的出台，目前司法实践中均将在局域网传播作品的行为定性为信息网络传播权行为。

第二，关于本案赔偿数额的问题。由于没有类似情况在先判决可供参考，权利人又无法证明其实际损失，法庭曾考虑通过查实被告经营账目，或以被告会员的办卡金额除以观影次数，得出单次观影所需金额，再乘以查明的涉案影视作品播放次数，再考虑扣除被告一定的经营成本，就可以比较准确地得出被告实施侵权行为获得的收益。但最终上述情况均无法查明，于是法庭根据本案的具体情况，综合以下因素确定了最终的赔偿数额：1. 涉案影视作品具有较高的知名度和商业价值；2. 涉案影视作品虽已超出热播期但仍属较新的影片；3. 三被告提供观影服务的消费金额较高，应推定其通过实施侵权行为违法获利数额较大。

私人影院作为一种新兴的商业模式，该系列案件的判决对于规范私人影院经营活动及推动行业健康发展具有典型意义。

编写人：北京市石景山区人民法院　易珍春

44

版式设计权的权利范围仅限于复制权

——中国建筑工业出版社诉北京怡生乐居信息服务有限公司侵害作品信息网络传播权案

【案件基本信息】

1. 裁判书字号

北京知识产权法院（2017）京 73 民终 164 号民事判决书

2. 案由：侵害作品信息网络传播权纠纷

3. 当事人

原告（上诉人）：中国建筑工业出版社（以下简称建工出版社）

被告（被上诉人）：北京怡生乐居信息服务有限公司（以下简称怡生乐居公司）

【基本案情】

建工出版社对《建设工程项目管理（第四版）》教材作品（以下简称涉案作品）享有专有出版权。在怡生乐居公司经营的网站“新浪地产”中可以对涉案作品进行下载。建工出版社认为，根据《中华人民共和国著作权法》第三十六条的规定，出版者有权许可或者禁止他人使用其出版的图书、期刊的版式设计，该法律规定的“使用”并非局限于“复制”，“复制”只是使用的一个环节，并非全部，建工出版社作为出版者，既有权禁止他人通过传统纸质方式复制、销售、传播等方式使用涉案图书的版式设计，也有权禁止他人通过扫描成电子版图书、通过网络传播的方式使用涉案图书的版式设计。怡生乐居公司未经许可，在其经营的网站“新浪地产”中向公众提供该作品的下载服务，该行为侵犯了建工出版社对涉案作品享有的版式设计权，故要求怡生乐居公司赔偿损失。怡生乐居公司认为出版者的版式设计权不含信息网络传播权，涉案图书不是怡生乐居公司复制、上传的，相应行为均是由网络用户完成，怡生乐居公司未侵犯版式设计的复制权；怡生乐居公司是信息存储空间服务提供者，用户上传内容，应适用“避风港”原则；用户上传的涉案图书扫描件，是针对图书内容而不是版式设计，故怡生乐居公司未侵犯涉案作品的版式设计权。

【案件焦点】

1. 出版者的版式设计权的权利范围包括哪些权利，是否包括信息网络传播权；2. 仅仅对版式设计进行复制，但未进行后续利用，是否构成对版式设计权的侵权。

【法院裁判要旨】

北京市海淀区人民法院经审理认为：版式设计是出版者在编辑加工作品时完成的劳动成果，属于邻接权的保护范围。出版者有权许可或者禁止他人使用其出版的图书、期刊的版式设计。结合版式设计的含义、用途和出版行业惯例等因素综合考虑，版式设计权的保护范围比较狭小，一般仅以专有复制权为限。信息网络传播权的权利客体限于作品、表演、录音录像制品，版式设计并非信息网络传播权的权利客体。

北京市海淀区人民法院依照《中华人民共和国著作权法》第十条第一款第（十二）项、第三十六条第一款、第四十八条，《信息网络传播权保护条例》第二条之规定，判决：

驳回中国建筑工业出版社的全部诉讼请求。

建工出版社不服一审判决，提出上诉。

北京知识产权法院经审理认为：版式设计与作品不同，版式设计难以达到独创性的要求，无法作为作品受到狭义著作权的保护，即版式设计不享有《中华人民共和国著作权法》第十条第一款规定的全部十七个权项，其保护范围一般仅限于复制权。建工出版社的上诉理由缺乏法律依据。

北京知识产权法院依照《中华人民共和国民事诉讼法》第一百七十条第一款第（一）项之规定，判决：

驳回上诉，维持原判。

【法官后语】

我国《著作权法》对出版者的版式设计权的权限范围没有作出明确规定，仅指明出版者有权许可或者禁止他人使用其出版的图书、期刊的版式设计，但对于“使用”的含义未予以明确。目前，有出版社希望通过扩大解释版式设计权的权利范围以期对被控侵权人上传电子书的信息网络传播行为进行规制。司法实践中，对于如何解释版式设计权的权利范围仍存在一定争议。

版式设计是对印刷品的版面格式的设计，包括对版心、排式、用字行距、标点等版面布局因素的安排，版式设计是出版者在编辑加工作品时完成的劳动成果。因此版式设计权的主体专指图书、报刊出版者。我国《著作权法》第三十六条第一款规定：“出版者有权许可或者禁止他人使用其出版的图书、期刊的版式设计。”在此，立法者在描述版式设计权时采用了“使用”一词，有观点认为“使用”一词外延宽泛，应当包括所有利用版式设计的各种方式，如复制、通过信息网络向公众传播等。这种观点是对上述法律规定的误读。如前所述，版式设计权属于邻接权的一种，其保护的客体是传播者的劳动成果和投资，这种劳动成果不具有独创性，不符合作品的构成要件。因此，邻接权的保护范围不可能大于作品的保护范围，否则就违背了著作权法鼓励创作的立法初衷。版式设计权作为邻接权，其保护范围也是受限的，虽然立法者没有就版式设计权的具体权限范围进行明确的规定，但通常认为版式设计权仅限于复制权，即除出版者自己可以随意使用其版式设计外，他人未经许可不得擅自按原样复制，或者简单的、改动很小的复制以及变化了比例的复制。只有将版式设计权的权利范围作这样的限定解释，才符合著作权与邻接权区别保护的立法模式，才不至于因对不构成作品的劳动成果给予过大范围的保护而对作者的权利以及鼓励智力成果创造的立法目的造成冲击。

如果仅仅对版式设计进行复制，但未进行后续利用，是否构成对版式设计权的侵权？笔者认为答案是肯定的。正如仅对作品进行复制，但未予发行，同样构成对作品复制权的侵犯。北京市高级人民法院在2018年4月20日颁布的《侵害作品著作权案件审理指南》第5.1条第4款规定：“未经许可复制他人作品但未发行或者以其他方式传播的，构成侵害复制权，但法律另有规定的除外。”版式设计也是同理。之所以提出这样的问题，是因为在网络环境下，扫描并上传电子书是目前侵犯版式设计权的一种常见表现形式。就作品而言，扫描并上传图书当然构成对作品著作权的侵犯，此时，侵权人实施的具体侵权行为包括两项，一是扫描，即复制行为，二是上传到网络，即信息网络传播行为。此时，我们仅认定侵权人侵犯了作者对作品享有的信息网络传播权即可，而不再单独认定构成侵犯复制权。但就扫描并上传电子书的版式设计而言，情况则不尽相同。被控侵权人也实施了两个行为，一是复制，二是上传，但版式设计权仅仅控制复制行为，并不控制上传行为。因此，如果扫描的主体与上传的主体并非同一主体，版式设计权人仅能向实施复制行为的主体主张侵犯版式设计权，而不能就实施网络传播行为的主体主张侵犯版式设计权。《北京市高级人民法院侵害作品著作权案件审理指南》第6.6条第2款规定："将图书、报刊扫描复制后在互联网上传播的，构成侵害版式设计权。"需要说明的是，此处虽提及在互联网上传播的行为，但侵害版式设计权是因为被控侵权人实施了扫描复制行为，如果没有扫描复制行为存在，仅上传行为是不构成侵犯版式设计权的。由此可见，版式设计权无法控制信息网络传播行为，因此，网络服务提供者的帮助侵权行为自然也无从谈起。

目前，有出版社希望通过扩大解释版式设计权的权利范围以期对被控侵权人上传电子书的信息网络传播行为进行规制。笔者认为，这种解释不符合著作权法的立法原意，此时还是应当通过主张侵犯作品的信息网络传播权对自身的权利进行保护，而非通过主张版式设计权的方式进行维权。版式设计权不能控制信息网络传播行为，相应的，版式设计权人也无权就网络服务提供者的过错行为主张帮助侵权责任。因此，出版社在维权时，应当向法院提供其获得作者对作品的信息网络传播权的授权的相关证据，并通过主张被控侵权人侵害了作品的信息网络传播权的方式寻求对自身权利的保护。

编写人：北京知识产权法院　兰国红

45

侵害作品信息网络传播权纠纷的审理思路

——北京晋江原创网络科技有限公司诉广州市动景计算机科技有限公司侵害作品信息网络传播权案

【案件基本信息】

1. 裁判书字号

北京知识产权法院（2016）京73民终1107号民事判决书

2. 案由：侵害作品信息网络传播权纠纷

3. 当事人

原告（上诉人）：北京晋江原创网络科技有限公司（以下简称晋江公司）

被告（被上诉人）：广州市动景计算机科技有限公司（以下简称动景公司）

【基本案情】

晋江公司认为动景公司经营的UC浏览器手机APP客户端的“智能阅读”功能可以使用户在阅读涉案小说VIP收费章节时，通过点击“优化目录”即实现转码阅读且呈现为新的排版格式，动景公司经营的UC浏览器未经许可将涉案小说缓存在自己的服务器上向公众提供，直接侵害了晋江公司对涉案小说享有的信息网络传播权，遂向一审法院起诉。一审北京市海淀区人民法院经审理认定，现有证据无法证明动景公司经营的UC浏览器提供将涉案小说上传至其控制的服务器直接向用户提供的行为，故判决驳回晋江公司的诉讼请求。一审判决后，晋江公司提起上诉。

北京知识产权法院经审理认为：虽然可以认定“智能阅读”功能提供的仅是搜索链接和优化阅读版面服务，并未构成直接侵权，但是由于一审法院没有明确对其他请求权基础涉及的要件事实进行审理，当事人可以再行提起诉讼，遂判决：驳回上诉、维持原判。

【案件焦点】

1. 动景公司的涉案行为是否构成侵害晋江公司对涉案小说享有的信息网络传播权，即《中华人民共和国著作权法》第十条第一款第（十二）项规定的向公众提供作品的行为，这也就是理论界所称的直接侵权的认定问题；2. 如果不能证明存在直接侵权行为，对于晋江公司指控的动景公司的涉案行为，是否应当继续进行请求权基础的寻找，即选择适用法律对其行为进行定性，也就是间接侵权的认定问题。

【法院裁判要旨】

北京市海淀区人民法院经审理认为：如无相反证据，在作品上署名的为作者。涉案小说作者为何某娴（笔名祈祷君等），晋江公司经过何某娴授权，取得了涉案小说的独家信息网络传播权及维权的权利。动景公司对晋江公司享有的涉案权利不持异议，法院根据优势证据原则对此予以确认。

未经权利人许可，他人不得通过有线或无线方式向公众提供作品，使公众可以在其个人选定的时间和地点获得作品。本案中，晋江公司主张，动景公司所经营的UC浏览器未经许可提供涉案小说，直接侵害了晋江公司就涉案小说享有的信息网络传播权。对于动景公司提供涉案小说的方式，晋江公司明确为UC浏览器通过深度链接的方式，将涉案小说通过转码的形式缓存在自己的服务器中提供给用户，并解释如不缓存，无法提供转码。法院注意到，第一，第6266号公证书显示，通过UC浏览器登录晋江文学城网站，免费阅读章节内容页面显示有晋江文学城中链接地址，收费阅读章节内容页面则显示为凤凰小说网链接地址，且提供作品内容来源网站的“换源”功能，故UC浏览器实际提供了对包括晋江文学城网站在内的他人网站涉案小说的链接服务。第二，UC浏览器在展示涉案小说页面的过程中均提示“正在转码”，事实上也存在转码失败无法显示的情况。动景公司解释转码功能是为了方便移动设备用户阅读网页而进行的格式转换，是临时的技术措施，不存储作品。第三，晋江公司认可动景公司提供了深度链接服务。第四，晋江公司虽表示UC浏览器还提供离线阅读服务，能实现作品内容存储，但承认第6266号公证书中未操作离线下载功能。综合以上情况，法院认为，本案缺乏证据证明动景公司经营的UC浏览器提供将涉案小说上传至其控制的服务器的行为，故对晋江公司提出动景公司未经许可提供涉案小说，使用户可以在个人选定的时间或地点获得作品的直接侵害其信息网络传播权的主张，不予支持。对于晋江公司坚持认为UC浏览器不将作品缓存在自己的服务器中就无法转码的主张，未提交充分证据证明，动景公司对此亦不予认可，法院对此主张不予支持。

北京市海淀区人民法院依照《中华人民共和国著作权法》第十条第一款第（十二）项，《中华人民共和国民事诉讼法》第六十五条第一款之规定，判决：

驳回北京晋江原创网络科技有限公司的全部诉讼请求。

晋江公司不服一审判决，提出上诉。

北京知识产权法院经审理认为：如何通过请求权基础的寻找对直接侵权和间接侵权行为进行准确认定，是侵害作品信息网络传播权纠纷案件中不能回避的问题。本案既涉及动景公司UC浏览器的"智能阅读"功能如何实现、是否实施信息网络传播行为的直接侵权认定，又涉及在不能证明存在直接侵权行为时是否应当继续选择适用法律对其行为进行定性的间接侵权认定，即《中华人民共和国著作权法》第四十八条第（一）项与《中华人民共和国侵权责任法》第三十六条第二款和第三款的不同请求权基础之间的区别和适用问题。出于诉讼经济原则的考虑，建议法官在案件审理时进行释明，对涉案行为进行准确审查，作出直接侵权或者间接侵权的认定。但是具体到本案，尽管可以认定"智能阅读"功能提供的仅是搜索链接和优化阅读版面服务，并未构成直接侵权，但是由于一审法院没有明确对其他请求权基础涉及的要件事实进行审理，当事人可以再行提起诉讼，故对本案有关间接侵权涉及的要件事实不予审查和认定。

北京知识产权法院依照《中华人民共和国民事诉讼法》第一百七十条第一款第（一）项的规定，判决：

驳回上诉，维持原判。

【法官后语】

在网络环境下的信息服务中，存在着网络内容提供者、网络服务提供者等不同的法律主体，前者是将信息上传或者置于向公众开放的信息网络中向公众提供信息，后者则是通过技术、设备等为信息在网络上的传播提供中介服务。《著作权法》中规定的信息网络传播权，正是协调保护权利人的著作权与调整上述法律主体之间关系的权利。学理上，将侵害作品信息网络传播权的侵权行为类型分为直接侵权和间接侵权，前者指未经许可擅自实施信息网络传播的行为，后者指行为人虽没有直接提供信息，但是通过教唆、提供物质技术条件等帮助直接侵权人的行为。

在我国现有的法律框架下，网络传播中的直接侵权和间接侵权面临着不同的法律责任和归责原则。其中，对于属于《著作权法》第十条第一款第（十二）项规定的以有线或者无线方式向公众提供作品以使公众可以在其个人选定的时间和地点获得作品的直接侵权行为，《著作权法》第四十八条规定了停止侵害、消除影响、赔礼道歉、赔偿损失等民事责任。而对于间接侵权行为的规制，由于著作权法中并没有相关规定，则需适用《侵权责任法》第三十六条第二款、第三款有关网络服务提供者承担连带责任的规定。

由于侵害作品信息网络传播权纠纷案件既可能涉及直接侵权又可能涉及间接侵权，而权利人在主张涉案侵权行为及涉嫌侵犯的权利时，可能存在不明确或难以明确的情形。此时，一方面，出于使当事人的纠纷得到一次性解决的诉讼经济原则的考量；另一方面，亦是依据《最高人民法院关于民事诉讼证据的若干规定》所赋予的释明责任，法官都应当在案件审理时充分履行释明义务，将具体案件事实进行层层剖析，对可能涉及的直接侵权行为和间接侵权行为一并准确审理和查明，进而寻找和甄别请求权基础，最终正确地选择适用法律进行裁判。

本案中，晋江公司在一审起诉时主张动景公司的涉案行为侵害其对涉案小说享有的信息网络传播权，故一审法院仅就动景公司可能涉及的直接侵权行为进行了认定，并未涉及间接侵权相应事实的审查。但根据现有证据，可以认定动景公司所经营 UC 浏览器的“智能阅读”功能提供的仅是搜索链接和优化阅读版面服务，动景公司的涉案行为并未侵害晋江公司对涉案小说享有的信息网络传播权。在这种情况下，鉴于法律并未规定法官未履行释明义务的处理方式，加之《最高人民法院关于适用〈中华人民共和国民事诉讼法〉的解释》在关于重复起诉的构成条件的规定中，明确了当由诉讼请求、原因事实及法律依据加以特定的诉讼标的与前诉不同时，当事人另行起诉不会构成重复起诉。在一审法院没有明确对其他请求权基础涉及的要件事实进行审理的情况下，当事人可以再行提起诉讼。故对本案有关间接侵权涉及的要件事实，不予审查和认定。

编写人：北京知识产权法院　杨振

46

时间戳证据能否作为认定事实的依据

——华盖创意（北京）图像技术有限公司诉厦门灿坤实业股份有限公司侵害作品信息网络传播权案

【案件基本信息】

1. 裁判书字号

福建省厦门市中级人民法院（2017）闽02民终5140号民事判决书

2. 案由：侵害作品信息网络传播权纠纷

3. 当事人

原告（被上诉人）：华盖创意（北京）图像技术有限公司（以下简称华盖公司）

被告（上诉人）：厦门灿坤实业股份有限公司（以下简称灿坤公司）

【基本案情】

2014年2月10日，Getty公司副总裁John. J. Lapham III出具版权确认及授权书，确认：1. Getty公司对附件A中所列出之品牌相关所有图像享有版权，有权展示、销售和许可他人使用前述所有图像；2. 华盖公司是Getty公司在中国的授权代表，Getty公司明确授权其在中国境内展示、销售和许可他人使用附件A中所列出的品牌相关所有图像，这些图像展示在华盖公司的互联网站www. gettyimages. cn上；3. 华盖公司是唯一全权在中国境内以其自己的名义就任何第三方未经授权使用或涉嫌未经授权使用附件A中所列出之品牌相关所有图像的行为采取任何形式的法律行为。前述授权书附件A中所列的品牌中包括Stockbyte等品牌。

华盖公司在其网站www. gettyimages. cn上刊有权利图片，图片上均显示有“华盖创意www. gettyimages. cn”水印标志，页面底部附有版权申明：“本网站所有创意图片及影视素材均由本公司或版权所有人授权发布，在中华人民共和国境内，华盖创意有权办理该图片素材或影视素材的授权使用许可。”

根据华盖公司提交的三份《可信时间戳认证证书》记载，证书时间戳由国家授时中心负责授时和守时保障的联合信任时间戳服务中心签发，证明文件（文件名称分别为00439. MTS、kk242 2014 -09 -26 11 -04 -05. avi、EUPA灿坤家电 . rar）自申请时间戳时，即2014年9月16日起已经存在且内容保持完整、未被篡改，时间戳文件以附件形式保存在本证书中。上述《可信时间戳认证证书》所附文件，经当庭登录时间戳服务中心网站予以验证，显示上述文件已通过可信时间戳验证，文件自申请时间戳时起，内容保持完整，未被更改。前述时间戳文件中显示，灿坤公司在其微博EUPA灿坤家电V（http：//weibo. com/eupa）上使用了案涉4张图片，图片上有"@ EUPA灿坤家电 weibo. com/eupa"的水印。庭审中，华盖公司及灿坤公司共同确认灿坤公司的前述微博上已不存在案涉图片。

【案件焦点】

时间戳证据能否作为认定被告侵权事实的依据。

【法院裁判要旨】

福建省厦门市湖里区人民法院经审理认为：本案系侵害作品信息网络传播权纠纷。根据《中华人民共和国著作权法》第十一条第四款的规定，"如无相反证明，在作品上署名的公民、法人或者其他组织为作者"，并享有著作权。涉案图片展示于 http：//www. gettyimages. cn上，图片上标有"华盖创意 www. gettyimages. cn"的水印，且页面上登有相关的版权申明。华盖公司已经取得Getty公司合法授权，其据此主张权利，依法应予支持。在灿坤公司未能提供相反证明的情况下，其抗辩称Getty公司不享有案涉图片的著作权及华盖公司诉讼主体不适格并没有事实和法律依据，要求法院调取Getty公司著作权权属证明及取得权利的合同亦无依据，法院不予采纳。灿坤公司在其微博"http：//weibo. com/eupa"上发布的图片，经比对与华盖公司网站上展示的图片一致。灿坤公司未经著作权人许可，擅自使用涉案图片，并用于微博上的企业宣传，侵犯了华盖公司依法享有的信息网络传播权，应当承担停止侵害、赔偿损失的民事责任。灿坤公司抗辩否认华盖公司提交的可信时间戳等证据的真实性，并认为其不足以证明侵权行为的存在。对此，福建省厦门市湖里区人民法院认为，可信时间戳是由权威可信时间戳服务中心签发的一个能够证明数据电文（电子文件）在一个时间点是已经存在的、完整的和可验证的，具备法律效力的电子凭证，主要用于确定电子文件产生的准确时间，防止电子文件的篡改和事后抵赖，因此，其作为证据使用具有权威信和可信赖性，具有证明效力，在灿坤公司未能提出反驳证据的情况下，根据优势证据原则，法院对此予以采信，对灿坤公司的抗辩理由不予采纳。

福建省厦门市湖里区人民法院依照《中华人民共和国著作权法》第十条第一款第（十二）项、第十一条第四款、第四十八条第（一）项、第四十九条，《最高人民法院关于审理著作权民事纠纷案件适用法律若干问题的解释》第二十五条第二款、第二十六条之规定，判决如下：

一、厦门灿坤实业股份有限公司于本判决生效后十日内赔偿华盖创意（北京）图像技术有限公司经济损失12000元；

二、厦门灿坤实业股份有限公司于本判决生效后十日内赔偿华盖创意（北京）图像技术有限公司合理支出2000元；

三、驳回华盖创意（北京）图像技术有限公司的其他诉讼请求。

厦门灿坤实业股份有限公司不服一审判决，提出上诉。

福建省厦门市中级人民法院依照《中华人民共和国民事诉讼法》第一百七十条第一款第（一）项之规定，判决：

驳回上诉，维持原判。

【法官后语】

信息时代变革的节奏是前所未有的，信息的存在与取得方式的飞跃使证据学研究乃至证据立法面临诸多考验。在证据信息化的大趋势下，以计算机及其网络为依托的电子数据在证明案件事实的过程中起着越来越重要的作用。而数字时间戳是数字签名技术一种变种的应用，已经被越来越广泛地应用于知识产权领域中。权利人对于侵权事实不再采取传统的公证形式，而是越来越多地使用时间戳技术，以减少维权成本，提高维权效率。但这种证明侵权事实的电子证据在司法实践中往往受到被告的质疑。对时间戳这种新型电子证据究竟应该采取什么样的司法态度？对此，本案中认为，可信时间戳是由联合信任时间戳服务中心根据国际时间戳标准签发的，能证明数据电文在一个时间点已经存在的、完整的、可验证的，具备法律效力的电子凭证，可信时间戳是解决《电子签名法》中对数据电文原件形式要求的必要技术保障。结合电子签名法的有关规定，同时根据民事诉讼证据高度盖然性规则，在被告未能提供相反证据的情况下，应对可信时间戳证据予以采信。

编写人：福建省厦门市湖里区人民法院 林娜

47

裁量性赔偿作为确定损害赔偿数额的方法

——深圳市腾讯计算机系统有限公司诉暴风集团股份有限公司侵害作品信息网络传播权案

【案件基本信息】

1. 裁判书字号

北京知识产权法院（2017）京73民终1263号民事判决书

2. 案由：侵害作品信息网络传播权纠纷

3. 当事人

原告（被上诉人）：深圳市腾讯计算机系统有限公司（以下简称腾讯公司）

被告（上诉人）：暴风集团股份有限公司（以下简称暴风公司）

【基本案情】

腾讯公司依法拥有由上海灿星文化传播有限公司制作的大型励志专业音乐评论节目《中国好声音（第三季）》（共16期节目）独家信息网络传播权。腾讯公司诉称，暴风公司在未取得节目信息网络传播权的情况下，在其经营的网站（www.baofeng.com）上播放该节目第三期“0801 汪峰飙歌狂抢5人”（以下简称涉案节目）。暴风公司明知涉案节目的信息网络传播权由腾讯公司独家所有，却仍在其经营的网站上播放，严重侵害腾讯公司的合法权益。据此，请求依法判决暴风公司赔偿腾讯公司经济损失及诉讼合理支出200万元，具体包括经济损失199万元，诉讼合理支出1万元。

【案件焦点】

侵权损害赔偿数额的认定。

【法院裁判要旨】

北京市石景山区人民法院经审理认为：依据相关证据及认定的事实，足以确信腾讯公司因暴风公司涉案行为所遭受的经济损失明显超出《中华人民共和国著作权法》规定的法定赔偿数额的上限50万元，为弥补权利人的经济损失、惩戒恶意侵权行为，酌定每案赔偿数额为100万元，合理支出为1万元，共计101万元。判决如下：

一、暴风公司于本判决生效后十日内赔偿腾讯公司经济损失100万元及诉讼合理支出1万元，两项共计101万元；

二、驳回腾讯公司的其他诉讼请求。

一审判决后，暴风公司以一审判决的赔偿数额没有事实和法律依据，对于经济损失的认定明显过高且极不公平合理为由提起上诉。

北京知识产权法院经审理认为：在确定侵权损害赔偿数额时，要善于运用根据具体证据酌定实际损失或侵权所得的裁量性赔偿方法，引导当事人对于损害赔偿问题积极举证，进一步提高损害赔偿计算的合理性。本案中，可以采用裁量性赔偿的方法确定损害赔偿数额，首先，腾讯公司是《中国好声音（第三季）》节目信息网络传播权独占许可使用合同的被许可人，其取得《中国好声音（第三季）》独占许可使用权的正常许可费为750万元/期，授权期限为3年。而暴风公司播出涉案节目的时间正处于涉案节目首轮播出并且还是热播期间，致使腾讯公司事实上未能够享有独家播出的权利，造成其独家采购协议目的落空。其次，《中国好声音（第三季）》节目的信息网络传播产生了极高的广告收益，该节目具有极高的商业价值。再次，腾讯公司在《中国好声音（第三季）》节目播出前后，都曾特意告知暴风公司采取措施，避免侵害《中国好声音（第三季）》节目的信息网络传播权。暴风公司的传播行为显属明知故犯，且系进行大规模侵权，行为性质恶劣。最后，暴风公司的侵权行为持续的侵权期间持续长达一个月以上，且上述侵权期间恰好处于涉案节目的热播期间，话题度、点击率均处于较高水平。综上，暴风公司的涉案行为给腾讯公司带来了巨大的经济损失。

北京知识产权法院判决：

驳回上诉，维持原判。

【法官后语】

确定侵害著作权案件的损害赔偿数额一直是法院审理此类案件的难点所在。由于知识产权客体的无形性等特点，权利人往往难以全面掌握能够证明其因侵权行为所遭受的损失或侵权人由此获利的证据。出于保护著作权人的考虑，我国《著作权法》将法定赔偿作为侵害著作权及邻接权损害赔偿的计算方法，并对各种损害赔偿的计算方法作出了具有顺位要求的规定：第一顺位是权利人的实际损失；第二顺位是侵权人的违法所得；第三顺位是法定赔偿。可以适用前顺位方法时，排除后顺位方法的适用。确定权利人的实际损失与侵权人的违法所得包含多个参数。通常情况下，难以查明所有参数的准确数值，但也几乎不可能无法查明任何参数的准确数值。然而在司法实践中，无论著作权人是否提交了与权利人损失或侵权人获利相关的证据，绝大多数的侵害著作权案件都径直适用了法定赔偿的计算方法来确定损害赔偿数额。这一方面导致法官的自由裁量权过大，另一方面也因缺少对认定损害赔偿数额的论理而使法院判决的权威性和严肃性大打折扣。

最高人民法院副院长陶凯元在《全国法院知识产权审判工作座谈会暨全国法院知识产权审判“三合一”推进会》上的讲话提到：“要善于运用根据具体证据酌定实际损失或侵权所得的裁量性赔偿方法，引导当事人对于损害赔偿问题积极举证，进一步提高损害赔偿计算的合理性。权利人提供了用以证明其实际损失或者侵权人违法所得的部分证据，足以认定计算赔偿所需的部分数据的，应当尽量选择运用酌定赔偿方法确定损害赔偿数额。”

在本案的审理中明确了在计算侵害著作权及邻接权损害赔偿的数额时，能够查明权利人的实际损失或者侵权人的违法所得的部分参数时，应当尽量利用裁量性赔偿方法确定权利人的实际损失或者侵权人的违法所得，而不是直接适用法定赔偿。具体适用可以参考以下思路：

第一，审查权利人损失的一般规则。法院应当鼓励权利人提交涉案作品以涉案侵权方式合法使用的正常许可费的证据材料。权利人提交以下证据材料可以作为正常许可费的重要参考：(1) 与涉案作品类似的作品以涉案侵权方式合法使用的正常许可费；(2) 涉案作品以与涉案侵权方式类似的方式合法使用的正常许可费；(3)

与涉案作品类似的作品以与涉案侵权方式类似的方式合法使用的正常许可费。权利人能够提交许可合同及实际履行证据的，在没有相反证据的情况下，不得无理由地怀疑相关证据的真实性，进而无依据地降低损害赔偿数额。

第二，审查侵权人违法所得的一般规则。侵权人对于涉案侵权行为的自行宣传以及中立的第三方对于涉案侵权行为的宣传，应当作为侵权人违法所得的证据。侵权人否定前款证据应当提交充分的相反证据。侵权人未能提交充分的相反证据，仅以商业宣传中具有夸大因素为由否定第一款证据的，不应支持。

第三，酌情确定损害赔偿数额的考量因素。作品方面的考量因素包括：作品的性质、类型，文学价值、历史价值，获奖情况及社会影响等。作者方面的考量因素包括：作者的地位、贡献、获奖情况及社会影响等。侵权方面的考量因素包括：侵权行为的方式、手段，持续时间、影响范围，商业性使用的程度、与侵权目的的关联与配合程度，重复侵权情况，大规模侵权情况以及恶意侵权情况等。

编写人：北京知识产权法院　冯刚

五、不正当竞争纠纷

48

串通投标不正当竞争行为构成要件浅析

——北京盛世民安科技发展有限公司诉北京维尔森科技发展有限公司等串通投标不正当竞争案

【案件基本信息】

1. 裁判书字号

北京市西城区人民法院（2016）京0102民初第22314号民事判决书

2. 案由：串通投标不正当竞争纠纷

3. 当事人

原告：北京盛世民安科技发展有限公司（以下简称盛世民安公司）

被告：北京维尔森科技发展有限公司（以下简称维尔森公司）、天津碧云科技有限公司（以下简称碧云公司）、山西赛斐防灾科技有限公司（以下简称赛斐公司）

【基本案情】

2014年12月，涉案原告盛世民安公司、被告维尔森公司、碧云公司、赛斐公司均作为供应商参加了涉案项目的第一次公开招标的投标。

维尔森公司承认于2014年12月14日曾向招标代理公司发出书面《质疑函》，对涉案项目招标过程中发现的问题提出质疑并请求核查答复。质疑问题为“招标公告中要求招标单位必须符合条件：注册资金不低于100万元（人民币）的企业，且同时具有单项合同金额不低于100万元防震减灾教育馆或地震博物馆公司陈列设计与施工业绩，招标公司是否对其他投标公司资格进行了审核，不合格投标人是否依法退出投标，招标流程是否存在其他漏洞”。

在没有相反证据的情况下，根据原告提供的三被告企业工商登记信息、三被告的营业执照可知，赛斐公司经营场所为大同市城区南环路柳港园小区A1号楼9层2单元904号，企业类型为有限责任公司（自然人投资或控股），2014年5月4日变更股东登记为郭某峰、王某峰、樊某敏，王某峰为该公司执行董事、樊某敏为该公司监事，郭某锋为该公司聘任经理。碧云公司经营场所为天津市武清区大王古庄镇城王路1号105－2（集中办公区），企业类型为有限责任公司（自然人投资），自然人股东熊某，熊某为执行董事、经理，翁某良为监事。维尔森公司经营场所为北京市大兴区黄村镇大庄村58号1号楼101室，企业类型为有限责任公司（自然人投资或控股），投资人（自然人股东）翁某良、张某，张某为执行董事、经理，李某为监事。

在本案审理中，原告盛世民安公司指控赛斐公司股东、经理郭某锋代表维尔森公司递交投标书，理由是在《丰城市防震减灾局地震科普体验馆项目开标记录表》上发现维尔森公司投标方代表签字人为“郭某锋”，但在举证期间并未提供有效证据。

【案件焦点】

1. 本案三被告在投标过程中是否存在“相互勾结以排挤竞争对手公平竞争”的行为；2. 本案三被告是否有损害原告盛世民安公司公平竞争权利的情形。

【法院裁判要旨】

北京市西城区人民法院经审理认为，判断是否构成串通投标不正当竞争行为时，应当重点审查以下要件：1. 被诉招标人和投标人是否存在共同过错，即是否有通过意思联络形成的排挤该投标人竞争对手公平竞争的共同主观故意。2. 被告是否实际实施了侵权行为，即被告是否构成了串通投标人的行为，或足以达到串通效果的其他行为。3. 原告是否被排挤而无法参与公平竞争或存在合法权益遭受损害的客观事实，包括但不限于抬高和压低报价。4. 原告的实际损失是否与被告的侵权行为之间存在因果关系。

北京市西城区人民法院经审理认为：原告提供的现有证据不足以证明在《丰城

市防震减灾局地震科普体验馆项目开标记录表》上签字的维尔森公司投标方代表“郭某锋”就是赛斐公司股东、经理“郭某锋”，原告指控三被告股东或投资人存在混同问题，以现有工商登记信息、营业执照也不足以认定三被告为人格混同的关联企业。原告没有提供有效证据证明其在涉案项目第一次招标、投标活动中具有市场竞争优势已被公示为“预中标人”。且招标代理公司于2014年12月24日作出的《流标公告》明确涉案项目中所有投标人在第一次招标、投标活动没有中标，没有取得签订合同的预期利益。维尔森公司向招标代理公司发出书面《质疑函》的行为不违反法律规定，是合法行使投标人权利的行为。

原告提供的现有证据不能直接或间接证明三被告串通投标并致原告投标利益受损的事实存在。原告盛世民安公司主张三被告存在串通投标不正当竞争行为，没有事实和法律依据，故对原告要求三被告赔礼道歉消除影响、连带赔偿经济损失及律师费的诉讼请求，法院均不予支持。对被告维尔森公司、赛斐公司要求驳回原告盛世民安公司诉讼请求的答辩意见，法院予以采信。

北京市西城区人民法院依照《中华人民共和国反不正当竞争法》第二条、第十五条，《中华人民共和国招标投标法》第五条、第三十二条第一款、第四十二条，《中华人民共和国政府采购法》第三条、第四条、第二十三条、第五十一条，《中华人民共和国民事诉讼法》第六十四条第一款、第一百四十四条之规定，判决：

驳回北京盛世民安科技发展有限公司的全部诉讼请求。

【法官后语】

本案为串通投标不正当竞争纠纷，原告主张他人有串通投标不正当竞争行为时，应当重点审查以下要件：1. 被诉招标人和投标人是否存在共同过错，即是否有通过意思联络形成的排挤该投标人竞争对手公平竞争的共同主观故意。《反不正当竞争法》所规定的的不正当竞争行为，都是经营者恶意所为的行为。根据《侵权责任法》的规定，其责任形式为过错责任，即有过错有责任，无过错无责任。因此，确定被诉主体是否有过错是前提。2. 被告是否实际实施了侵权行为，即被告是否构成了串通投标人的行为，或足以达到串通效果的其他行为。如果被告并不构成串通其他投标人行为，当然不构成串通投标不正当竞争。但当被告与其他投标人之间存在密切联系（如企业实际控制人相同等），足以影响其独立参与投标时，也应当认为其产生了与串通其他投标人相当的效果。3. 原告是否被排挤而无法参与公平竞争或存在合法权益遭受损害的客观事实，包括但不限于抬高和压低报价。《不正当竞争法》保护的是经营者和消费者的合法权益，只有当经营者或消费者的合法权益受到侵害时，才能适用《反不正当竞争法》进行救济。对于没有遭受实际损害的合法权益，以及经营者和消费者的非法利益，不能适用《反不正当竞争法》保护。4. 原告的实际损失是否与被告的侵权行为之间存在因果关系，如果原告的损失与被告的侵权行为没有关系，不能认定为串通投标不正当竞争行为。

本案中，原告盛世民安公司无法证明三被告之间存在串通行为，更无法证明三被告之间存在与串通投标效果相当的行为。经法院查明，三被告直接控股股东或实际控制人之间不存在混同现象。原告主张维尔森公司投标方代表"郭某锋"与赛斐公司股东、经理"郭某锋"为同一人的事实也无法证明。即便二者确为同一人，郭某锋代为参与投标的行为也并不违反有关法律规定，不构成混同，故原告主张三被告之间存在串通投标行为不成立。

此外，原告同样无法证明自己的合法权益受到了损失。原告既无法证明其主张的"预中标"事实，也无法证明"已中标"的事实。而根据《流标公告》载明，本次流标原因为所有投标都不符合招标文件要求。《招标投标法》第四十二条规定："评标委员会经评审，认为所有投标都不符合招标文件要求的，可以否决所有投标。依法必须进行招标的项目的所有投标被否决的，招标人应当依照本法重新招标。"本案中，招标代理公司否决所有投标的行为合法，依法进行了第二次招标。整个过程合理合法，原告在过程中也并未受到不公平待遇。故原告主张的事实不成立。

编写人：北京市西城区人民法院　李易忱

49

购物助手破坏购物网站用户粘性的行为构成不正当竞争

——浙江淘宝网络有限公司诉上海载和网络科技有限公司、载信软件（上海）有限公司不正当竞争案

【案件基本信息】

1. 裁判书字号

上海知识产权法院（2017）沪73民终198号民事判决书

2. 案由：不正当竞争纠纷

3. 当事人

原告（被上诉人）：浙江淘宝网络有限公司（以下简称淘宝公司）

被告（上诉人）：上海载和网络科技有限公司（以下简称载和公司）、载信软件（上海）有限公司（以下简称载信公司）

【基本案情】

原告淘宝公司系网络购物平台淘宝网的经营者，该网站还提供多种支付手段、收费或免费推广服务等特色服务或增值服务。被告载和公司系“帮5买”网站经营者，该网站首页设置与淘宝网类似，提供针对京东、天猫、淘宝等购物网站的垂直搜索及代购服务。被告载信公司系载和公司的关联公司，亦自称“帮5买公司”，其开发“帮5淘”购物助手后，于2012年9月在“帮5买”网站上线。用户安装、运行“帮5淘”后登录淘宝网时，淘宝网每个网页的顶部均会被置顶插入被告网站标识、推荐图片、搜索框、登录入口、“帮5买购物车”等；在商品详情页的购买信息中插入被告的二维码、收藏图标、推荐图片等，还在原有页面的“立即购买”“加入购物车”按钮旁边或下方插入带有优惠标识的减价按钮。点击减价按钮则跳转至“帮5买”网站，与淘宝网原有页面大致相同，点击购买按钮则进入“帮5买”的注册/登录界面，登录后完成下单、付款等流程，款项直接进入载和公司账

户。之后由载和公司的员工根据用户填写的信息在淘宝网下单，相应销售者向用户发货。网络上存在大量关于“帮5买”“帮5淘”与淘宝网关系的帖子，阿里巴巴内网中有大量关于“帮5买”“帮5淘”的投诉记录。

2015年10月24日，上海市浦东新区人民法院作出裁定，要求两被告立即停止将“帮5淘”网页插件嵌入“淘宝网”网页的行为。后两被告进行整改，同年12月15日最新版本的“帮5淘”已不存在被控行为，但往期版本的“帮5淘”仍会在淘宝网插入前述置顶信息。2016年6月，“帮5淘”停止运营。

原告淘宝公司诉称：“帮5淘”的行为使得被告信息在原告页面中得到免费展示，导致用户误认为原、被告之间存在合作关系，将大量原打算在原告网站交易的用户引至被告网站，破坏了原告网站的交易，导致用户流失，构成不正当竞争。故起诉请求两被告停止不正当竞争行为；赔偿原告经济损失人民币1000万元及合理费用15万元；消除影响。诉讼过程中，原告撤回第一项诉讼请求。

两被告辩称：1.“帮5淘”的最终用户不是网购用户而是有代购和搜索比价服务需求的用户，其与原告间不存在直接竞争关系。2.“帮5淘”是为了满足用户关于网络购物的合理需求，使用的是浏览器扩展技术这一合法中立的技术，未损害原告利益，相反对其有促进作用，故未违反公认的商业道德。3. 载信公司并不参与软件运营，已尽到合理审慎的义务，不应承担连带责任。

【案件焦点】

1. 购物助手大多会在购物网站的空间开展经营活动，对购物网站的经营产生一定干扰，如何认定购物助手正当行为的边界；2. 涉案购物助手的具体行为是否超出购物助手正当行为的边界，并违反购物助手领域公认的商业道德。

【法院裁判要旨】

上海市浦东新区人民法院经审理认为：1. 购物助手这一商业模式解决了网购信息不对称的问题，能够提升消费者福祉，有助于提高竞争的充分性。对购物助手具体行为正当与否的判断应从增进社会整体利益出发，综合衡量购物网站经营者、消费者及购物助手经营者等多方利益。具体而言，应就购物助手是否充分尊重用户权益、是否明确标注标识来源、作用方式的合理程度、对网购交易的介入程度等进行审查后进行综合评判。2. 原告通过长期经营形成的用户群体和用户粘性，是其核心竞争资源。涉案购物助手软件未经许可，在淘宝网页面关键位置插入相应标识，以提供价格补贴的方式引导原先选择在淘宝网直接购物的用户改为选择在“帮5买”网站获得购物服务，减损了淘宝网作为购物入口优先选择的优势，破坏了淘宝网的用户粘性，对原告的经营造成了实质性损害。被告行为的本质系利用原告的竞争优势以谋求自身的交易机会，具有不正当性，构成不正当竞争。

上海市浦东新区人民法院判决两被告共同赔偿淘宝公司经济损失100万元及合理开支10万元，并共同在淘宝网和“帮5买”网站首页上发布声明，消除影响。

一审判决后，两被告提起上诉。

上海知识产权法院经审理后判决：驳回上诉，维持原判。

【法官后语】

互联网领域的竞争日新月异，很多网络从业者实施的损害其他经营者利益的行为并未被《反不正当竞争法》具体规定，为此受损一方多会选择以该法第二条的原则性条款为依据而提起诉讼。在该条的适用实践中，被控行为是否具有不正当性是认定的重点和难点。

本案被控不正当竞争行为主要表现为被告的软件在原告网页插入横幅、图标等内容，向消费者提供帮购、同类推荐等服务，对原告的网站运行进行了某种程度的干扰。该干扰行为是否违背公认的商业道德，需将该行为放置在《反不正当竞争法》促进竞争、鼓励创新，实现竞争公平与自由的立法目的下进行判断，防止脱离竞争法的目标进行泛道德化评判。判断被控行为是否违背公认的商业道德，应就被控行为是否对原告的正常经营造成过度妨碍、是否具有正面的市场效应、对市场竞争秩序所产生的影响及其损害与正面效应是否符合比例原则进行综合考量。综合考虑以上因素，法院认定“帮5淘”购物助手的涉案行为构成不正当竞争。

本案系我国首次认定恶意破坏网站用户粘性行为构成不正当竞争的判决。该判决从行为目的、方式、后果及利益平衡的角度，分析该领域内公认商业道德的考量因素，对同类案件的认定具有一定的指导意义。同时，该判决还指出了购物助手这一商业模式的正当行为边界，有助于购物助手领域乃至电商行业竞争秩序的进一步规范。本案经中央电视台、《人民法院报》《新民晚报》等数十家媒体报道，获得各界好评。

编写人：上海市浦东新区人民法院　叶菊芬

50

广告语构成不正当竞争行为的法律认定

——广州王老吉大健康产业有限公司、广州医药集团有限公司诉广东加多宝饮料食品有限公司、广东乐润百货有限公司不正当竞争案

【案件基本信息】

1. 裁判书字号

广东省高级人民法院（2016）粤民终303号民事判决书

2. 案由：不正当竞争纠纷

3. 当事人

原告（被上诉人）：广州王老吉大健康产业有限公司（以下简称王老吉公司）、广州医药集团有限公司（以下简称广药集团）

被告（上诉人）：广东加多宝饮料食品有限公司（以下简称加多宝公司）

被告：广东乐润百货有限公司

【基本案情】

广药集团系第626155号“王老吉”商标专用权人。2000年5月2日，广药集团与鸿道（集团）有限公司签订商标许可协议，约定将“王老吉”商标许可给鸿道（集团）有限公司及其投资（包括全资或合资）的企业使用。加多宝公司由鸿道（集团）有限公司独资经营，在2003年10月至2004年3月委托制作了含有广告语“怕上火喝王老吉”的影视广告。加多宝公司称，截至2012年5月9日，加多宝公司及关联企业使用涉案“怕上火喝王老吉”广告语宣传其红罐凉茶所支出的各类媒体广告费总额为3858987158.36元。2012年5月9日，中国国际经济贸易仲裁委员会作出（2012）中国贸仲京裁字第240号裁决，确认广药集团与鸿道（集团）有限公司签订的《“王老吉”商标许可补充协议》和《关于“王老吉”商标

使用许可合同的补充协议》无效，鸿道（集团）有限公司停止使用“王老吉”商标。王老吉公司于2012年5月25日与广药集团签订商标使用许可合同，约定广药集团许可王老吉公司在中国境内（不含香港、澳门和台湾地区）生产和销售的红色罐装及红色瓶装凉茶植物饮料上独家使用“王老吉”商标。加多宝公司于2012年6月5日委托制作含有“怕上火喝加多宝”广告语的电视广告，在相关报刊、公交车、地铁、机场、火车站、候车亭、大卖场等媒介上投放过“怕上火喝加多宝”广告语。加多宝公司在2012年5月9日后还使用过“怕上火，喝正宗凉茶；正宗凉茶，加多宝”“怕上火，喝正宗凉茶”等广告语。王老吉公司、广药集团认为加多宝公司使用上述广告语的行为构成不正当竞争，故起诉至法院，请求判令加多宝公司等停止侵权，销毁含有上述侵权广告语的产品包装及其他宣传物品，公开赔礼道歉并赔偿经济损失及合理维权费用共计500万元。

【案件焦点】

1. 加多宝公司的被诉广告行为是否擅自使用知名商品的特有名称、造成混淆或误认；2. 加多宝公司的被诉广告行为是否违反诚实信用原则或公认的商业道德。

【法院裁判要旨】

广东省广州市中级人民法院经审理认为：本案广告语对凉茶产品进行了功能定位，“怕上火”经加多宝公司多年宣传使用，已具有区别其他同类商品的能力，并能够与其所经营的凉茶产品建立起稳定联系，属于《中华人民共和国反不正当竞争法》的保护范畴。广药集团作为“王老吉”商标的所有人，王老吉公司作为“王老吉”商标的合法使用人，对属于该商标形象组成部分的广告语享有合法利益。“怕上火喝王老吉”广告语的权利归属于王老吉公司和广药集团，故加多宝公司使用“怕上火喝加多宝”的广告语会使得消费者认为生产“加多宝”产品的企业与生产“王老吉”产品的企业具有许可使用、关联企业等关系，不当地增加了加多宝公司“加多宝”产品的竞争优势，从而损害王老吉公司和广药集团的合法利益。因此，加多宝公司的行为构成不正当竞争，应承担停止侵权、赔偿损失等民事责任。

广东省广州市中级人民法院依照《中华人民共和国民法通则》第一百三十四条第一款第（一）项、第（七）项？《中华人民共和国反不正当竞争法》第二条、第五条第（二）项、第二十条，《最高人民法院关于审理不正当竞争民事案件应用法律若干问题的解释》第四条之规定，作出如下判决：

一、广东加多宝饮料食品有限公司立即停止使用广告语“怕上火喝加多宝”“怕上火，喝正宗凉茶；正宗凉茶，加多宝”“怕上火，喝正宗凉茶”；

二、广东加多宝饮料食品有限公司自判决生效之日起十日内赔偿广州王老吉大健康产业有限公司、广州医药集团有限公司经济损失及合理维权费用500万元；

三、驳回广州王老吉大健康产业有限公司、广州医药集团有限公司的其他诉讼请求。

加多宝公司不服一审判决，提出上诉。

广东省高级人民法院经审理认为：本案中，“怕上火喝王老吉”广告语的显著性和识别性均来源于“王老吉”，该广告语本身并未作为“王老吉凉茶”的商品名称进行过使用，并非知名商品的特有名称。王老吉公司、广药集团也从未将“怕上火喝”作为“王老吉凉茶”的商品名称或者广告进行过独立使用。由于“怕上火喝”是对凉茶产品功能的描述，并没有形成直接指向“王老吉凉茶”的第二含义，因此，该广告句式缺乏显著性，不具备识别商品来源的作用，同样也不应当作为知名商品的特有名称受到《中华人民共和国反不正当竞争法》的保护。“怕上火喝加多宝”等广告语与“怕上火喝王老吉”之间的区别特征非常明显，不会使消费者将“加多宝凉茶”混淆或误认为是“王老吉凉茶”，未违反《中华人民共和国反不正当竞争法》第五条第（二）项之规定。

“怕上火喝×××”广告语系由加多宝公司在被广药集团许可使用“王老吉”商标期间首先创设并持续使用。在广药集团与加多宝公司的“王老吉”商标许可使用关系已经终止，加多宝公司已将其凉茶产品改用“加多宝”商标的情况下，加多宝公司将其一直使用的“怕上火喝×××”等广告句式改用在“加多宝凉茶”产品上进行宣传，不具有不正当性，并不存在明显违反诚实信用原则或公认的商业道德的情形。“怕上火喝王老吉”和“怕上火喝加多宝”广告语指向的商品均非常明确，不足以使相关公众造成混淆或误认，不属于攫取不正当竞争优势。

广东省高级人民法院依照《中华人民共和国反不正当竞争法》第二条、第五条第（二）项，《中华人民共和国民事诉讼法》第一百七十条第一款第（二）项之规定，作出如下判决：

撤销一审判决，驳回原告的全部诉讼请求。

【法官后语】

“怕上火喝王老吉”广告语经过多年持续、大规模的广告宣传，具备了很高的市场知名度。本案因涉及“怕上火喝×××”广告语的归属问题，受到社会各界的广泛关注。由于广告语不是法律意义上的注册商标，不当然享有《商标法》上禁止他人使用的权利，原告主张通过适用《反不正当竞争法》中的有关规定来保护其权利。简言之，就是被告的被诉广告行为是否违反了《反不正当竞争法》第五条第（二）项或者第二条之规定的问题。

《反不正当竞争法》第五条第（二）项的适用涉及知名商品、特有名称、相同或近似的使用、造成混淆或误认等要素。引申到对广告语的法律评价，则应当考虑是否满足以下几个要件：该广告语所宣传的商品是知名商品；该广告语被作为商品的名称使用；该广告语的固有含义与商品功能、用途、材质等商品本身的属性无明显关联，或虽有一定关联但经过大量使用后形成了区别于其第一含义的第二含义，具有识别商品来源的作用。否则，我们认为就不应当从知名商品特有名称的角度对该广告语给予《反不正当竞争法》上的保护。

《反不正当竞争法》第二条被认为是该法中的一般条款，具有一定的兜底功能。随着一些新型不正当竞争案件的出现，而法律条文中又未明确予以规定，法院倾向于通过适用一般条款来加以规制。适用一般条款需要法院对个案实施情况具备透彻的把握和法律解释上的高超技巧，核心问题是对“公认的商业道德”的清晰阐述。如果没有明确的证据能够证明存在“公认的商业道德”，且被告的行为明显违反了“公认的商业道德”或诚实信用原则，则应当慎用或不用一般条款来予以保护。

综上所述，在“怕上火喝王老吉”广告语缺乏明确的《商标法》上的权利基础，允许“怕上火喝王老吉”与“怕上火喝加多宝”等涉案广告语共存并不会造成相关公众对不同产品的混淆或误认的情况下，我们认为，应当从《反不正当竞争法》的角度划清市场自由竞争与不正当竞争之间的界限，平等保护市场主体的合法权益，树立公平有序的市场竞争秩序。

编写人：广东省高级人民法院　裘晶文

51

将他人商标作为关键词购买竞价排名的不正当竞争认定

——新会江裕信息产业有限公司诉爱普生（中国）有限公司、北京百度网讯科技有限公司不正当竞争案

【案件基本信息】

1. 裁判书字号

北京知识产权法院（2015）京知民终字第1753号民事判决书

2. 案由：不正当竞争纠纷

3. 当事人

原告（上诉人）：新会江裕信息产业有限公司（以下简称新会江裕公司）

被告（上诉人）：爱普生（中国）有限公司（以下简称爱普生公司）

被告（被上诉人）：北京百度网讯科技有限公司（以下简称百度公司）

【基本案情】

新会江裕公司是一家提供针式打印机、发票打印机和税控装置等计算机外部设备产品的开发、生产、销售和服务的知名企业，并注册了“Jolimark”“映美”“Jolimark 映美”商标。2014年8月，新会江裕公司在百度搜索引擎的搜索框中输入关键词“jolimark”“映美”“jolimark 映美”“映美官网”“jolimark 官网”等词语进行搜索后发现，在首页中出现名称为“7月1日~9月30日发票打印机首选爱普生……”“espon 全面支持营改增，超低功耗……”等链接，且该链接后都有“推广链接”提示。分别点击上述链接后，都是进入爱普生公司的产品网页。

新会江裕公司认为爱普生公司与其同为生产和销售针式打印机、发票打印机产品的企业，其上述行为极易使相关公众混淆和误认二者为同一主体或存在联系，已经违反了《中华人民共和国反不正当竞争法》第九条第一款的规定，从而构成引人误解的虚假宣传的不正当竞争行为。百度公司既是网络服务提供商又是广告的

经营者，其未履行相应的审查和合理注意的业务，主观上存在过错；同时百度公司向爱普生公司提供了百度推广搜索关键词的服务，客观上为爱普生公司实施侵权行为提供了便利条件，违反了《中华人民共和国反不正当竞争法》第九条第二款之规定。

爱普生公司认为百度推广服务中搜索的关键词是计算机内部设置的，没有向公众展示，不能被用来识别商品；搜索排名是通过中立软件计算出来的，不受人为控制；搜索结果包含自然搜索结果，不会排除某一类信息；“推广”字样表明属于广告内容。在计算机系统内部设置关键词不属于商标性使用，未侵害商标权。且推广链接内以及打开的链接页面充分描述了爱普生产品内容，不包含新会江裕公司的商标或信息，未侵害其商标权，不会造成误解，不构成不正当竞争的虚假宣传。

百度公司认为新会江裕公司的起诉违反了“一事不二诉”的原则，针对被诉行为，其既在另案起诉了商标侵权纠纷，亦起诉了本案不正当竞争纠纷，其应当择一而诉。推广模式是普遍存在的推广模式，生效的判决已经确认涉案推广行为既不构成商标侵权行为，也不构成不正当竞争行为。

【案件焦点】

1. 爱普生公司将新会江裕公司的商标购买作为竞价排名后台关键词的行为是否违反《中华人民共和国反不正当竞争法》第二条的规定；2. 如果该行为违反了上述规定，百度公司是否应与爱普生公司承担连带责任；3. 赔偿数额的合理性。

【法院裁判要旨】

北京市海淀区人民法院经审理认为：爱普生公司与新会江裕公司同为打印机行业的经营者，并且均生产、销售针式打印机，故双方均有竞争关系。

本案中，从百度公司后台公证的情况来看，爱普生公司在其百度推广服务管理账户中，添加了“映美”“Jolimark”作为关键词，即使用竞争对手的品牌作为关键词推广自己的产品，主观上存在故意。爱普生公司辩称设置关键词的行为系由其委托的认证服务商所为，并提交了《爱普生搜索引擎关键词框架投放服务合同》及补充协议予以证明。对此法院认为，鉴于合同相对性原则，该合同中对于投放关键词行为责任承担的约定，仅能约束合同签订双方，而不能对抗第三人；另鉴于委托代理行为的性质，代理人在代理权限内，以被代理人的名义实施民事法律行为，被代理人对代理人的代理行为，承担民事责任。爱普生公司依据该合同委托认证服务商进行关键词投放，该公司应对该代理行为承担民事责任。因此，对于爱普生公司的辩称，法院不予采信。

爱普生公司的上述行为，使得“爱普生打印机”的相应链接出现在“映美”“Jolimark”打印机的搜索结果页面，其中部分链接还列为搜索结果的第一项，这将导致本欲关注“映美”“Jolimark”打印机的网络用户却由此关注了“爱普生打印机”，并进入该公司的相关页面，攫取了新会江裕公司的交易机会，继而减少了新会江裕公司就此交易机会应获得的经济利益，造成经济损失。因此，爱普生公司的上述行为有违诚实信用原则，构成不正当竞争，应承担相应民事责任。

百度公司提供网络搜索技术服务，并未直接实施上述不正当竞争行为，而仅是提供了帮助及便利条件。对于百度公司在本案中主观上是否存在过错，法院认为，从本案现有证据来看，百度公司并未在提供涉案竞价排名服务之外，另行实施了为爱普生公司选择、添加、推荐涉案关键词的行为；对于百度公司在其官方出版的书籍中介绍将竞品词作为关键词，法院认为与爱普生公司在本案中添加关键词的行为无因果关系，不构成对其进行教唆、帮助的行为。从其应负的注意义务来看，除对明显违反国家法律法规以及具有较高知名度的商标等关键词应予主动排除之外，一般情况下，竞价排名服务商对于用户所选择使用的关键词并不负有全面、主动、事先审查的义务。因此，百度公司在本案中不存在过错，不应为爱普生公司的上述不正当竞争行为承担民事责任。

新会江裕公司要求爱普生公司停止侵权，但其确认涉案不正当竞争行为已于本案开庭前停止，故法院不再对此项诉讼请求进行裁判；其要求爱普生公司赔偿损失，鉴于新会江裕公司因本案所控不正当竞争行为而受到的实际损失，及爱普生公司的违法所得均缺乏证据证明，法院将综合考虑涉案产品的利润、双方的经营规模及爱普生公司的过错程度等因素酌予认定。新会江裕公司要求赔偿数额较高，不再全额支持其诉讼请求。新会江裕公司为本案支出的公证费，对于合理部分爱普生公司一并予以负担。

综上，原审法院依据反不正当竞争法第二条第一款之规定，判决如下：

一、爱普生公司赔偿新会江裕公司经济损失及合理支出共计十万元。

二、驳回新会江裕公司的其他诉讼请求。

新会江裕公司不服一审判决提出上诉。

北京知识产权法院经审理认为：购买他人商标作为竞价排名后台关键词的行为违反公认商业道德，属于不正当竞争。本案被诉行为是爱普生公司将新会江裕公司商标购买作为竞价排名后台关键词的行为，其实质在于爱普生公司使用新会江裕公司的商标增加了自己的商业机会。判断该行为的正当性在于经营者用以争夺商业机会的手段是否符合公认的商业道德。

商标的本质功能在于其识别作用，其所带来的经营利益应归属商标权人，经营者不得使用他人商标为自己增加商业机会属于公认的商业道德。虽然被诉行为购买的是用户不会看到的后台关键词，既不会使用户产生混淆，亦不影响自然搜索结果，但这并不意味着其不会影响到新会江裕公司的商业机会。因为必然会有部分用户看到该搜索结果后点击链接进入爱普生网站浏览，部分用户还会因此成为爱普生公司的用户。

百度公司应对爱普生公司购买竞价排名关键词的行为承担连带责任。因被诉行为的损害后果客观上由爱普生公司购买关键词以及百度公司提供的竞价排名共同造成，但因《中华人民共和国反不正当竞争法》中并未涉及帮助行为的责任承担规则，故对其责任的认定需要适用帮助侵权行为的相关规则，因此，帮助行为人的合理注意义务的确定是关键因素，具体到本案则是关键词为商标情况下的注意义务。

对于任何搜索引擎而言，竞价排名行为是其最为重要的盈利手段，故搜索引擎对其竞价排名服务需承担相对较高的注意义务。本案中，爱普生公司系将新会江裕公司的商标作为品牌词购买，但百度公司并无证据证明其要求爱普生公司提交了与该关键词相关的证据，这一做法说明百度公司未尽到合理的注意义务，主观存在过错。基于此，在爱普生公司购买关键词行为构成不正当竞争行为并需承担赔偿责任的情况下，百度公司应对此承担连带责任。

关于赔偿数额的确定。虽然爱普生公司及百度公司均具有较大公司规模及市场占有率，但仅依据这一事实仍无法相对准确地确定被诉行为所带来的损害及获利，在新会江裕公司并未做相应举证及说理的情况下，不能据此确定赔偿数额。

综上，北京知识产权法院判决如下：

一、撤销一审判决；

二、爱普生公司和百度公司共同赔偿新会江裕信息产业有限公司经济损失及合理支出共计十万元；

驳回新会江裕信息产业有限公司的其他诉讼请求。

【法官后语】

本案的审判涉及两个关键问题：

第一，购买他人商标作为竞价排名关键词的不正当性。《反不正当竞争法》第二条原则性条款高度抽象，对其适用应持十分慎重的态度，以防止因不适当扩大不正当竞争范围而妨碍自由、公平竞争。是否争夺了其他经营者的商业机会，并非判断正当性的决定因素，其判断关键在于经营者用以争夺商业机会的手段是否符合公认的商业道德。当该行为违反公认的商业道德时，才可以认定为不正当竞争行为。涉案两商标标识“映美”与“Jolimark”均系臆造词，在无相反证据证明其具有其他含义的情况下，可基本认定搜索用户使用涉案两商标进行搜索的目的在于搜索新会江裕公司的产品或相关信息。但被诉行为的存在使得搜索用户在看到新会江裕公司的产品或信息之前，便会在搜索结果顶部看到爱普生公司的相关推广信息。尽管在推广结果链接标题内并未包括涉案商标，但不可否认的是，必然会有部分用户看到该搜索结果后点击链接进入爱普生网站浏览，而在该部分用户中，亦极有可能有部分用户因而成为爱普生公司的用户。这一情形充分说明，虽然并无混淆发生，亦并未影响自然搜索结果，但被诉行为对于新会江裕公司的商业机会的掠夺是毋庸置疑的。

第二，百度提供竞价排名是否应承担连带责任。《反不正当竞争法》中并未涉及帮助行为的责任承担规则，故对其责任的认定需要适用帮助侵权行为的相关规则，即判断帮助行为人的合理注意义务，本案则判断竞价排名中关键词为商标时的注意义务。确定经营者对某经营行为应负的注意义务，可考虑三个因素：1. 因该经营行为为经营者所带来的经营利益；2. 因该经营行为对社会公众的影响；3. 因经营者满足具体注意义务的客观可能性。通常情况下，如果某一行为所带来的经营利益在经营者总收益中占有很大比例，或该行为对于社会公众产生了重要影响，则基于权利义务对等这一基本原则，并考虑到社会公共利益的保护，可要求经营者课以较高的注意义务。

任何搜索引擎的竞价排名行为是其最为重要的盈利手段，因此，需要承担较高的注意义务。本案中购买者在购买关键词的同时需要对该关键词的类型进行选择，而其中有“品牌词”这一选项。因品牌基本上相当于商标，而商标与购买者之间的所有关系很容易举证证明，故百度公司至少可以做到要求选择“品牌词”这一选项的购买者提交相关初步证据（包括注册商标的商标注册证、未注册商标的使用证据、许可使用合同等）以证明其与该商标之间的关系。但百度公司并无证据证明其要求爱普生公司提交了与该关键词相关的证据，这一做法说明百度公司未尽到合理的注意义务，主观存在过错。

编写人：北京知识产权法院　芮松艳　段重合

52

员工离职后创办企业使用与原任职的有一定知名度的企业相同的字号是否构成不正当竞争

——歌斐资产管理有限公司、天津歌斐资产管理有限公司诉厦门小歌斐投资管理咨询有限公司、庄某容不正当竞争案

【案件基本信息】

1. 裁判书字号

福建省厦门市湖里区人民法院（2016）闽0206民初6834号民事判决书

2. 案由：不正当竞争纠纷

3. 当事人

原告：歌斐资产管理有限公司（以下简称歌斐公司）、天津歌斐资产管理有限公司（以下简称天津歌斐公司）

被告：厦门小歌斐投资管理咨询有限公司（以下简称厦门小歌斐公司）、庄某容

【基本案情】

天津歌斐公司成立于2010年3月18日，其经营范围包括资产管理服务（金融

资产除外)、投资管理及相关咨询服务。2011年8月28日，天津歌斐公司经国家工商行政管理总局商标局核准注册第8387370号“歌斐”文字及图形组合商标，成为该商标的注册人，注册有效期限为2011年8月28日至2021年8月27日，核定服务类别为第36类，包括保险经纪、保险咨询、资本投资、金融服务、金融管理、金融分析、金融咨询、金融信息、经纪、受托管理。歌斐公司成立于2012年2月9日，注册资本1亿元，其经营范围包括资产管理服务、投资管理及相关咨询服务、受托管理股权投资基金、从事投融资管理及相关咨询服务业务。2012年2月10日天津歌斐公司与歌斐公司签订商标许可合同，约定天津歌斐公司许可歌斐公司使用上述第8387370号商标。歌斐公司先后获得“CVAwards 2012年度中国创业投资暨私募股权投资行业最佳人民币母基金（FOF)”“CVAwards 2013年度中国最具创新力有限合伙人”等诸多荣誉。新浪网、地产中国网、投资中国网站、人民网站等多家网站、多篇文章分别对歌斐公司进行了报道。歌斐公司系上海诺亚投资管理有限公司的全资子公司。天津歌斐公司系歌斐公司的全资子公司。厦门小歌斐公司成立于2012年7月12日，经营范围包括投资管理咨询（不含吸收存款、发放贷款、证券、期货及其他金融业务)、企业管理咨询、企业营销策划、品牌策划、文化活动策划。庄某容系该公司的法定代表人及唯一股东。其曾于2011年3月1日与歌斐公司的关联公司上海诺亚远征投资咨询有限公司签订《派遣员工劳动合同》，双方并签有《保密及竞业限制协议》。2013年3月28日，庄某容从该公司辞职。原告诉称厦门小歌斐公司、庄某容的前述行为已构成不正当竞争，请求判令后者立即停止使用带有“歌斐”字样的企业名称，且立即变更为不带有与“歌斐”相同或近似字样的其他企业名称，并由厦门小歌斐公司、庄某容共同赔偿歌斐公司、天津歌斐公司经济损失及为维权支出的合理费用合计20万元。

【案件焦点】

1. 员工离职后创办的企业使用与原任职的有一定知名度的企业相同的字号是否构成不正当竞争；2. 该离职员工是否构成不正当竞争。

【法院裁判要旨】

福建省厦门市湖里区人民法院经审理认为：根据《中华人民共和国反不正当竞争法》第五条第（三）项规定，经营者不得采用“擅自使用他人的企业名称或者姓名，引人误以为是他人的商品”的不正当手段从事市场交易，损害竞争对手。本案中，歌斐公司、天津歌斐公司及厦门小歌斐公司的经营范围中均包括投资管理咨询等业务，属于同业竞争者。歌斐公司、天津歌斐公司将“歌斐”注册为企业字号并获得注册商标专用权，并在其官网、产品、子公司及投资中心名称上广泛使用“歌斐”字号，取得了行业内多项荣誉，并获得地产中国网等众多媒体的广泛宣传报道，在行业内已具有较高的影响力和知名度，为相关公众所知悉。厦门小歌斐公司作为企业名称登记在后的同业竞争者，其法定代表人及唯一股东曾是歌斐公司及天津歌斐公司的母公司诺亚财富集团或旗下公司的会员及前述公司在厦门的工作人员，理应知晓“歌斐”字号在相关行业中的知名度，但仍将与歌斐公司、天津歌斐公司的企业字号相同的“歌斐”作为企业名称中识别不同市场主体核心标识的企业字号最主要部分，仅在“歌斐”前缀上“小”字，客观上极易造成相关公众误认为两者之间存在特定联系，对市场主体和服务来源产生混淆，主观上具有明显的不正当搭借歌斐公司、天津歌斐公司已形成的市场竞争优势及攀附他人商誉的意图，已经构成不正当竞争行为，应承担在其企业字号中停止使用“歌斐”字号及赔偿相应经济损失的民事责任。同时，鉴于前述不正当竞争行为所指向的对象必须是擅自使用他人企业名称的同业经营者，故侵权主体应为厦门小歌斐公司，但庄某容系公司的唯一股东，根据《中华人民共和国公司法》第六十三条的规定，其不能证明公司财产独立于股东个人财产的，应当对公司债务承担连带责任。

厦门市湖里区人民法院依照《中华人民共和国反不正当竞争法》第五条第（三）项，《中华人民共和国公司法》第六十三条，《中华人民共和国商标法》第五十六条，《中华人民共和国民事诉讼法》第六十四条第一款、第一百四十四条，《最高人民法院关于审理不正当竞争民事案件应用法律若干问题的解释》第六条第一款、第十七条第一款规定，作出如下判决：

一、厦门小歌斐投资管理咨询有限公司于本判决生效之日起三十日内变更企业名称，变更后的企业名称不得带有“歌斐”字样；

二、厦门小歌斐投资管理咨询有限公司于本判决生效之日十日内赔偿歌斐资产管理有限公司、天津歌斐资产管理有限公司经济损失及为维权支出的合理费用8万元；

三、庄某容对厦门小歌斐投资管理咨询有限公司于上述第二款所列债务承担连带清偿责任；

四、驳回歌斐资产管理有限公司、天津歌斐资产管理有限公司的其他诉讼请求。

双方当事人均未上诉，一审判决已发生法律效力。

【法官后语】

随着社会经济的发展，特别是在互联网产业发展迅速背景下，企业的竞争非常激烈，新型不正当竞争行为也层出不穷。我国《反不正当竞争法》并没有就“搭便车”（或“傍名牌”）作出明确规定，一般认为搭便车就是借助他人的市场信誉和产品信誉，通过搭便车制造市场误认混淆，以争取市场交易机会。在我国司法实践中，对“搭便车”形式的不正当竞争行为或依据《反不正当竞争法》的具体条款进行认定或依据一般条款加以认定，二者均体现了《反不正当竞争法》对经营者合法权益以及正当竞争秩序保护的立法取向。具体到个案认定，本案确立了不正当竞争考察的五个方面，即竞争关系之认定、原告产品或服务的知名度、违法行为、主观过错及损害后果。

编写人：福建省厦门市湖里区人民法院　林娜

53

企业字号和知名商品特有名称、包装装潢的保护

——南京普天天纪楼宇智能有限公司诉南京雷蒙电子科技有限公司等不正当竞争案

【案件基本信息】

1. 裁判书字号

江苏省南京铁路运输法院（2016）苏8602民初734号民事判决书

2. 案由：不正当竞争纠纷

3. 当事人

原告：南京普天天纪楼宇智能有限公司（以下简称南京普天天纪公司）

被告：南京雷蒙电子科技有限公司（以下简称南京雷蒙电子公司）、苏州普天天纪楼宇智能科技有限公司（以下简称苏州普天天纪公司）、阮某迪

【基本案情】

原告南京普天天纪公司系中国普天集团下属公司，经营通信设备、通信线路器材、电子元器件等产品，其布线产品销往北京、上海、江苏等近30个省级行政区，并设立了相应的售后服务网点，承担过国家综合布线系统科技攻关计划课题研究及行业标准、技术规范的制定及修订工作，先后注册了“天纪”“普天天纪”文字商标，年销量、利税、市场占有率均位于国内同行业排名第三，在行业具有很高知名度和影响力，其企业名称及“普天天纪布线”产品已为广大消费者所熟知，同时，其布线产品所用包装装潢于2008年即设计完成并投入使用，经长年使用及广告宣传，该包装装潢已与原告及其“普天天纪布线”产品形成特定联系，成为相关公众识别原告布线产品的重要依据。2016年，原告发现被告苏州普天天纪公司使用与其相同的字号“普天天纪”，在其官网宣称专业从事智能楼宇综合布线系统等，并附有与原告布线产品相同包装装潢的网线图片，另在其开设的淘宝店铺销售前述包装装潢的网线产品。双方涉案包装盒源自同一生产厂家，被告产品包装盒上注有原告网址。被告南京雷蒙电子公司销售了被告苏州普天天纪公司生产的产品，被告阮某迪投资设立了两被告公司，担任南京雷蒙电子公司的法定代表人和苏州普天天纪公司的监事。原告认为三被告共同实施不正当竞争行为，故诉至法院，请求判令三被告立即停止仿冒其“普天天纪布线”知名商品特有的名称及包装装潢的不正当竞争行为，并承担连带赔偿责任，同时被告苏州普天天纪公司立即在企业名称中停止使用“普天天纪”，办理企业名称变更登记。

【案件焦点】

1. 如何认定知名商品及其特有的名称、包装装潢；2. 如何认定擅自使用他人企业字号及相应权利有效保护。

【法院裁判要旨】

江苏省南京铁路运输法院经审理认为：根据原告“普天天纪布线”产品的销售

时间、销售区域、销售对象和销售额，进行宣传的持续时间、程度和地域范围等认定该产品构成知名商品。原告“普天天纪布线”产品所用包装装潢于2008年设计完成并投入使用，整体设计理念与其企业名称“普天”及产品相映衬，具有区别商品来源的作用，构成知名商品特有的包装装潢。但原告已在布线产品上注册“普天天纪”文字商标，相应权利受《中华人民共和国商标法》保护，而“布线”为产品通用名称，故其“普天天纪布线”不构成知名商品的特有名称。被告苏州普天天纪公司作为在后成立的同业竞争者，使用与原告相同的企业字号，并在与原告相同的布线产品上使用与原告极为相似的包装装潢，甚至在其包装正面标注了原告官网网址，足以导致消费者的混淆误认，具有明显的攀附故意，违反了诚实信用原则，构成不正当竞争。被告南京雷蒙电子公司共同销售被诉侵权产品，属共同侵权，应当承担相应责任。关于被告阮某迪，原告未提供证据证明其与两被告公司共同实施侵权行为，对其诉讼请求不予支持。

江苏省南京铁路运输法院依照《中华人民共和国民法通则》第一百三十条、第一百三十四条第一款第（一）项、第（七）项、第一百三十四条第二款，《中华人民共和国反不正当竞争法》第五条第（二）项、第（三）项、第二十条，《最高人民法院关于审理不正当竞争民事案件应用法律若干问题的解释》第一条第一款、第四条、第六条第一款、第十七条第一款之规定，作出如下判决：

一、被告苏州普天天纪楼宇智能科技有限公司立即停止使用与原告南京普天天纪楼宇智能有限公司“普天天纪布线”产品相同或近似的包装装潢；

二、被告苏州普天天纪楼宇智能科技有限公司停止在企业名称中使用“普天天纪”，并于本判决生效之日起三十日内办理企业名称变更登记；

三、被告苏州普天天纪楼宇智能科技有限公司于本判决生效后十日内一次性赔偿原告南京普天天纪楼宇智能有限公司经济损失（包括为制止侵权发生的合理开支）人民币20万元，被告南京雷蒙电子科技有限公司对其中10万元承担连带赔偿责任；

四、驳回原告南京普天天纪楼宇智能有限公司的其他诉讼请求。

【法官后语】

擅自将他人的知名字号或商标作为自己的字号申请登记企业名称，仿造他人知名商品的包装装潢，制造市场误认、混淆的不正当竞争行为，通常称之为“傍名牌”，这种行为不仅误导了广大消费者，损害了经营者和消费者的合法权益，还严重破坏了公平竞争的市场秩序。我国现行法律法规为规制这种现象作出了相应的规定，但是“傍名牌”者借助知名企业的市场影响力，可以获得较大的非法利益，因此，这种现象仍时有发生，而且侵权者的手段与方法也更加隐蔽多样，本案即为典型的一例。

本案原告及其关联公司中国普天集团系全国知名企业，涉案产品被应用于北京奥运会、嫦娥探月等国家重点项目中，为所属领域标杆企业。被告系成立在后的同业竞争者。被告采取了一系列手段，企图规避法律，从而“搭便车”“傍名牌”。一是利用我国地域管理的特点，跨地市级行政区域进行企业注册，避开企业名称登记管理相关规定，使用与原告相同的企业字号。二是利用互联网环境下的“网店”进行产品营销，而非实体店渠道销售涉案被诉侵权产品，既不易被查觉发现，又扩大了产品的销售范围。三是向原告涉案产品外包装生产厂家订购相同产品的包装，仅对细节作相应改动，整体包装极为相似。其行为具有明显的攀附故意，违反诚实信用原则，构成不正当竞争，损害了原告的合法利益。

知识产权审判承担着规范市场竞争秩序、维护公平竞争的重要职能。随着现代科技的发展，知识产权审判应当与时俱进，适应现代科技进步，规范市场经济秩序，制止一切非诚信的仿冒行为。本案判决后在相关业界产生很大反响，既对企业维权起到了有效的司法指引作用，又对意图“搭他人便车”的经济主体起到了强有力的警示作用，彰显了知识产权保护的力度。

此外，本案审理准确把握了认定知名商品特有名称的例外情形，即原告主张保护的特有名称“普天天纪布线”，系由原告注册的“普天天纪”文字商标及“布线”产品通用名称组成，对已核准注册的商标，依法受商标法保护，不应认定为知名商品的特有名称，为类似案件的处理亦提供了很好的借鉴。

编写人：江苏省南京铁路运输法院　邢芳

54

个体工商户的字号获得反不正当竞争法保护的路径辨析

——渝中区晓宇老火锅诉张某艳不正当竞争案

【案件基本信息】

1. 裁判书字号

重庆市渝中区人民法院（2016）渝0103民初16467号民事判决书

2. 案由：不正当竞争纠纷

3. 当事人

原告：渝中区晓宇老火锅

被告：张某艳

【基本案情】

2010年7月5日，经营者张某以妻子熊某禹的名字谐音“晓宇”为名注册成立“渝中区晓宇老火锅”，经营场所为重庆市渝中区枇杷山正街86号附1号，经营范围为火锅。原告成立伊始使用的店招即为“晓宇火锅”，2014年11月28日之后加“渝味”二字，改为“渝味晓宇火锅”。“晓宇”系原告的字号，“晓宇火锅”“渝味晓宇火锅”系原告的商品（服务）名称。张某及其创办的渝中区晓宇老火锅曾荣登央视美食节目《舌尖上的中国》第二季，除此之外，“晓宇火锅”“渝味晓宇火锅”在2013年至2016年获得“中国十大火锅品牌”等多项荣誉。2014年11月，被告张某艳在重庆市渝中区注册成立一家火锅店，该店使用“晓荞晓宇老火锅”字样作为店面招牌，并在店内的展示架、订餐卡、点菜单、围裙等宣传载体上突出使用“晓宇”“晓宇老火锅”字样。原告认为，“渝中区晓宇老火锅”系原告的企业名称，“晓宇”系原告的知名商号。被告擅自使用“晓宇”字样进行经营的行为会让消费者产生误认，该行为构成《中华人民共和国反不正当竞争法》第六条第（二）项规定的不正当竞争。

被告认为，其没有侵犯原告的企业名称权，也没有侵犯原告对知名商品（服务）名称“晓宇火锅”“渝味晓宇火锅”享有的权利。首先，被告使用的店招与原告的门店店招并不相同。原告目前使用的是“渝味晓宇火锅”店招，被告使用的是“晓莽晓宇火锅”店招，而且被告店内墙上张贴的宣传贴上写的是“晓莽晓宇”，均可以与原告进行区分。其次，被告使用的“晓莽晓宇”字样是第三方授权给被告使用的商标，而非原告的字号。况且被告在工商登记时并未取字号，“晓莽晓宇”并不是被告使用的字号。最后，“渝味晓宇”“晓宇”等店面招牌是原告的注册商标，我方认为这二者仅应作为商标保护，原告对二者不具有除注册商标专用权之外的其他权利。被告是个体工商户，其名称不属于《中华人民共和国反不正当竞争法》规定的企业名称。综上所述，请求法院驳回原告的全部诉讼请求。

【案件焦点】

个体工商户的简称、字号等是否属于《中华人民共和国反不正当竞争法》所规定的“企业名称”。

【法院裁判要旨】

重庆市渝中区人民法院经审理认为：个体工商户享有名称权。个体工商户的名称由行政区划、字号、行业、组织形式依次组成。本案中，“晓宇”即为原告字号。原告通过在经营活动及宣传推广活动中长期、广泛使用“晓宇”“晓宇老火锅”，使“晓宇老火锅”获得了一定的市场知名度，亦使相关公众建立了“晓宇老火锅”的经营者即为原告这一认知，“晓宇”字号已经与原告建立了稳定的联系。故渝中区晓宇老火锅的组织形式虽为个体工商户，但其从性质而言亦属于《中华人民共和国反不正当竞争法》规定的从事生产经营活动的经营者，其在重庆区域乃至全国范围内体现出较强的显著性和识别性，故“晓宇”字号应当属于《中华人民共和国反不正当竞争法》保护的“企业名称”。原告与被告经营范围均为火锅服务，经营场所均在重庆市渝中区，具有市场竞争关系。“晓宇”是原告的字号，亦是原告名称的核心部分。在市场经营中，公众往往通过字号来记忆和区分不同的经营主体或服务提供者，字号也就成为经营者经营资源的重要组成部分。被告张某艳未经原告许可在其经营的火锅店店面招牌、宣传展架、菜单上突出使用“晓宇”字样会让消费者产生其所提供的商品（服务）来源于原告或者与原告存在许可使用、关联关系等认知，进而为其赢得更多的交易机会和竞争优势。被告的行为属于恶意攀附原告的商誉，违背了诚实信用原则和公认的商业道德，损害了原告的合法权益，构成《中华人民共和国反不正当竞争法》所规定的不正当行为，理应立即停止使用，并承担公开赔礼道歉、赔偿损失等民事责任。

重庆市渝中区人民法院依照《中华人民共和国反不正当竞争法》第二条、第六条第（二）项及第（三）项、第九条、第二十条第一款，《最高人民法院关于审理不正当竞争民事案件应用法律若干问题的解释》第一条、第四条、第六条、第七条、第八条、第十七条第一款以及《中华人民共和国民事诉讼法》第一百四十二条之规定，判决如下：

一、被告张某艳在本判决生效之日起在餐饮服务上立即停止使用带有“晓宇”字样的店面招牌以及其他任何使用“晓宇”字样进行经营活动的不正当竞争行为；立即停止虚假宣传的不正当竞争行为；

二、被告张某艳于本判决生效之日起三十日内在《重庆晨报》《华龙网》上刊登声明以消除影响（内容须经本院审核）；如逾期不履行，本院将在《重庆晨报》《华龙网》上公布本判决的主要内容，刊登费用由被告张某艳负担；

三、被告张某艳于本判决生效之日起十五日内赔偿原告渝中区晓宇老火锅经济损失及合理费用共计70000元；

四、驳回原告渝中区晓宇老火锅的其他诉讼请求。

宣判后，双方均服判，未上诉，一审判决已发生法律效力。

【法官后语】

企业名称是企业从事经营活动时对外宣示身份以区别于其他企业的名称。企业名称本质上是一种商业标识，在发挥识别性方面，与商标具有相同的功能。随着市场竞争的不断加剧和品牌经济的迅速发展，企业名称在现代社会显得越发重要。在我国现行的法律体系下，《反不正当竞争法》是保护企业名称的主要法律依据。该法规定擅自使用他人具有一定影响的企业名称（包括简称和字号）等、社会组织名称（包括简称等）、姓名（包括笔名、艺名、译名等），引人误认为是他们的商品或者与他人存在特定联系，构成不正当竞争行为。但是该法律条文并未对企业名称的内涵及外延进行明确界定。2007年《最高人民法院关于审理不正当竞争民事案件应用法律若干问题的解释》（以下简称《不正当竞争司法解释》）第六条对“企业名称”“姓名”的范围进行了扩充解释，但仍不能完全解决司法实践中所面临的问题。比如本案中，个体工商户的简称、字号等是否属于《反不正当竞争法》所规定的“企业名称”就存有争议。具体到本案中来，原告以反不正当竞争法关于“企业名称”的保护条款作为法律依据，被告则认为原告的组织形式为个体工商户，从性质而言并不属于“企业”，更不属于《反不正当竞争法》所述的“企业名称”。

实际上，个体工商户的的名称、简称、字号等作为经营者彰显个人营业活动的一种标志，其意义与企业名称一样，均体现了区别商品或服务来源这一功能。原、被告所争议的焦点体现了《反不正当竞争法》与《民法总则》在“企业名称”上的立法差异。《反不正当竞争法》中的企业名称，是指参与市场交易的经营者的名称，包括各种所有制形式的企业的名称，各种组织形式的企业的名称，同时也包括了从事生产经营活动的个体工商户的名称等。而在《民法总则》中，个体工商户属于该法第二章规定的“自然人”范畴，属自然人姓名之性质。但是，《民法总则》中的姓名主要体现的是公民的人身权，《反不正当竞争法》所体现的主要是自然人在从事个体经营中所积累的商誉权，两法所强调的立足点有所不同。个体工商户在经营性质及组织形式上虽不同于企业，但是其本质上属于在市场中从事交易活动的经营者，因此其经营性质和组织形式并不妨碍其获得《反不正当竞争法》有关“企业名称”保护。

编写人：重庆市渝中区人民法院　徐真

55

仅体现功能性设计的界面不受专有权保护

——北京一笑科技发展有限公司诉乐鱼互动（北京）文化传播有限公司不正当竞争案

【案件基本信息】

1. 裁判书字号

北京市海淀区人民法院（2016）京0108民初35369号民事判决书

2. 案由：不正当竞争纠纷

3. 当事人

原告：北京一笑科技发展有限公司（以下简称一笑公司）

被告：乐鱼互动（北京）文化传播有限公司（以下简称乐鱼公司）

【基本案情】

一笑公司开发经营的“快手软件”是一款短视频制作软件。乐鱼公司开发经营的“小看软件”也是短视频制作软件。一笑公司在本案中主张乐鱼公司对其实施了三项不正当竞争行为：第一，模仿、抄袭一笑公司的快手软件短视频操作流程步骤及各步骤对应的页面设计。一笑公司明确其主张的页面设计非各步骤对应的单独页面设计，而是18个操作步骤显示的整体页面设计。第二，模仿、抄袭一笑公司的快手软件编辑元素，包括白、红、黑色编辑字体，文字编辑所用的黑、红背景框以及添加饰品操作中的哭脸等表情图案和印章图案。第三，在小看软件热门栏目中提供使用快手软件特有的装饰图片制作的视频。故诉至法院要求乐鱼公司停止不正当竞争行为并赔偿一笑公司经济损失及合理费用共计100万元。

乐鱼公司则否认构成不正当竞争，对于一笑公司主张的第一项不正当竞争行为，乐鱼公司认可小看软件在发布时存在上述18个步骤及操作界面，但辩称：第一，小看软件的上述操作步骤与快手软件对应步骤的顺序不对应。第二，因移动端软件界面大小、要素布局、功能展示的有限性，许多界面设计都属于通用设计。比如，所有软件的拍摄页、分享页、添加好友和个人主页界面基本一致。第三，其他软件已有相关在先设计，一笑公司对此不享有任何合法权益。对于第二项不正当竞争行为，乐鱼公司认为上述元素或者是业内公知的惯常设计，不具有独创性，或者存在在先设计，一笑公司对此亦不享有任何民事权益。对于第三项不正当竞争行为，乐鱼公司表示，小看软件中热门栏目中的视频为用户上传，由系统根据一定的计算法则自动将用户上传的视频入选热门视频，乐鱼公司未进行任何主动编辑和筛选行为。乐鱼公司为此提交了其热门视频算法的说明以及用户上传视频的相关说明。

【案件焦点】

乐鱼公司经营小看软件是否实施了一笑公司主张的三项不正当竞争行为：一是模仿、抄袭一笑公司的快手软件短视频操作流程 18 个完整步骤及各步骤对应的页面设计；二是模仿、抄袭一笑公司的快手软件部分编辑元素；三是在小看软件热门栏目中提供使用快手软件特有的装饰图片制作的视频。

【法院裁判要旨】

北京市海淀区人民法院经审理认为：关于模仿、抄袭完整操作步骤及对应界面的行为。经营者为用户使用自己的软件设计制作的操作步骤、顺序等内容是为了实现软件功能，在此情况下不能阻止其他经营者开发制作出为实现同样功能而模仿借鉴相同或近似操作步骤的软件。因此，一笑公司对快手软件所设计的 18 个视频编辑操作步骤不享有合法权益，即使乐鱼公司在小看软件中设计了与快手软件相同的 18 个视频编辑操作步骤，也不构成对一笑公司的不正当竞争。

正当模仿和不正当竞争的界限在于模仿不能造成相关公众对产品或服务来源的混淆。只有相关独特的界面设计或界面设计的组合形成了相对稳定的指向性表现形式，达到可区分商品或服务来源的作用，经营者才能制止他人对相关界面进行恶意模仿。

首先，尽管一笑公司主张分帧编辑界面设计由其独创，但经比较，该界面设计与其他功能步骤的编辑界面设计差异不大，未能形成可将快手软件产品及其相关服务与一笑公司建立稳定的指向性联系的独特设计；其次，18 个操作步骤对应界面设计部分属于为实现功能所必备的设计，部分借鉴了其他软件的界面设计，部分为出于手机屏幕局限性、用户操作习惯等因素进行的设计，难以证明其18个操作步骤对应界面设计整体属于独特的设计组合，形成了与一笑公司之间相对稳定的指向性联系，达到可区分商品或服务来源的作用。因此，一笑公司对快手软件涉案步骤界面不享有可制止他人模仿的合法权益。乐鱼公司在小看软件中使用相应的界面设计，未对一笑公司构成不正当竞争。

关于模仿、抄袭快手软件部分编辑元素的行为。法院认为，一笑公司主张的编辑元素过于简单，主要体现功能性作用，无权阻止其他经营者在同类软件中使用相同或近似的编辑元素，故乐鱼公司不构成模仿、抄袭快手软件编辑元素的不正当竞争行为。

关于在小看软件热门栏目中提供使用快手软件特有的装饰图片制作的视频的行为。法院已认定一笑公司对体现功能性作用的文字编辑元素不享有禁止他人使用的权利的情况下，乐鱼公司无法对使用了快手软件所制作的视频进行识别，在一笑公司未举证证明乐鱼公司对小看软件热门栏目中出现涉案视频存在明显的主观过错的情况下，对一笑公司的该项主张不予支持。

北京市海淀区人民法院依照《中华人民共和国反不正当竞争法》第二条，《中华人民共和国民事诉讼法》第六十四条第一款之规定，判决：

驳回北京一笑科技发展有限公司的全部诉讼请求。

双方当事人均未上诉，一审判决已发生法律效力。

【法官后语】

应用软件的创新功能往往决定了其市场份额。对于工具类软件经营者来说更是如此，经营者往往要投入巨大的人力物力来研发其软件产品的创新功能。对于网络工具类软件来说，在先完成功能界面设计并投入市场的经营者，能否阻止其他经营者为实现同样的功能使用相同或近似的功能设计。本案的典型意义即在于从反不正当竞争法的意义上确立了工具类软件操作界面的模仿边界规则。

移动互联网时代，工具类软件操作界面碍于手机等硬件屏幕的局限性、用户操作习惯、在先设计等因素，在功能设计界面方面要体现出足以制止其他经营者模仿的独特设计并不容易。同类软件对于功能和功能界面的选择，一方面，在后推出的软件可以选择使用在先软件中的相同功能，选择相同功能提供产品或服务正是自由竞争的基本要求，法律不保护软件功能本身，即使是创设新功能的经营者也无权禁止他人开发相同功能的软件；另一方面，在后软件可以合理借鉴在先软件中对应的功能设计。

正当模仿和不正当竞争的界限在于模仿不能造成相关公众对产品或服务来源的混淆。如果仅是为了实现必要功能、操作便利、满足用户习惯等功能性要求，以及无法达到区分商品或服务来源作用的界面设计属于可自由模仿的界面设计，经营者无权要求他人禁止使用。如果经营者不仅借鉴了他人产品功能层面的设计，对他人产品或服务的模仿，还造成了相关公众对商品来源的混淆，才有可能构成不正当竞争。

实践中，从《著作权法》的角度出发，要求获得保护的权利人往往主张其软件界面整体构成美术作品或主张单独的元素构成文字、美术作品、摄影作品等，对于后一种情况需根据《著作权法》对于相关作品的规定来进行判定，对于第一种情况而言，如前所述，软件界面的各要素首先是为了满足终端页面的显示要求、用户操作习惯等功能性要求，只有在排除这些功能性要素后，整体上仍能符合独创性要求，才能认定为美术作品。能获得《著作权法》保护的软件界面的情况比较少见。认为构成汇编作品，则需要考察对于内容的选择或编排是否体现独创性，能否符合我国《著作权法》规定的汇编作品的相关要求。从《反不正当竞争法》的角度出发，权利人往往可能会主张适用《反不正当竞争法》的原则条款或主张仿冒，较常出现的仿冒情况主要有仿冒有一定影响力的商品名称、包装、装潢等。此种情况下，则需要根据该法的具体条款的构成要件结合案情来逐一审查认定，难以一概而论，但前提依旧是这些界面的设计并非仅体现功能性、实用性的特点。

编写人：北京市海淀区人民法院　李莉莎

56

名人姓名权中的财产性权利可以被继承

——蒋某华诉宜兴市丁蜀镇美珍陶艺店、蒋某珍虚假宣传案

【案件基本信息】

1. 裁判书字号

江苏省宜兴市人民法院（2017）苏0282民初5733号民事判决书

2. 案由：虚假宣传纠纷

3. 当事人

原告：蒋某华

被告：宜兴市丁蜀镇美珍陶艺店（以下简称美珍陶艺店）、蒋某珍

【基本案情】

蒋某生前系中国工艺美术大师，以创作紫砂壶（花货）见长，因技术精湛，生动逼真，别具一格，与顾景舟、朱可心等人一起被称为“紫砂七老”，在业界有极高的知名度和声誉。蒋某生前未生育子女，蒋某华在年少时经其亲生父母同意过继给蒋某作为养女，跟随蒋某一起生活并学习紫砂技艺。1981年6月27日，江苏省宜兴市公安局丁山派出所以领养为由办理蒋某华户籍迁入手续，与户主蒋某的关系登记为母女。2008年2月19日，蒋某去世。

2011年8月29日，蒋某华登记注册宜兴市丁蜀镇蒋某华紫砂陶艺馆，经营紫砂艺术品的展览，工业美术品、陶瓷制品的零售。2016年6月20日，蒋某珍注册美珍陶艺店，经营陶瓷制品、紫砂工艺品的零售。2016年9月22日，蒋某华向宜兴市公证处申请证据保全公证，代理人李珊在公证员袁俊欢和另一名公证处工作人员李庆志监督下，来到美珍陶艺店经营场所购买了一把紫砂壶，支付对价2800元，取得附赠的《美珍陶艺紫砂作品集》宣传资料一份，并对门店进行拍照。《美珍陶艺紫砂作品集》首页介绍紫砂壶创作者蒋某珍的基本情况，载明“工艺美术大师蒋

某的侄女，随姑姑学艺，得到蒋某大师的悉心指导”等内容。经营场所悬挂的店招显著位置上突出放大使用“蒋某传人”四个汉字。蒋某华据此起诉，要求判令：1. 被告美珍陶艺店停止使用带有“蒋某传人”字样的牌匾；2. 两被告停止虚假宣传，包括停止使用带有“蒋某传人”“蒋某侄女”字样的宣传资料等不正当经营活动；3. 赔礼道歉；4. 赔偿经济损失及合理费用186万元。

【案件焦点】

双方争议焦点主要为蒋某华是否是本案适格的原告，即蒋某华是否能以原告的身份对被告侵犯其母亲姓名权的行为主张权利。

【法院裁判要旨】

江苏省宜兴市人民法院经审理认为：蒋某生前在紫砂领域具有极高的知名度，其姓名在商业活动中使用客观上会给市场经营主体带来额外的经济利益，具有商业价值，这种从姓名权延伸出的财产性利益可以被继承。原告蒋某华与蒋某因收养而成立母女关系，该收养关系发生在《中华人民共和国收养法》实施之前，符合当时的收养规定和习惯做法。蒋某华作为蒋某的继承人，且从事紫砂壶制作销售经营活动与被告存在竞争关系，可以作为本案原告提起诉讼。

被告美珍陶艺店明知蒋某珍与蒋某之间没有亲属、师徒关系，通过在经营场所门头显著位置突出印制“蒋某传人”的标识，以及在经营场所发行《美珍陶艺紫砂作品集》的行为对外宣传蒋某珍是蒋某侄女，技艺传承于蒋某的不实内容，构成向消费者对商品的生产者进行虚假宣传的行为。另一被告蒋某珍共同参与并实施上述行为，应共同承担责任。综合蒋某极高的知名度和声誉、两被告攀附蒋某名声的主观恶意程度、不正当竞争行为的影响范围和持续时间等因素，即依法酌定赔偿数额。

江苏省宜兴市人民法院作出如下判决：

一、被告美珍陶艺店与被告蒋某珍停止以“蒋某传人”“蒋某侄女”名义实施虚假宣传的不正当竞争行为；

二、在《扬子晚报》上刊登声明、消除影响；

三、共同赔偿原告蒋某华经济损失及合理费用共计28万元。

【法官后语】

紫砂壶作为一种艺术性与实用性结合的工艺品，具有较高程度的“名人效应”。近年来，名家名壶行情一路看涨，紫砂壶收藏成为理财投资的热门之一，但随之而来，紫砂市场中傍名人的现象也屡见不鲜。比如，仿冒紫砂名人印章、证书、款识、将紫砂名家的姓名抢注为商标、在宣传上突出使用紫砂名家的姓名，杜撰或夸大与紫砂名家的渊源等。名人姓名中蕴含着巨大的商业价值，且此种经济价值是名人付出大量心血和代价创造出来的，应予保护。那么，司法应如何保护这一由姓名权延伸而来的财产权利。

传统民事理论认为，姓名权属于人格权范畴。人格权重点在于非财产性人格利益的保护，而非经济因素。虽然人格权与财产具有联系，人格权可能使主体获得一定的财产利益，侵害人格权也可能使受害人造成财产上的损害，但从本质上看，人格权还是一种精神利益。用人格权来保护姓名中的商业利益其不足之处在于：1. 传统人格权保护不能完全排除“搭便车”的行为。如在商业活动中宣传与名人姓名相同的名字，当人们看到该姓名时，尽管该名字客观上存在若干同名，但消费者的认知心理决定了他们首先会联想到知名度最高的“那个”。2. 传统人格权的救济措施对姓名的商业价值保护缺乏力度，不能完全满足姓名商业保护的需求。针对人格权保护的救济途径单一，只能阻止正在进行的侵权，而无法预防杜绝将要发生的侵权行为，损害赔偿数额对因侵权造成的实际经济损失考虑较少。3. 人格权具有很强的专属性，因而姓名权本身不能转让、继承。例如，本案中，蒋某大师去世之后，仅依赖姓名权保护方式路径会导致其姓名中的商业价值得不到充分且完整的保护。

本案判决通过司法确认名人姓名的商品化权益弥补了传统民事理论对名人姓名作为人格权保护的不足。名人姓名的商品化权是指名人将能产生商业信誉的姓名进行商业使用并享有财产利益的一种权利。具体包括三个方面：一是消极权利，即禁用权。权利人享有排除他人擅自将自己的姓名进行商业化利用的权利。禁用权的行使以他人故意进行商业化使用为前提，换言之，合理使用应受法律保护。如果是利用名家的姓名，足以误导社会公众，权利人有权禁止；二是积极权利，即利用权。既可以是名家对自己的姓名有权使用于商品经营中直接获取利益；也可以是转让、许可他人将自己的姓名用于相关商品和商业活动中，从而收取转让费或许可费；三是名人死亡，其姓名权的财产利益可以由他们的后代继承。商品化权尽管不是我国明文规定的法定权利类型，但其作为一种财产性权益，司法应予以明确回应，并予以保护。

编写人：江苏省宜兴市人民法院　何丽萍　盛熹

57

商业秘密构成要件的认定

——广东高航知识产权运营有限公司诉广州哲众知识产权运营有限公司等不正当竞争案

【案件基本信息】

1. 裁判书字号

广东省广州市天河区人民法院（2016）粤0106民初9216号民事判决书

2. 案由：不正当竞争纠纷

3. 当事人

原告：广东高航知识产权运营有限公司（以下简称广东高航公司）

被告：广州哲众知识产权运营有限公司（以下简称广州哲众公司）、李某、梁某全、杨某艳

【基本案情】

原告广东高航公司将其累积的交易及客户信息储存在公司的数据库中，对数据库的信息限定了知悉范围，仅数据库管理员有权查看并导出所有的数据，其与员工签订的《劳动合同》亦约定员工需保守甲方商业秘密。李某、梁某全、杨某艳原系原告公司的员工，后李某、梁某全成立了广州哲众公司，杨某艳亦在该公司任职。原告称被告李某在原告公司工作期间利用其任职便利条件，从原告的数据库中导出所有客户信息，李某离职后继续非法持有原告的上述所有客户信息，并将所有客户信息非法泄露给被告梁某全、杨某艳及广州哲众公司，四被告利用上述客户信息主

动与原告的卖家和买家联系，并声称可以更低的价格与原告已有的卖家或买家合作开展业务，严重扰乱了原告的正常经营秩序，侵犯了原告的商业秘密权，对原告构成不正当竞争，故请求法院判令四被告停止不正当竞争行为，赔偿原告经济损失人民币95万元及合理维权费用人民币5万元，并赔礼道歉、消除影响。

【案件焦点】

原告主张权利的文件信息是否构成商业秘密，认定商业秘密需要符合哪些构成要件。

【法院裁判要旨】

广东省广州市天河区人民法院经审理认为：根据《中华人民共和国反不正当竞争法》第十条第三款的规定，商业秘密“是指不为公众所知悉、能为权利人带来经济利益、具有实用性并经权利人采取保密措施的技术信息和经营信息”。原告明确在本案中主张权利的商业秘密包括U盘中的“高航彼速数据库（全部）”Excel文件以及“李某拷贝的公司机密文件”文件夹中的“彼速全部数据2016－1－26”“自申请专利—20160126导出表格”“自申请专利统计”“发明权利人—联系方式”“实用新型联系人统计表”文件信息。

关于是否为公众所知悉，以上文件包含多项信息，根据被告的举证，在国家知识产权局网站可通过查询获知各项专利的申请号或专利号、申请日、案件状态、发明名称、申请人、发明人或设计人、代理情况、发文序号、办理登记手续通知书、应缴费信息、已缴费信息、通知书名称、发文日、收件人姓名、收件人地址、申请公布号、申请公布日、分类号、摘要等内容，即原告主张权利的上述文件中，此类信息可通过公开渠道获得，不符合“为公众所知悉”的条件；被告提交的《手续合格通知书》虽包括有申请人姓名、地址、证件号码、电话、电子邮箱等内容，但《手续合格通知书》系国家知识产权局颁发给具体的申请人或权利人而对外非公开的文件，故相应主体的电话、电子邮箱等信息并非必然公开的，原告主张权利的文件中包含有“底价”“买入价”“联系电话或QQ号码”等信息，在被告未提供证据证明此类信息可从公开渠道获得或无须付出一定的代价而容易获得的情况下，应认定原告主张权利的文件中包含有“底价”“买入价”“联系电话或QQ号码”等信息不为公众所知悉。

关于是否能为权利人带来经济利益、具有实用性，原告提供的销售合同、银行流水清单与涉案文件中的客户与交易信息相对应，涉案文件中的“底价”“买入价”“联系电话或QQ号码”等信息使权利人便于联系潜在客户并掌握交易的基本价格情况，应认定系能为权利人带来经济利益并具有实用性的经营信息。

关于是否采取保密措施，原告与被告李某、梁某全、杨某艳签订的《劳动合同》均约定李某、梁某全、杨某艳需保守甲方商业秘密（包括客户信息、询价信息、经营策略等），原告及被告李某均确认原告主张权利的文件系从原告的数据库中导出，且原告对数据库的信息限定了知悉范围，仅数据库管理员有权查看并导出所有数据，李某无权查看及下载涉案文件，原告对涉案文件采取的措施在正常情况下足以防止涉密信息泄露，故应认定原告采取了保密措施。综上，广东省广州市天河区人民法院认定原告主张权利的文件中的“底价”“买入价”“联系电话或QQ号码”等信息构成商业秘密。

李某无正当理由接收超越其知悉权限的商业秘密文件属于以不正当手段获取原告的商业秘密，构成不正当竞争行为。原告未提供证据证明李某除以不正当手段获取之外，还存在披露、使用或者允许他人使用原告商业秘密的行为，原告主张李某存在以不正当手段获取其商业秘密之外的其他侵犯其商业秘密行为缺乏事实依据，法院不予支持。原告提供的证据不能证明梁某全、杨某艳、广州哲众公司存在侵犯原告商业秘密的行为，亦不能证明四被告存在捏造、散布虚伪事实损害原告商业信誉或其他不正当竞争行为，故法院对于原告的上述主张不予支持。

广东省广州市天河区人民法院依法判决李某销毁其通过不正当手段获取的原告的商业秘密，并赔偿原告经济损失及合理开支8万元。

一审判决后，双方当事人均未上诉，一审判决已发生法律效力。

【法官后语】

在本案的审理过程中，由于原告主张权利的文件内容较庞杂，要认定四被告是否存在侵害原告商业秘密的不正当竞争行为，首先要对原告主张权利的文件内容是否构成商业秘密作出认定，这是本案审理过程中要解决的关键问题。

在本案原告主张权利的文件信息中，能通过查询获知的信息如“各项专利的申请号或专利号、申请日、案件状态”等属于可通过公开渠道获得的信息，不符合

"不为公众所知悉"的条件，而原告主张权利的文件中包含的如"底价""买入价""联系电话或QQ号码"等信息，不能从公开渠道获得或获得需要付出一定的代价，此类信息符合"不为公众所知悉"的条件。

《国家工商行政管理局关于禁止侵犯商业秘密行为的若干规定》第二条第三款规定："本规定所称能为权利人带来经济利益、具有实用性，是指该信息具有确定的可应用性，能为权利人带来现实的或者潜在的经济利益或者竞争优势。"该经济利益不但包括应用商业秘密已带来的经济利益，而且也包括虽未应用但一旦应用必然取得的良好成果。换言之，商业秘密的价值性包括"现实的或者潜在的经济利益或者竞争优势"，其不以现实的价值为限。本案中，原告主张权利的信息能使权利人便于联系潜在客户并掌握交易的基本价格情况，应认定系能为权利人带来经济利益的经营信息。

实用性是指商业秘密的客观实用性，即通过运用商业秘密可以为权利人创造经济上的价值，具有确定的实用性，是实现商业秘密价值性的必然要求。实用性构成要件要求技术信息或经营信息具有确定性，并不要求权利人对商业秘密的现实利用，只要该信息满足应用的现实可能性即可。本案中，原告主张权利的信息能帮助权利人联系潜在客户并掌握交易的基本价格情况，可以为权利人创造经济上的价值，故具有确定的实用性。

商业秘密的保密性是指商业秘密经权利人采取了一定的保密措施，从而使一般人不易从公开渠道直接获取，该要件强调的是权利人的保密行为而不是保密结果。本案中，原告与被告李某、梁某全、杨某艳签订的《劳动合同》中有保密协议条款，且原告对载有上述信息的数据库限定了知悉范围，仅数据库管理员有权查看并导出所有的数据，因此，应认定原告对其所主张权利的信息采取了保密措施。综上所述，原告主张权利的文件中包含的"底价""买入价""联系电话或QQ号码"等信息符合商业秘密的构成要件，构成商业秘密。

编写人：广东省广州市天河区人民法院　邓昭君

58

企业字号依法核准注册不能成为不正当竞争行为的抗辩理由

——北京联众互动网络股份有限公司诉北京京掌科技有限公司、广州职友集网络技术有限公司不正当竞争案

【案件基本信息】

1. 裁判书字号

北京知识产权法院（2017）京73民终1107号民事判决书

2. 案由：不正当竞争纠纷

3. 当事人

原告（被上诉人）：北京联众互动网络股份有限公司（以下简称联众公司）

被告（上诉人）：北京京掌科技有限公司（以下简称京掌公司）

被告：广州职友集网络技术有限公司（以下简称职友集公司）

【基本案情】

联众公司成立于1998年3月23日，经营范围包括互联网信息服务业务、互联网游戏等。联众公司系北京动漫游戏产业联盟副会长单位，曾获2006年度北京优秀游戏出版物奖、中国游戏产业最具影响力十大品牌等奖项。经国家工商行政管理总局商标局核准，联众公司注册第1483307号、第10268484号、第10268485号、第10268488号、第10268490号“联众”商标，核定服务项目分别为第42类、第41类、第38类、第35类，注册第1774471号、第1744822号“联众俱乐部”商标，核定服务项目为第35类、第41类。其中，联众俱乐部商标被评为2008～2011年北京市著名商标。国家工商总局商标评审委员会商评字［2017］第0000003100号关于第12483599号“联众梦之幻”商标无效宣告请求裁定书认定第1744822号

联众俱乐部商标已构成注册及使用在从计算机数据库或网络提供的在线游戏服务上的驰名商标。

京掌公司成立于2016年1月29日，经营范围包括技术开发、技术推广、应用软件服务等，原名北京联众互动科技有限公司，2017年2月28日变更为现名。

联众公司提交的公证书显示，2016年8月1日，登录百度网站www.baidu.com，搜索“北京联众互动科技有限公司”，出现多个搜索结果。点击“……8K－20K招聘……职友集”的搜索结果，进入广州职友集网络技术有限公司经营的网站www.jobui.com招聘页面，其中有名为联众公司的相关招聘信息，所留联系方式为联众公司。返回百度搜索结果页面，点击名为“http://jobs.51job.com……”搜索结果，进入前程无忧网站京掌公司发布的招聘信息，内容基本与上述职友集网站信息相同。京掌公司在赶集网（www.ganji.com）上发布的公司简介信息中有“北京联众互动科技有限公司专注于微信第三方平台开发，依托上市公司的资源，为客户量身定做微信公众号的完善与运营……”

联众公司向法院起诉，主张京掌公司在企业名称、网站及商业活动中使用带有“联众”字样的企业名称及相关信息构成不正当竞争行为。京掌公司辩称：联众公司名称由注册代理机构所取，其对该企业名称的使用主观上并无恶意竞争的故意。京掌公司的企业名称是经过北京市工商局依法核准的，在法律规定的范围内进行使用，未违反《中华人民共和国反不正当竞争法》（以下简称《反不正当竞争法》）的规定。

【案件焦点】

1. 京掌公司将“联众”作为企业名称中的字号使用是否构成不正当竞争行为；2. 职友集网站上以其名义发布信息以及京掌公司在赶集网站上“依托上市公司资源”的宣传是否构成不正当竞争行为。

【法院裁判要旨】

北京市朝阳区人民法院经审理认为：联众公司涉案系列注册商标主要识别部分为“联众”，经联众公司连续多年宣传和使用，共商标已具有较高知名度和识别性，并被商评委认定为驰名商标，具有区分服务来源的作用，承载着联众公司的商誉和服务品质。京掌公司经营范围与联众公司近似，具有竞争关系。京掌公司与联众公司的经营地域相同，服务类别近似。京掌公司未经许可，将与“联众”商标完全相同的文字作为字号注册为企业名称并使用，主观上具有恶意竞争的故意，客观上容易误导公众，该行为违反诚实信用原则，损害了联众公司的合法权益，构成不正当竞争。涉案职友集网站上的招聘信息和前程无忧网站招聘信息内容虽基本相同，但所留联系方式并非京掌公司，且无证据证明京掌公司与职友集公司存在串通，故该行为不能认定系京掌公司实施。关于赶集网站上“依托上市公司资源”的宣传，因京掌公司提供证据证明其与上市公司上海点客信息技术股份有限公司有合作关系，故不属于虚假宣传或搭便车。

北京市朝阳区人民法院判决如下：

一、京掌公司于一审判决生效之日起立即停止使用含有“联众”字样的企业名称，删除相关宣传信息；

二、京掌公司于一审判决生效之日起十日内赔偿联众公司经济损失 6 万元；

三、京掌公司于一审判决生效之日起十日内赔偿联众公司合理开支 3 万元；

四、驳回联众公司的其他诉讼请求。

京掌公司不服一审判决提出上诉。

北京知识产权法院经审理认为：本案中虽京掌公司称其正当使用合法注册的企业名称，但其注册并使用该企业名称的行为是否构成不正当竞争，还应当结合其注册该企业名称时的具体情形和主观意图予以分析。在案证据显示，联众公司自 1998 年 3 月成立至今，一直使用“联众”字号，此间注册若干包含“联众”字样的商标，获得了众多奖项及荣誉，已在互联网行业中具有较高的知名度。京掌公司成立于 2016 年 1 月 29 日，且与联众公司同处同一地域。鉴于“联众”字号的较高知名度，同处于北京市的京掌公司作为其互联网行业的竞争者，理应知晓“联众”为联众公司字号，却仍将其注册为企业名称使用，并在经营活动中使用，具有不正当利用联众公司知名度的主观恶意，容易导致相关公众误认为京掌公司的服务与联众公司存在特定联系，进而损害联众公司的合法权益。

北京知识产权法院判决：

驳回上诉，维持原判。

【法官后语】

企业名称与注册商标均为市场主体特有的商业标志，在交易中起到区分商品或服务来源的作用，同时亦是相关经营者商誉与企业价值的重要载体。由于二者分属不同的登记管理体系，加之企业名称的登记管理还存在地域划分的客观现实，实践中前述商业标志发生权利冲突的情况常有出现。从保护在先权利、保护消费者以及防止混淆的原则出发，是解决此类纠纷所遵循的基本前提。联众公司在先注册的“联众”系列商标经多年宣传使用已具有较高知名度和识别性。京掌公司作为同类企业，在后将“联众”作为字号注册为企业名称，其存在主观恶意，且客观上也易使相关公众产生混淆误认，违背了诚实信用的基本原则，侵犯了他人的在先权利，构成不正当竞争行为。

本案中，京掌公司的抗辩理由是其企业名称系经北京市工商局依法核准注册，在法律规定的范围内进行使用，未违反《反不正当竞争法》的相关规定。通常情况下，对于经工商行政机关审核批准后予以登记注册的企业名称，相关企业当然有权利在其核准范围内规范使用。但在反不正当竞争纠纷案件中，应当结合《反不正当竞争法》的反仿冒和制止不正当竞争行为的立法目的，以及综合考虑《反不正当竞争法》第六条第（三）项规定及相关司法解释的本意，从而在具体案件中对争议问题作出符合立法宗旨的认定。如果在案证据可以证明被诉企业在注册涉案争议企业名称时即具有攀附他人商业信誉的主观恶意，擅自将与他人在先具有一定知名度的企业名称或字号近似的企业名称进行注册与使用，容易使相关公众对市场主体及商品或服务来源产生混淆、误认，应当属于不正当竞争行为。涉案争议企业名称经核准登记注册并不能当然地证明其申请注册行为的正当性。如仅因其经核准登记而忽略申请人攀附他人在先商号等知名度的恶意，则不仅是对在先权利人合法权利的损害，也不利于相关公众区分市场主体与商品或服务来源，是对市场经济秩序的破坏，显然不符合不正当竞争法的立法宗旨。《最高人民法院关于当前经济形势下知识产权审判服务大局若干问题的意见》第十条亦指出按照诚实信用、维护公平竞争和保护在先权利等原则，“妥善处理注册商标、企业名称与在先权利的冲突，依法制止‘傍名牌’等不正当竞争行为”，“有工商登记等的合法形式，但实体上构成商标侵权或者不正当竞争的，依法认定构成商标侵权或者不正当竞争”。故二审法院对于京掌公司提出的抗辩理由不予支持，维持一审法院的相关认定。

编写人：北京知识产权法院 宋堃

59

商业诋毁案件的认定标准及举证责任分配

——中品质协（北京）质量信用评估中心有限公司诉绿盾征信（北京）有限公司商业诋毁案

【案件基本信息】

1. 裁判书字号

北京知识产权法院（2017）京 73 民终 738 号民事判决书

2. 案由：商业诋毁纠纷

3. 当事人

原告（被上诉人）：中品质协（北京）质量信用评估中心有限公司

被告（上诉人）：绿盾征信（北京）有限公司

【基本案情】

原告与被告均经营企业征信业务，是同业竞争者。2016 年，被告通过其运营的 11315 网站发布了《11315 董事长对全国代理商新年致辞》以及转载发布了《21315“国字头”山寨社团唬了多少人》等共计六篇文章。上述文章中包含有“21315 陈某的‘虚假荣誉牌匾杂货铺’，十年诈骗多家企业，仅上市公司就达 87 家，骗资达三亿”“由陈某操纵的中品质协公司，大批量的倒卖虚假荣誉牌匾，已涉嫌商业诈骗”“陈某诈骗团伙操纵的‘中国产品质量协会’及其‘中品质协（北京）质量评估中心有限公司’等关联公司，在‘制售虚假荣誉牌匾’过程中，已明显具备了‘非法占有他人财产目的’和‘虚构事实、隐瞒事实’的诈骗罪特征，涉嫌触犯《刑法》”“但他没想到前期做下的丑事都一串串的摆在公众眼前，已构成诈骗犯罪要件”等字样。被告在转载上述文章时未严格审核文章来源及内容，且对部分内容进行了篡改和添附。

【案件焦点】

1. 被告所发布的六篇文章涉案内容是否指向原告中品质协公司，原告是否具备本案的诉讼主体资格；2. 被告发布六篇涉案文章的行为是否构成商业诋毁；3. 如被告的涉案行为构成商业诋毁，其应承担何种法律责任。

【法院裁判要旨】

原告与被告的实际经营范围均包括企业征信业务，即企业信用征集和评定，故双方存在竞争关系。本案中，被告绿盾公司发布文章《11315董事长对全国代理商新年致辞》称，原告法定代表人陈某欺诈，钻法律空子，制售虚假荣誉牌匾，已构成诈骗犯罪要件，将会引爆一个诈骗大案。被告认可没有证据证明原告法定代表人陈某已被司法机关刑事立案、提起公诉或作出判决认定其存在犯罪行为，故被告发布该文章属捏造、散布虚伪事实。上述文章指控陈某实施的行为与原告的主营业务有关，因此该文章已间接对原告的商业信誉造成损害。被告在转载《人民日报》《民主与法制时报》原文章之时进行了添附和篡改。原文章内容并未涉及原告，被告在明知原告使用“21315”商标并曾以“21315企业征信系统”的名义开展业务的情况下，将原文章标题添加“21315”字样，同时在转载原文章时添加内容“21315陈某的‘虚假荣誉牌匾杂货铺’，十年诈骗多家企业，仅上市公司就达87家，骗资达三亿”，意图使相关公众将上述文章与原告相联系，并使原告的商业信誉降低。被告在转载文章时未严格审核文章来源及内容，未尽到合理注意义务。被告转载的上述文章含有大量指明或暗示原告或其法定代表人陈某构成犯罪的内容，而本案被告认可没有证据证明原告或其法定代表人陈某已被司法机关刑事立案、提起公诉或作出判决认定其存在犯罪行为，故上述文章内容构成对原告的商业诋毁。被告绿盾公司的涉案行为违反了《中华人民共和国反不正当竞争法》第十四条之规定，构成不正当竞争，应承担停止涉案不正当竞争行为、消除影响、赔偿原告经济损失的民事责任。

综上所述，一审法院依照《中华人民共和国反不正当竞争法》第十四条、第二十条，《中华人民共和国侵权责任法》第十五条之规定，判决如下：

一、被告绿盾征信（北京）有限公司于本判决生效之日立即删除涉案文章《21315“国字头”山寨社团唬了多少人》《21315山寨协会之乱何时休?》《21315“中国产品质量协会”涉骗大揭底》《网曝“21315全国征信系统”不诚信涉嫌诸多违法》《大数据揭密：21315陈氏“虚假牌匾杂货店”骗局》；

二、被告绿盾征信（北京）有限公司于本判决生效之日起十日内在其网站（网址：www. 11315. com）上连续七天刊登声明，以消除影响［声明内容须经本院审核，逾期不执行，本院将在全国性的网站上公布本判决主要内容，费用由被告绿盾征信（北京）有限公司负担］；

三、被告绿盾征信（北京）有限公司于本判决生效之日起十日内赔偿原告中品质协（北京）质量信用评估中心有限公司经济损失六十万元；

四、驳回原告中品质协（北京）质量信用评估中心有限公司的其他诉讼请求。

二审法院同意一审法院裁判意见。

【法官后语】

本案是一起典型的商业诋毁纠纷案件。被告在其经营管理的网站上公开发布针对原告公司及其法定代表人的不实信息，其行为符合我国反不正当竞争法中规定的捏造、散布虚伪事实，损害竞争对手的商业信誉和商品声誉，构成商业诋毁。法官紧扣商业诋毁行为的构成要件，对被告实施的一系列行为进行了鞭辟入里的法律评价，从本案的审理中能够较为详尽地勾勒出商业诋毁案件的一般审理思路和司法考量因素。

商业诋毁行为的构成要件可以概括为：一是当事人之间存在竞争关系；二是行为人实施了捏造、散布竞争对手虚伪事实的行为；三是行为人主观上存在过错；四是该行为损害了竞争对手的商业信誉或商品声誉。在商业诋毁纠纷案件的审理过程中，如何认定“虚伪事实”对于是否构成商业诋毁行为的最终判定起到至关重要的作用。

1. 对“虚伪事实”的内涵界定

纵观我国反不正当竞争法及其相关司法解释，均未对构成商业诋毁行为的“虚伪事实”进行细化的规定。结合司法审判实践，笔者认为，构成商业诋毁行为的“虚伪事实”应该符合以下条件：第一，不真实的、不存在的、虚假的事实；第二，上述“虚伪事实”既包括虚假的事实，亦包括其他引人误解的事实。真实而引人误解且损害他人声誉的陈述亦属商业诋毁的调整范围。

2. 坚持主客观相统一的认定标准

从审判实践来看，法官对是否构成商业诋毁进行司法判定应着重从以下两方面来进行认定：一是客观标准，即商业诋毁的认定首先应看是否为虚伪事实，真实性判断对于商业诋毁的认定至关重要，是否为虚伪事实是认定的重要标准之一；二是主观标准，即行为人存在主观过错。着重从言论的来源、依据、行为人的主观过错等方面审查该等行为是否失当。对于当事人的主观过错的判断也是主要基于客观行为的表现进行分析，综合考虑其行为本身的正当性基础、行为主体身份特点以及所附注意义务、行为过程的审慎和合理性等因素。例如，反不正当竞争法并没有对商业诋毁的语言色彩作出限定，但通常情况下，采用污蔑、贬损或羞辱等明显带有否定性色彩的语言进行的言论，更容易被认定为商业诋毁行为。

3. 举证责任分配

商业诋毁纠纷案件的当事人不仅仅要证明事实信息的真实性，还需要证明主观评价的客观性、信息表达方式的恰当性，这就涉及到举证责任如何分配的问题。当事人提起商业诋毁诉讼应该对信息、表达、评价的存在状态，事实信息的不真实性、表达的误导性、评价的不恰当性承担证明责任。但在司法实践中，法院常常把事实信息真实性的举证责任分配给信息传播者，也就是一审中的被告。对此，笔者认为，此类案件中，原告需首先举证证明被告实施了捏造、散布虚伪事实的具体行为，在原告对上述事实显属虚假、损害其商誉进行初步举证之后，被告则应举证证明其所散布的信息为客观、真实的信息。具体来说，被告应举证证明其散布的信息来源、遵循的客观依据、其所附的注意义务以及在信息传播过程中秉持的客观审慎态度。如果被告不能就上述内容提供充分证据予以证明，则可以推定被告所散布的相关信息为“虚伪事实”。通过强化被告的举证责任来进行举证责任分配，有利于商业诋毁事实的查明，也能够进一步增强市场竞争者规范、诚信竞争的意识。

编写人：北京市东城区人民法院　刘虹蕴

图书在版编目（CIP）数据

中国法院2019年度案例．知识产权纠纷／国家法官学院案例开发研究中心编．—北京：中国法制出版社，2019.5

ISBN 978-7-5216-0152-7

Ⅰ.①中… Ⅱ.①国… Ⅲ.①知识产权-民事纠纷-案例-汇编-中国 Ⅳ.①D920.5

中国版本图书馆CIP数据核字（2019）第071554号

策划编辑：李小草（lixiaocao2008@sina.cn）

责任编辑：马金风、张海洋（zhanghaiy604@163.com）　　封面设计：温培英、李宁

中国法院2019年度案例·知识产权纠纷

ZHONGGUO FAYUAN 2019 NIANDU ANLI · ZHISHI CHANQUAN JIUFEN

编者/国家法官学院案例开发研究中心

经销/新华书店

印刷/三河市紫恒印装有限公司

开本/730毫米×1030毫米　16开　　印张/14.25　字数/190千

版次/2019年5月第1版　　2019年5月第1次印刷

中国法制出版社出版

书号 ISBN 978-7-5216-0152-7　　定价：46.00元

北京西单横二条2号

邮政编码 100031　　传真：010-66031119

网址：http：//www.zgfzs.com　　**编辑部电话：010-66071862**

市场营销部电话：010-66033393　　**邮购部电话：010-66033288**

（如有印装质量问题，请与本社印务部联系调换。电话：010-66032926）